エコロジーとコモンズ

――環境ガバナンスと地域自立の思想――

三俣　学　編著

晃洋書房

はじめに

　2013年6月，国際コモンズ学会（IASC）第14回世界大会が富士吉田市で開催され，国内外から数多くの参加者をえて盛況のうちに閉幕した．同大会では日本の伝統的な資源管理制度として知られる「入会」が関心を集めた．それは同大会で富士山北麓の入会団体（富士吉田市外二ヶ村恩賜県有財産保護組合）が共同主催者となり，入会を世界に向けて発信したその姿勢ゆえのことと思われる．入会のような資源を共有・共用する制度は，私的所有を基本とする市場経済の拡大・浸透によって遅かれ早かれ解体される遺物と考えられてきた．ところが，今回，入会団体が大所帯の国際学会の主催をつとめたのであるから，多くの驚きや関心を呼んだのも当然のことだといえる．同大会に学術企画委員として参加した私も数多くのことを学んだが，本書との関係でいえば，次の2点を挙げることができる．

　第1点目は，工業化社会・ポスト工業化社会において入会をはじめとするコモンズを再考することは，洋の東西を問わず，たいへん重要であることを確認できたことである．グローバルな経済が進むなか，工業やサービス業に機軸を置く体制が強まるほど，農山村からは人口が流出し，コモンズ研究の主対象である山野海川に依拠する生業が成り立ちにくくなり，担い手不在の人工林や耕作放棄田がひろがっていく．他方，都市域では緑地や水辺が乏しくなるだけでなく，その清浄さを失うことで住環境の質が低下する．このようなことは日本固有の問題ではなく，工業先進国に多かれ少なかれ共通していることである．

　第2点目は，「多様な出自をもつコモンズ論」の大切さである．環境資源は各地域によって異なるエコロジーに支えられて成立している．したがって，フィールド調査に基づく研究から得られる知見もまた多様である．それぞれに異なる時代的・社会的背景を持つ国・地域・集落において，現実社会の中で紡ぎだされてきたコモンズ（山野海川・共有や共用の知恵や制度）研究はそれぞれに多様でありときに雑多にも見える．しかし，それゆえに複雑な現実世界を生き生きと映しだし，各地域固有の問題に実践的なヒントを生む．コモンズ論に地域の人や実践家が多く参画するのはこのためであろう．囲い込みから保全への転換期を遂げ広大なコモンズや長いフットパスを有する英国に「英国コモンズ

論」があるように，日本にも独自のコモンズ論がある．それら「多様な出自のコモンズ論」の制度的・文化的，思想的背景を互いに学びあうことが，オストロムらの北米コモンズ研究との相互作用を進め実りある資源論を目指すうえで重要ではなかろうか．同学会への参加を通じて得たこの考えを踏まえ，本書は次の3点から構成し議論を展開してみたいと思う．

1．草創期の日本のコモンズ論の展開から現在までの鳥瞰
（序章，第Ⅰ部および第Ⅱ部）

入会やそれに類似する制度を再評価した草創期のコモンズ研究の時代的・社会経済的・思想的背景を明らかにする（三俣，多辺田）．その一方で，北米主導のコモンズ研究との対比を通じ相対化を図り（茂木），その両者を通じて国内コモンズ論の独創性を浮かび上がらせる．さらに，そこに底流する思想を読み取るために，室田武や工藤秀明らが積極的意義を見出したエレン・スワローのエコロジー思想，通貨面から共的領域を創造せんとする地域通貨の思想，沖縄の蔡温の山林思想を紐解いてゆく．具体的には，人間が元来的に生活世界を通じて会得してきた知恵・技術・感性をコモンと捉え，それを「もう1つのエコロジー」（＝家政学）として提唱したスワローの卓見（工藤）や，エントロピー概念を貨幣論に導入することで経済や貨幣の本質に迫ったF. ソディの思想，それに着想を得たエントロピー学派の地域通貨論の可能性と限界が語られる（泉）．また，コモンズの思想が育まれた海からの考察では，沖縄の蔡温の杣山方式による資源管理が杣山だけでなく，海にまで及ぶ遠大なエコロジー循環の思想であったという可能性を示唆する（三輪）．

2．工業化社会におけるコモンズの再生・創造を目指す理論と実践（第Ⅲ部）

現代コモンズ論は，前述したような山野海川をめぐる先達やその実践の卓越性の検討にはじまり，長期にわたり持続してきたコモンズの中からその存立条件を抽出する研究から，より踏み込んでコモンズの再生や創造を目指す方向で進展している．その特徴は，工業化政策重視で進む社会にあって，衰退を余儀なくされる農山漁村とその生業基盤である山野海川の劣化を修復・再生する実践事例に基づき考察する点にある．

本書では，漁民の森運動の事例（田村）や近年広がりを見せるフットパスの事例（廣川）から「産業基盤として山野海川を捉える発想」からの脱却や生態系と地域の調和する「新たな経済」の姿を展望する．また，私的所有の強固な

カナダの現代社会にあって実現をみた長距離トレイルの創造（嶋田），森林の持つ多面的な価値を自ら住居を構え一研究者としてかかわり創造する「癒しの森プロジェクト」の挑戦（齋藤）をそれぞれの視点から描きその可能性や課題を追究する．

3．コモンズ論と環境ガバナンス論を生かすための模索（第Ⅳ部）

集合行為成立に向け，「共同体内部の制度設計を考究してきたコモンズ論」と「共同体と外部環境などの組織間調整を分析の主眼としてきた環境ガバナンス論」の可能性と課題について，財産区制度の制度的脆弱性および「共」を保証する同制度の改正構想の明示（鈴木），意図的な弱者排除の根拠にも悪用可能な潜在性を持つ「政策道具としての」コモンズ論やガバナンス論の危険性とその超克（菅），「共」不在の公物概念への疑義とその埋め戻しを通じた「真の環境ガバナンスの必要性」（大野）が説かれる．

前述した国際コモンズ学会北富士大会での一シンポジウムにおいて，東京大学の佐藤仁は日本を工業先進国であると同時に「課題先進国」であるという見方を示した．なるほどコモンズの視点からみるとその鮮明さが一層鮮やかに浮き彫りになるように思える．本書は，そんな課題先進国の病理を抱える工業先進国において，山野海川をはじめとするエコロジーとコモンズを前述した構成で展開し，今後のコモンズ研究における課題の抽出を目指した学術書であるが，本書にはもう1つの顔がある．

それは国内のコモンズ研究につながる議論を1970年代に展開し，2000年以降ふたたび同研究の新展開に尽力された同志社大学教授の室田武先生の古稀を祝する記念本としての顔である．室田先生は『エネルギーとエントロピーの経済学』（東洋経済新報社，1979年）において，「共的世界」という言葉でコモンズの重要性をすでに喚起しておられた．その後コモンズ研究に本格的に取り組まれたのは2000年以降のことである．『入会林野とコモンズ』（日本評論社，2004年）の出版以降，複数の共同研究に尽力され，2006年からは文部科学省科学研究費特定領域研究『持続可能な発展の重層的環境ガバナンス』（領域代表・植田和弘）のうち「グローバル時代のコモンズ管理」の研究代表を6年間務められ，その成果として『グローバル時代のコモンズ』（2009年，ミネルヴァ書房）および *Local Commons and Democratic Environmental Governance*（United Nation Press, 2013年）を上梓された．

室田先生の古稀記念企画は，御自身の勤務校である同志社大学においても進んでおり，『経済学論叢：室田武教授古希記念論文集』第65巻第3号（同志社大学経済学部）が間もなく刊行される．同企画初期段階の2013年3月においてすでに，論叢一冊では所収しきれないほど多くの執筆候補者が挙がっていた．私はその知らせを同記念論叢の編集を務める和田喜彦さんから聞くとともに1つの提案を受けた．それは，同論叢の執筆候補者のうちコモンズ研究に関する執筆者については同記念論集に所収するのではなく，それとは独立した形で書籍の刊行ができないか，という提案でありまた依頼であった．

　この時すでに本書の刊行まで一年弱しかなかった．私はこのような時間的制約の厳しい企画に応じてくれる執筆者や出版社が果しているだろうかと戸惑った．しかし，そのような危惧は数日のうちにほぼ払拭されることになったのだから驚くばかりである．打診した執筆者からはほぼすぐに快諾を得られた．それどころか「コモンズ論を推し進めようとする努力を表し，それをもってこれまで受けた学恩に対する感謝の意をぜひ示そうじゃないですか」といった力強い返答もあり，それから5カ月後の2013年8月には出版に向けての執筆合宿を有志で開催することになった．当初，最大の懸案であった出版社についても晃洋書房の丸井清泰さんが快諾してくださった．これもまた異例の即決といってよい速さだった．一橋大学時代を経て同志社大学に移られ，脂の乗り切った先生のご著作『物質循環のエコロジー』(2001年)，『エネルギー経済とエコロジー』(2006年)を出版社として世に送りだした丸井さんゆえの即決だったのだろうと思う．企画から最終段階まで一貫して執筆者陣を叱咤激励くださった丸井さんに対し，また彼とともに丁寧な校正作業に注力くださった阪口幸祐さんに対し，執筆者を代表し厚く御礼申し上げる．また本書のカバーや各部の扉を飾る写真の多くは，本書の執筆者の1人でもあり，本格的なカメラ道にも進みつつある嶋田大作さんの手による．その名にたがわぬ「大作」揃いの写真を提供いただいたことにも感謝したい．

　このように駆け足ではあるが数多くの協力を得て刊行される同書は，コモンズ論の初学者にも熟練の研究者にとっても有益な内容になったと思っている．また，現場重視のコモンズ論ゆえ，コモンズ論や資源論に関心がなくとも，環境問題一般に関心を寄せる人たち，NPOや行政などの方々にも資するところのある内容となっている．1人でも多くの方から本書に対する忌憚なきご批判，ご叱正を賜れることができれば，編者としてそれに勝る喜びはない．

最後になったが個性豊かなこの12編からなる本書が，室田先生の古稀祝いを彩る「感謝の花束」となることを念じるとともに，古稀からはじまる先生の人生が幸せに満ちたものになることを心からお祈り申し上げ筆を置きたい．

　2014年3月

執筆者を代表して

三俣　学

目　次

はじめに

序　章　多彩に広がるコモンズ論
──人間社会の修復・再生・創造にむけて── 　1

はじめに　（1）
1　コモンズ論誕生の背景　（1）
2　公害・環境問題の根本的原因の究明　（3）
3　コモンズ論の萌芽　（5）
4　広範な学問領域に及ぶコモンズ論　（10）
　　──再考から創造への助走──

おわりに　（17）

 　第Ⅰ部　コモンズ論再考 　
──日本と北米の展開──

第1章　「コモンズ論」の源流を探る
──「日付」のある考察── 　25

はじめに　（25）
1　「有機農業運動」との出会い　（27）
　　──「農的世界」の発見──
2　農山漁村の「地域自給構造」への接近　（31）
3　「エントロピー論」との出会い　（36）
　　──物質循環の基礎──
4　非商品化経済部門の重要性　（41）
　　──「コモンズ」の再生に向けて──

第2章 北米コモンズ論の系譜
　　　──オストロムの業績を中心に── 　　　47

　はじめに　(47)
　1　北米コモンズ論の系譜　(48)
　2　入会研究と日本のコモンズ論　(60)
　おわりに　(62)

第Ⅱ部　コモンズ思想の発現
　　　──自治を育むエコロジー──

第3章 コモンとしてのエコロジー
　　　──E. スワローのオルタナティブ── 　　　71

　はじめに　(71)
　　──エコロジーのもう1つの起源──
　1　現代アメリカの胎動　(72)
　2　エレン・スワローのオルタナティブ　(76)
　3　スワローのエコロジーの歴史的意味　(79)
　おわりに　(86)

第4章 地域通貨の思想
　　　──エントロピー経済学からの視点── 　　　91

　1　日本円と地域通貨　(91)
　2　地域社会に根付く貨幣　(93)
　3　エネルギーと貨幣　(98)
　おわりに　(105)

第5章　近世琉球列島の海洋資源管理の様相
　　　　　──蔡温の資源管理と「海方切」── 109

はじめに　(109)
1　蔡温の資源管理政策　(110)
2　海方切とは何か　(112)
3　海方切と海垣　(116)
おわりに　(122)

　第Ⅲ部　コモンズの再生・創造　
　　　　　──現実と理論の相克──

第6章　海を創る，森を創る
　　　　　──漁民の森づくりと地域管理── 129

はじめに　(129)
1　漁民の森運動　(130)
2　野付漁協の挑戦　(133)
3　共的存在による地域管理　(137)
おわりに　(140)

第7章　フットパスの創造とツーリズム
　　　　　──熊本県美里町の地域づくりと生業の可能性── 143

はじめに　(143)
1　地域資源を生かす観光への転換　(144)
2　「観光」のツールとして広がるフットパス　(149)
3　フットパスの「楽しさ」　(156)
おわりに　(161)

第8章　新たに創出される開放型コモンズ
　　　――カナダ・オンタリオ州のブルース・トレイルを事例に――　165

1　なぜ自然へのアクセスが重要なのか　（165）
2　開放型コモンズの可能性　（169）
3　ブルース・トレイルの歴史と現状　（171）
4　国際比較からみたブルース・トレイルの特徴　（179）
5　ブルース・トレイルはどのように創出されたのか　（184）

第9章　「癒し」でつなぎなおす森と人
　　　――大学演習林からの挑戦――　191

1　管理から利用へ　（191）
2　大学演習林という装置　（193）
3　癒しの森プロジェクト　（193）
4　プロジェクトの特徴と課題　（201）
おわりに　（204）

第Ⅳ部　コモンズ論と環境ガバナンス
　　　――「公」・「共」・「私」の再検討――

第10章　伝統的コモンズと法制度の構築
　　　――裁判例にみる財産区制度の可能性と限界――　209

1　コモンズ論における財産区への関心　（209）
2　財産区の歴史と理解　（212）
3　財産区の管理・運営をめぐる近年の裁判例の検討　（216）
4　財産区制度の可能性と限界　（228）

第11章 ガバナンス時代のコモンズ論
──社会的弱者を包括する社会制度の構築── 233

はじめに　（233）
　──ガバナンス時代のコモンズ──
1　コモンズ論の変容　（235）
2　現代社会とコモンズ　（239）
3　現代的コモンズの排除機能　（245）
おわりに　（250）
　──環境ガバナンスと現代的コモンズの限界性──

第12章 自然公物のガバナンスの再検討
──河川管理を対象として── 253

はじめに　（253）
1　自然公物概念の批判的検討　（254）
2　新河川法成立時における河川管理主体をめぐる論争　（257）
3　環境ガバナンスにおける「自治」　（262）

索　引　（271）

序　章

多彩に広がるコモンズ論
――人間社会の修復・再生・創造にむけて――

はじめに

　「学問の新しい展開は新しい問題認識があって初めて出発する．それは自然科学においても社会科学においても同様である．新しい理論は時代の課題という社会的文脈のなかから生まれてくる」［多辺田 1994：166］．これは，1970-80年代に萌芽したコモンズが1990年代から再び興隆する架け橋をになった『コモンズの経済学』の著者・多辺田政弘の言であり，同氏の経済社会を理解する際の基本姿勢を表している．本章ではまず，日本のコモンズ論の萌芽をなす議論を展開した論者の間に共通する「時代の課題」が何であったのかを探ることからはじめる．そのうえで，日本における草創期のコモンズ論の思想や議論の展開を追いそれとの接点を意識しながら，1990年後半から再び勢いを増して展開し始めた日本のコモンズ論を総覧的に論じてみることにする．したがって，本章ではハーディン（Garret Hardin）の『コモンズの悲劇』論文に端を発するオストロム（Elinor Ostrom）らを中心とする北米のコモンズ論は扱わない．これについては第2章の茂木論考を参照されたい．

1　コモンズ論誕生の背景

（1）「時代の課題」として表出した公害問題・自然破壊の顕在化
　冒頭の引用文を著した多辺田政弘は，有機農業運動についての調査を進めるべく日本全国をフィールドワークして回る一方，市民科学の草分け的団体として知られるエントロピー学会に所属し，そこでの議論を踏まえ『コモンズの経済学』を著した環境経済学者である．同書には，多辺田自身のフィールドワー

クから得た知見と，同氏がコモンズ論を1つの体系として纏める過程で強く影響を及ぼし合った玉野井芳郎・宇沢弘文・槌田敦・室田武・中村尚司・大崎正治などとの議論や研究成果がふんだんに取り込まれているのだが，冒頭引用部における多辺田の言う「時代の課題」とは何であったのだろうか．

　前述した諸学者の間で交わされた活発な議論を読む限り，多辺田の言う「時代の課題」（高木仁三郎のいう '同時代的な問題意識'）とは，1950年代から顕在化した公害問題や環境破壊およびそれを招来した地下資源を動力源とする工業化社会（=近代化）に潜む病理の解明，さらにはそれらに対する処方箋の提示であったことに疑う余地はまずない．前述の諸先達のうち異なるアプローチからコモンズの重要性を論じた数理経済学者の宇沢弘文もまたそのような時代の課題を次のように表現している．

　　「近代経済学は，依然としてその目的性が問われていると思います．私は経済学者にとっての目的は，社会的正義とは何か，そしてそれをどう実現するかということだと思っています．（中略）水俣病が悲惨であるからというだけでなく，それをうみ出した日本経済の仕組みや政治的社会的な条件があって，そこを解明しないかぎり日本の将来の発展はありえない」
　　［宇沢 1989：54］．

　公害問題や環境汚染という「時代の課題」が，従来の経済学の枠組み（近代経済学およびマルクス経済学）を超えんとする同氏による「社会的共通資本論」というアプローチの思想的背景になっている．他方，地域主義を提唱してきた玉野井は，「経済学におけるパラダイムの転換という問題意識の一環として主張してきている」［玉野井 1979：177］と述べ，その背景には「1960年代の後半から70年代にかけて生起した環境や資源をめぐるさまざまな社会的症候群が横たわっている」（同上）と論じている．このように，コモンズ研究の草創期を担った研究者の多くが，公害問題を生む社会構造の解明が経済学をはじめ社会科学の取り組むべき焦眉の課題と捉えていたことは明らかである．[1]

　また，従来の社会科学では容易に解明できない公害や環境問題に対する研究姿勢にも一定の共通性を見出すことができる．それは，経済社会で起こる現象を外部から観察するのではなく，その内部に立つ，あるいはそれができなくとも現場を想定する「当事者」として問題を捉えようとする「現場主義的な姿勢（=当事者性）」である．それは玉野井の「これまでの科学は，自然科学であ

れ，社会科学であれ，人間社会からも地球からも離れて，どこか遠いところから'客観的'に眺めるという研究態度をとってきました．しかし，それは正しい研究態度ではないと思うのです．われわれは生き物なのですから，もっと主体的に，自分自身の問題として，自分自身という内側から見る世界の科学でありたいと思うのです．いわば，'天動の世界'です」［玉野井 1990：292-295］にもっともよく表れている．多辺田もまた，その著作や論考の中で，折に触れてマックス・ウェーバーの「ザッへ（現場）につけ」を引き，研究者の当事者的姿勢とそれを可能にするフィールドワークの重要性を強調している．本書第9章の齋藤の試みはこのような課題に対する1つの挑戦であるといえよう．

このように，コモンズ論の基盤を形成する役割を担った研究成果やその根底を流れる思想は，「時代の課題」としての公害問題＝環境資源の汚染・不可逆的損失に対し，理論の精緻化を一辺倒に進めんとする姿勢ではなく，当事者性を有した，あるいは現場を常に念頭に置こうとする研究姿勢の上に開花したものであった．

2　公害・環境問題の根本的原因の究明

（1）経済学へのエントロピー概念の導入と開放定常系理論

公害問題や環境問題を扱う領域は，自然科学・社会科学双方からの知見の連携や統合が求められる最たる分野であろう．「エントロピー学派」と呼ばれる人たちは，その連携と統合に向けた議論を重ね，コモンズ論の草創期の議論を形成した．彼らが共有した問いは多いが，なかでも「生命とはどのように維持されてきたのか」，「なぜ，地球が熱物理学的な意味での'熱的死'を迎えることなく46億年にわたり更新し続けることができたのか」という根本的な問いに目を向けることが重要である．それは，生命の更新メカニズムを理解することなしには，それを脅かす公害問題への処方箋や持続可能な経済社会の像を描くことは困難だからであり，またその回答を模索していく議論の中に彼らがいかにしてコモンズ論へと到達していったのかを知ることができるからである．

彼らがその解答を得るべく依拠した概念は，1865年ドイツの物理学者・クラウジウス（Rudolf Julius Emanuel Clausius）が明確に示したエントロピー概念であった．直観的な説明を試みるとすれば，エントロピーとはエネルギーや物の属性たる「汚れ」［槌田 1982；室田 1991］であり，閉じた環境（閉鎖系）では，そ

の汚れが一方的に増大していくという法則（熱物理学の第二法則）である．この社会学的含意は，どれほど有用なエネルギーや物質（低エントロピー状態）であっても，時間の経過とともに劣化し，最終的には廃熱や廃物（高エントロピー）になるという点にある．

　この議論をリードした物理学者の槌田敦 [1982] は，英国の物理学者・シュレンディンガー（Erwin Schrödinger）による『生命とは何か』を批判的に検討した結果，生命の更新システムに関する先の問いの答えを次のように考えた．つまり，生命体はエントロピー法則に従いエントロピーを増大させるが，それを体外に捨てる能力を有しているゆえ更新が可能であるというのである．個々の生命体からみて外延へ入れ子状に広がる外部環境は，最終的には宇宙空間へと到達する．槌田は，地球が水循環（水蒸気）→ 大気循環 → 長波長輻射のプロセスによって，宇宙空間にエントロピーを破棄するシステムを持っていることに生命更新の秘密があることを明らかにしたのである [槌田 1982]．物理学でエントロピーを一定に保つ系は「開放定常系」と呼ばれるが，室田 [1979] はこれを援用し「生物が開放定常系を構成しているのは地球が開放定常系であることによる」[室田 1979：53] と要約している．槌田によるこの開放定常系理論は，「今や国際的な共通了解になりつつ」あり [工藤 2002]，デイリーをはじめとするエコロジー経済学とも呼応している．

（2）生命更新の原理から導出される理論的帰結

　槌田の開放定常系理論を支柱にして，玉野井の「生命系の経済学」，室田の「水土の経済学（および循環の経済学）」，中村 [1993] の「地域自立の経済学」の展開をみるわけであるから，その帰結として，

① 地球の更新を保証する開放定常系を維持する水循環と大気循環の重要性の指摘
② 枯渇性資源（石炭，石油，ウラン）に基づく巨大産業・巨大技術の持続不可能性の指摘およびそれらの活動展開が引き起こす環境汚染・破壊の指摘
③ 人間を含むあらゆる動物が依存する有機物を生み出す唯一の担い手たる植物にとって必要不可欠である窒素・リン・カリウムなどの物質循環の重要性およびエコシステムを根底で支えるバクテリアなどをはぐ

くむ土壌の重要性の指摘
④ 農の工業化とは異なる地域固有に展開する小規模な農の営みの重要性の指摘

などが共通理解として立ち現れてくる［エントロピー学会編 2001など］のは必然である．したがって，その主張は前述の①－④の連関から，公害や環境問題が発生し局所的に各地域で先鋭化して表出すると理解されるのである．

 3　コモンズ論の萌芽

(1) 小地域の更新性が担保する地球の更新性

　地球が閉鎖系であると認識したボールディングは，宇宙船地球号の共同体員（地球全体の共同体員）として，宇宙船の熱的死を遅らせるためには，絶えざるリサイクルが必要であると説いた．これに対し，槌田の開放定常系の理論に支えられた室田は，ボールディングの宇宙船地球号的発想を批判し，それぞれの小地域の生命の更新が，地球全体の生命の更新につながるという見方を次のように提示した.

　「ある地域の更新性とは，その地域が食糧や燃料を自給すると同時に，それが水の自給を通じて，廃物・廃熱を浄化して次期のエネルギー源に転化するという，エネルギーとエントロピーの自給自足的な再循環機能を営むこと，というふうにひとまず定義づけることができよう．そしてこれのみが地球全体の更新性を保証するものであるはずである．そして，更新エネルギーを最大限に活用し，エントロピーを過度に増やさないためには，この更新的地域の空間範囲は，一定の下限に至るまで小さければ小さいほどよい．共同体の数は多ければ多いほどよい」［室田 1979：170］．玉野井もまた，同時期に室田とほぼ同じ結論を得，それが「人間と自然との共生の原理から導出される」［玉野井 1979：183］ことを確認している．室田［1979］の場合，更新的地域の空間範囲は，支流レベルと理解できる小川の規模であるとし，そこでの人間の生活サイクルはエコシステム内での循環と調和する一方，この間に生じるエントロピーは，水循環を通じて流域単位のより大きな水循環に運びこまれ，最終的にはさらに大きな大気圏の水循環により破棄されるとする．支流域程度の範囲でかつ「人間の生活がお互いの間の了解関係を通じて共同性の上に成立する」［室田 1979：60-61］

領域において，生産・消費・廃棄の完結する自給度の高い社会を持続可能なモデルと考えるこの室田の考えは，のちに多辺田により体系的に示された『コモンズの経済学』に色濃く反映されていく．

(2) 更新を担保する農の営みと地域自給

地域の自立度の高さとは，人間にとって不可欠な食糧生産を域内で生産しうるということにあり，ここで「農の営み」[3]の重要性が歴史的に果たしてきた低エントロピー維持装置としての役割が強調されるのである．農の復権にむかう処方箋の描き方にはそれぞれ異なる面があるものの，玉野井［1979］，室田［1991］，宇沢［2000］は，工業の論理を農的営みに当てはめること，つまり「農の工業化」の危険性や，それが引き起こす看過できない環境汚染（石油文明の産物である農薬の多投，放射線照射による腐食防止など）を指摘している点で共通している点は興味深い．同じ経済学者ではありながら，それぞれによって立つ思想や研究手法に違いのある前記の三者が，いずれも「小農の営み」の重要性を説

表1　農と工業の本質的な差異

	農の営み	工業
本質的差異	人間の積極的な参画によって作物，人間，人間以外の動物，作物以外の植物などの共生関係を，一定の周期をえて半永久的に再生産すること	工業は，枯渇性資源の動力源を，見かけ上は拡大再生産しながら，実質的にはそれを消尽していくことによって成立
それぞれの対象とする資源の差異	水と土，すなわち，各地域の水土に依拠した人間の生活の営みであり，水土保全に留意する限り半永久的な存続・繁栄が保証されている．元来的に環境親和的であり人類の歴史とともに古い	工業を支える原動力は涸渇性資源．拡大再生産のペースを速めれば速めるほどその涸渇時期も早まる
生産における時間の差異	不均質・非連続的：生産は特定時期に特定の時間をかけてなされる（例：米，春に播種，秋に収穫）	連続的：基本的に昼と夜の差異，夏と冬の差異などとは無関係に，どのような時期にも連続して生産可能
場所規定性の差異	高い：それぞれの作物に適合した特定の水土が必要．本質的に地域的な性格．空間的に非連続的	低い：石炭・石油は，きわめて能力の高い移動動力源．工業的生産活動の場は，廃熱・廃物の捨て場さえ保証されればどこでもよい

(出所) 室田［1991］に基づき筆者作成．

く点では共通しているのである．彼らは，農と工業の本質的差異，対象資源に見られる差異，生産過程の時間における差異，場所規定性における差異などに関し，各々の立脚する視点から丁寧に捉え，それぞれの方法論で処方箋を描いていった．その農と工業の差異を示したものが**表1**である．とりわけ，玉野井・室田・多辺田らは，農の営みが，結や催合といった地域住民の共同的諸関係（多辺田の言う「地域共同の力」）の下で成立し，またその共同性は村落の後背地に広がる地域共有ないし共用の空間（入会林野や地先の海，灌漑ため池）と不可分な関係にある点に注目していったのである．

共有・共同利用の空間のみならず，個人の所有する田畑や土地なども含め，その利用・管理・処分について自治的な取り決め（コモンズの内法）が存在することで生命系が維持されると考えた多辺田は，生命系の破壊に寄与してきた「公」と「私」への対抗軸として，コモンズ（「共」）の視点を明確に提示することに成功した．その際，とりわけ多辺田が強調したのが，次に見る社会科学とりわけ経済学における非商品化経済部門の再定位である．その着想に至る背景[4]の詳細については本書第1章（多辺田）を参照されたい．

（3）農を支える共的諸関係──非商品化経済部門の営為──

多辺田は，「経済成長」の指標であるGNPやGDPでは計測できない相互扶助・互酬といった非商品化経済部門を経済社会に埋め込んだヘンダーソン（Hazel Henderson）の考え方に着目した．彼はヘンダーソンの描いた「産業社会の構造」を下敷きに「健全なエコロジーが支える経済」の図を素描して非商品化経済の領域を明確に位置づけたのである（図1）．

土台部に「母なる自然」が悠然と座し，その上に「コモンズを支える社会関係，すなわち家族や村落共同体あるいは地域の友人・仲間といった顔の見える人間関係の信用を媒介として，貨幣を媒介とせずに生産され，交換される財（モノ）とサービスの生産部門」が配されている．これらはいずれも非商品化経済部門としての性質を持つ．それら自然と非商品化経済部門の上に，商品化経済部門を構成する公的部門と私的部門が位置づけられている．多辺田の見解の独創性はここから先にある．つまり，前述した論者らとの議論を踏まえ，健全なエコロジーが支える経済のモデルと共の衰弱したモデルに輪郭を与え，その動態（図1→図2）を描くことによって商品化経済部門とそれを支える工業化の進展が，環境破壊と非商品化経済部門の衰退をもたらし現代社会（図2（2））

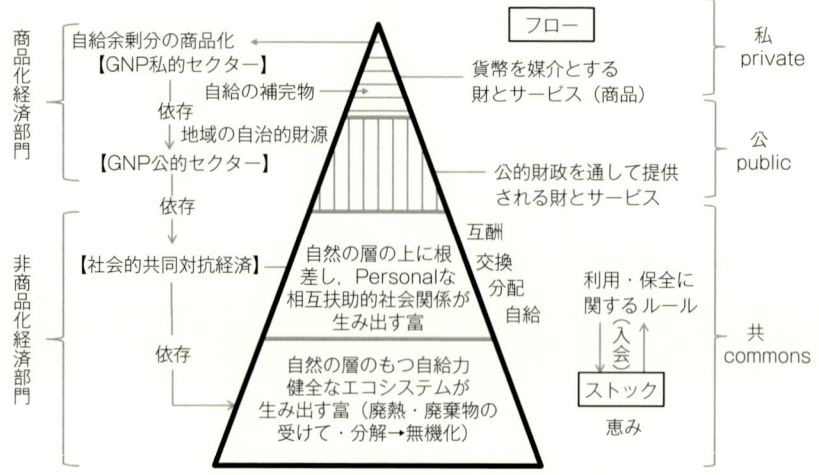

図1 多辺田［1990］による健全なエコロジーに支えられる経済
（出所）筆者により一部加筆・修正．

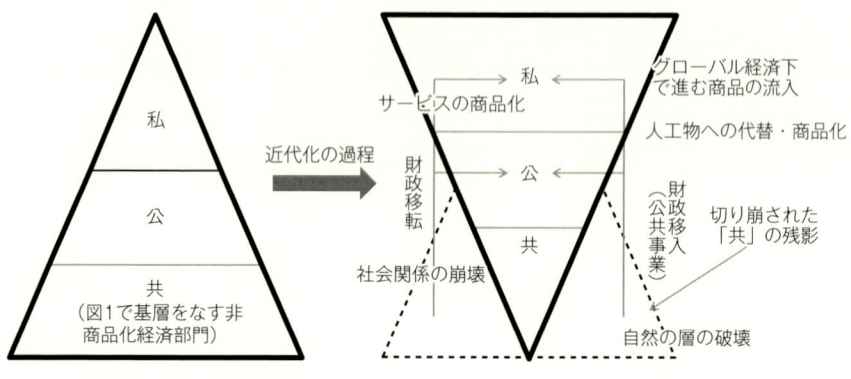

（1）共的部門が私と公を支える経済　　（2）「共」（自然の層と社会関係）が破壊された経済

図2 工業化過程を通じ「共」の衰弱した逆三角形をした現代社会
（出所）筆者により一部加筆・修正．

を構築したことを明快に提示したのである．工業化社会（図2（2））では，「共」の部分がやせ細り「公」と「私」が肥大化している．これは，「自然の層」や「社会的協同対抗経済」（互酬・相互扶助）がもたらしていたモノやサービスの代替品が共同体内にもたらされることによって，非商品化経済部門が縮

小し，商品化部門が肥大化して生まれた結果である．この商品化の過程は連鎖的に引き起こされ，それが一方で環境資源の過剰利用による劣化を，他方で廃棄物のフローがストックとしての「自然の層」の破壊や汚染を導く．このような多辺田の見解は，「共」の圧殺を導く「公」の領域と「私」の領域の肥大化の過程が近代化の真意である，という室田［1979］のそれと符合していることもあわせて確認しておきたい．

　以上までをまとめよう．草創期のコモンズ論への到達は，論者によって，そのよってたつ方法論や主張点に差異はあるものの，おおむね次のような認識が共有されていた．すなわち，地下資源利用により可能になる広域なモノの移動の下に成り立つ現代の社会構造は，物質循環を大きく攪乱するゆえ持続的でない．一方，比較的小さな地理的範囲においてエネルギー調達を含む生産・消費・廃棄を完結できる自立度の高い小地域をより多く創出していくことが，全体の持続性を保証するという認識である．そのような自立性の高い小地域は，商品化されない地域住民の共的な関係性や共有・共用という制度によって支えられており，それが生み出す自治こそが自らの環境を破壊する行為を抑えるとともに，他地域からの収奪や環境破壊に配慮なく展開するグローバルな市場〈私〉や「公」の権力乱用を抑える制御装置となるという考えである．このように，従来の「公共」から「共」（＝コモンズ）を独立したものとしてとらえ，その鼎立を図る方法によって，

①エコロジー危機にあって，「共」ないしは「コモンズ」という言葉を導入することで，環境保全や持続性の観点から農山漁村の意義や可能性の再考を迫った点
②山野海川とそのうえに開花する農山漁村の営みを支える自治や非商品化経済部門の意義について，それまでの社会科学とは異なり積極的意義を見出した点
③経済学における経済体制論や生命の更新メカニズムという巨視的なフレームのなかでコモンズ（共的部門）を位置づけた点

において，強烈なインパクトを与えると同時に，経済社会のあるべき方向性を提供したといえよう．

4 広範な学問領域に及ぶコモンズ論
――再考から創造への助走――

(1) 深刻化する草創期コモンズの「時代の課題」

ところで，前述した草創期に共有された「時代の課題」は解決したのか，と問えば，否と答えるしかない状況が日本の現代社会を覆っている．水俣病の被害者救済問題は患者の切り捨てを含め続いているし，他方，アスベスト問題，薬害，食品公害，そしてPM2.5などの越境型大気汚染など，我々の身の回りには公害が無数に存在している．そして，先見性と良識を持った研究者や市民による警告をことごとく無視ないしは弾圧してきた電力会社・関連企業・経産省による原子力政策が大きな原因となって引き起こされた福島第一原子力発電所の大事故は，筆舌に尽くしがたい精神的・肉体的苦難を福島の人びとに強い続けている．

他方，TPP交渉参加に顕著にみられるようなグローバル経済の席巻する現在，国内の農林漁業およびそれを支える地域内の非商品化経済領域の営為（共的諸関係）は，さらに衰弱の様相を極めている．それに端を発する山野海川の持つ諸機能の低下は，今や農山漁村における問題だけでなく，広く流域社会あるいは国全体で解決されるべき問題として認識されるようになった．草創期の「時代の課題」は解決に向かうどころか，より深刻に，そしてより差し迫った「時代の課題」として私たちの前に残されたままなのである．

そのような深刻さを増した「時代の課題」（公害を含む環境汚染や地域資源の劣化，自治領域の衰弱）を継承する近年のコモンズ研究は，その解決の糸口を可能な限り地域住民を主軸において考えようとする点において，草創期のコモンズ論と接点を持っている．これは，多辺田政弘・鳥越皓之・井上真などコモンズの主要論者の比較検討を進めた鈴木［2012］も指摘する傾向である．加えて言えば，本章第3節（3）の後半部で示した草創期のコモンズ研究の意義（①－③）を部分的に共有ないし摂取しながら議論が進んでいるといってもよいだろう．[5]

(2) コモンズを再考する研究からコモンズを創造する研究へ

草創期のコモンズ論は前述した多くの実りある議論を展開した．と同時に，

それはさらに数多くの宿題がだされることを意味した．それは高度経済成長を遂げ，さらにはバブル経済崩壊後の日本において，草創期のコモンズ研究が示したような意義をコモンズは今なお有しているのか．だとすれば，コモンズ内部の制度設計を支えるメカニズムはいかなるものか，という問いに応える研究である．これは同時に，近代化論者により貼られた「解体すべき封建遺制の残滓」という否定的な認識を超克し，コモンズの可能性を再構築していこうとする方向での研究でもあった．そのような「ポスト草創期のコモンズ研究」では，①コモンズの現代的意義や課題についての検証が，日本の場合であれば，入会ないし入会的制度を中心に展開を見ることとなった．②それに続き，コモンズがグローバル経済下でどのように対応してきたか，他方，環境問題を招来するような機能不全のコモンズをどのように「現行制度の枠内で」解決しうるかを検討する研究が展開することになった．さらに，近年においては，③「現行制度の変更や修正」を積極的に提案する研究やコモンズ内外のかかわりを誘発することによるコモンズの再生・創造を目指す研究が顕著になってきた．

①・②を「コモンズを再考する研究」とすれば，③は「コモンズを創造する研究」と呼ぶことができるかもしれない．「共同体再評価・コモンズの内部分

図3　ポスト草創期のコモンズ研究の展開

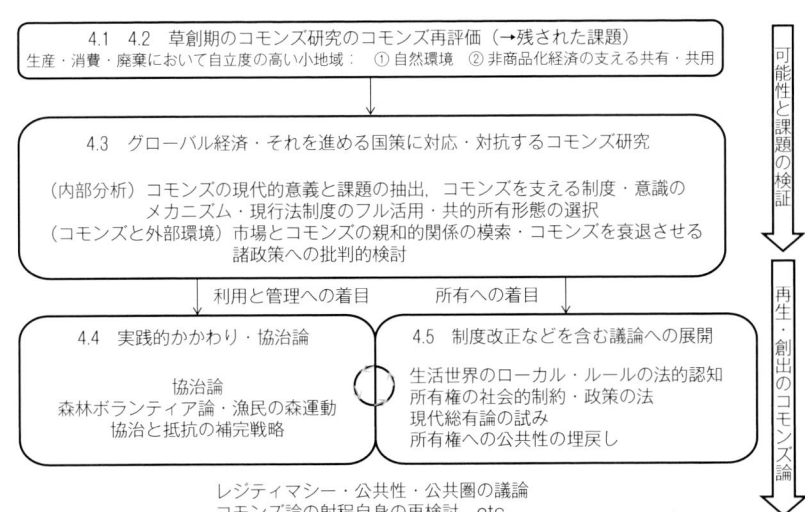

析」から「コモンズ再生・創出をはかる社会制度・実践」へという流れと言い換えてもよい．この研究の全体像の詳細を描くことは容易ではない．というのも，草創期のコモンズ研究以上に，広範な学問分野において分野横断的にコモンズ研究が展開されており，今やその鳥瞰を簡単には許さないほどの膨張を遂げているためである．[6] 次節では，そのような広範にわたる「ポスト草創期のコモンズ研究」(前述した① - ③) における研究成果のトピックを半ばランダムに取り上げ，その議論の展開を追うことで，今後の課題検討の素材提供に結び付けることにしたい．

(3) グローバル時代の市場経済に対応するコモンズ研究

グローバルな市場経済がもたらすコモンズへの弊害をどう乗り越えるか．これは，草創期のコモンズ研究の大きな主題でもあった [玉野井 1979；多辺田 1995]．コモンズを破壊せずむしろ豊かにするような市場経済はどのような姿をしているのか．市場経済の原理とコモンズに内在する原理は異なってはいるものの，それを対峙させることに一辺倒ではない両者のありようが模索される必要がある [間宮 2002；三俣 2008]．たとえば，木材として商品化された入会林野からの収益が，入会権者個々にではなく地域全体の福利増進のために使われることにより，地域等身大の社会的共通資本が供給され，それをめぐり地域の自治システムが形成されてきた [室田・三俣 2004]．入会林野だけでなく，他の入会権的権利に服する資源においても同じような「共益還元則」を持っていることも判明してきた [嶋田 2008]．また，枯渇の危機と隣り合わせの観光地の温泉資源が，財産区という制度下での入会的管理に加え，共同浴場や共同の洗い場における地域住民の日常的な温泉の自給利用がモニタリング上，重要な役割を担ってきた [齋藤・三俣 2011]．

しかし，そのような機能を内在したローカル・コモンズは，グローバリゼーションをはじめとする外部環境の影響に対応し，自らを変容させることによって持続してきたのであった．現代社会にあって人びとが自由に地域内外を往来し，また住居を選択することは基本的な権利である．そのような人びとの地域への流出入は，厳格なメンバーシップの伝統的入会には少なからぬ動揺を与える．たとえば，地域外から転入してきた住民に対し，条件付きでメンバーシップを開放すると同時に，権利と義務を明確にするべく規約変更を行うことによってその動揺に対応してきたのである [嶋田 2008]．

このようにグローバル経済下の入会制度に着眼する形ですすんだコモンズ研究において，異分野間におけるコモンズ論の建設的対話をめざし，法学者と非法学者との間に存在する総有の解釈の乖離と新しい総有論の展開を模索する菅論文［2004］は，近年のめざましい法学分野からのコモンズ論展開の起爆剤となった．他方，入会に起源をもつ財産区制度の数的データベースの構築を図った泉らの共同研究［泉・齋藤・浅井ほか 2011］は，研究面における新展開だけでなく，市町村合併のたびに表出する同制度の問題を抱える現場の人たちに対して貴重な情報となった（なお財産区の制度的脆弱性とそれに変わる制度構想については第10章で鈴木が詳述する）．とりわけ，入会をどのような法人格で引き継ぐかによって，それの持つ管理権能や行政との関係は様相を異にする．この財産区悉皆調査に参画した山下［2011］は，林業経済をめぐる経済的変容に対しより適合的な所有形態（認可地縁団体・生産森林組合・財産区等）を検討する研究を展開する一方，廣川［2010］は，権利能力なき社団，制限付き株式会社などの現行法制度をフル活用する入会権者の取り組みや彼らの学習過程の中に，グローバルな市場経済に対応可能なコモンズの像を描きだした．

　他方，グローバル経済を「所与の状態」としてその対応を考究するのではなく，グローバル経済そのもののありようを問い，その推進を図る諸政策に是正を求めていくことが，コモンズを保全・回復していくうえで重要である．たとえば，室田［1995］は，経済学者ケインズ（John Maynard Keynes）やリスト（Friedrich List）の考えを下敷きにしながら，歯止めなく拡張し続ける自由貿易がもたらす農山村の衰退やそこに根付く産業の破壊を指摘し関税の正当性を論じる一方，宇沢［2010］や宇沢の経済思想を継承する関［2012］は，前述した農の特殊性と一般財との対比を通じ，社会的共通資本としての農産品をボーダレスな市場原理（とりわけ TPP：環太平洋経済連携協定）にゆだねることは亡国の道であると指摘し，その是正を図る議論を続けてきた．コモンズと外部インパクトという視点からも，TPP をはじめとする農林水産部門の極端な自由化政策に乗らない選択を行うことこそが，コモンズを守り生かす上での公的部門（政府）がなしうる最大の役割なのである［Mitsumata 2013］．

　コモンズへの対応不可能な外部インパクトを緩和する主体として，その機能を果たさない公的部門の政策が，「公共性」の大義の下で，時に山野海川の暮らしの場を襲う．入会権を含め，地域自治を維持するローカル・ルールがたびたび公的部門から制限されたり，侵害されたりする事態が後を絶えない．司法

もまたこれを追認するケース[7]がたびたび看守されてきた．それらの司法判断の非妥当性を明らかにする［鈴木 2008］とともに，「入会権の環境保全的機能」［中尾 2003：2008］や「抵抗するコモンズの正当性」［三輪・三俣 2010；三俣・齋藤 2010］を事例に即して吟味し問うていくことが重要な課題になってきている．

（4）利用と管理に着眼する実践的研究：協治論

物質循環の円滑化を軸に展開する地域共同体のもつ潜在的能力（地域共同の力）の指摘，それが草創期のコモンズ研究の重要な発見であった．そのような「共同の力」は，地域住民が「公」「共」「私」の主体を問わず状況に応じて積極的に手を組むことでも発揮されうる．そのようなコモンズと外部社会との協働を通じて「共」の領域（住民・有志と地域の環境）を豊かにしていこうと主張するのが井上真である．彼の主張の核心である資源管理の共同・協働的管理の協治を「中央政府，地方自治体，住民，企業，NGO，地球市民などさまざまな主体（利害関係者）が協働（コラボレーション）して資源管理を行う仕組み」［井上 2004］と定義する井上は，さらにそれを支える具体的条件として「かかわりの深さ」や程度に応じて発言権を付与するという「応関原則」を提示してきた［井上 2009］．さらには筆者および菅豊との共著論文において，敵対的・破壊的外部主体に対しては，それを押しとどめるコモンズの抵抗戦略を取り込み「協治と抵抗の補完戦略」の構想を打ち出した［三俣・菅・井上 2010］．草創期のコモンズ研究が市場と政府との対抗軸としてコモンズを想定し，その非商品化経済部門における共的営為と自立完結的な物質循環のユニットとしてのコモンズを評価したのに対し，井上は「外部との関係性」を議論の核心部に据え，その可能性を開こうとしたといえる[8]．加藤・倉澤［1996］や三井［1997］による入会権者をメンバー以外に開く（契約や貸付を通じた開放）という「新しい入会」の試論は，協治の前奏をなす入会研究であったといえよう[9]．

「かかわり」を重視する協治は，厳格な制度論者からは脆弱に映るようだが［飯國 2009；高村 2012］，現場の実態に着眼の重点を置くゆえ高い実践性を有する．都市住民と山村を結ぶ森林ボランティアなどは，まさしくそのような「かかわりの回路」を創出する1つの手段として捉えることができる[10]．コモンズが都市住民とのかかわりを通じ，自らの足元の自然や文化の価値を再認識し，コモンズ内部の紐帯を回復したり，強化したりする可能性があることも指摘されはじめてきた［山本 2009：2013］．また，森林ボランティアとは「かかわる動機

は異なるが，漁民が森に木を植え流域環境の保全に向かう漁民の森運動（田村による本書第4章を参照のこと）は，非商品化経済部門の営為を広げる一方，本流を堰き止め物質循環の断絶を招く巨大ダムの功罪を問うものとして注目に値する［岩崎 2013］．加えて，コモンズの自治意識を覚醒させたり，新しいコモンズの生成を担う外部アクターの1つとして，研究機関や研究者が積極的にかかわったりするという可能性も模索しうる．齋藤もまた，このような地元との協働を軸とするアクションリサーチ的な取り組みを職場を通じて模索している（本書第9章）．

　協治論を視野に置くコモンズ研究は国内だけを対象にしているわけではない．それらのうち一例のみを紹介すれば，21世紀に入り不特定多数者が自然アクセス権を有することを法的に認めた英国のパブリックフットパスやコモンランド，さらには北欧諸国の万人権［嶋田・室田 2009］などの国際比較研究がある[11]．本書第8章の嶋田によるブルース・トレイル研究も同種の関心に基づく研究の一環である．これら比較研究は，自然は誰のものかをポスト工業化社会において改めて問い，環境資源管理の実践だけではなく私的所有がいかなる経路を経て万人に資する社会的な権利として開かれうるか，あるはその正当性や法的構成はどのように設計されうるかを問おうとするものでもある．

（5）制度改正などを含む議論への展開

　近年のコモンズ論の1つの特徴として，現行の法制度の変更や修正を通じ，衰弱したコモンズの再生に道を開く研究の進展がある［新保・松本編 2012］．たとえば，漁村を直撃するグローバル経済に起因する漁業従事者数の減少に対応するために，組合員以外の集落民にも道を開き，漁業的利用の回復を内発的に実現できないかという問題意識の下，漁業権行使規則改正の提案を行うといった具体的な共的領域の回復に資する研究が展開されている［緒方 2012］．また，管理放棄などが原因で他主体に外部不経済を及ぼしている入会地などの場合には，私権の絶対性を相対化することで，外部者のかかわりを誘発する道を開く一方，所有権者に一定の社会的制約をかけその是正を講ずることも検討され始めている［鈴木 2009；2012］．さらには，総有を現代社会により適合的に応用する「新しい現代的総有」の提案が，東日本大震災の復興過程にある住宅再建の事例に基づいてなされるとともに，それを阻む現行法上の諸課題を検討する研究も展開している［五十嵐 2013］．他方，高村［2012］もまた，新興住宅地などに新しくコモンズを創出する場合，あるいは利用・管理メンバーがある一定の

地縁集団に限定されていない場合におけるコモンズ的な管理制度を生成・持続するために，どのような所有形態がより適合的になるかということの検討をすすめている．

（6）環境と自治を支えるレジティマシーの議論

以上までにみてきたポスト草創期のコモンズ論の展開のどの局面にもかかわってくるのは，「ローカル・コモンズの利用・管理は，誰がどのような根拠で与えられるものなのか，あるいは与えられるべきなのか」ということに関するレジティマシー（正当性／正統性）の議論である．伝統的コモンズにおいてその対象である環境資源の利用や管理を入会権者だけが唯一にして最大の正当性を持つものなのか，あるいは新しいコモンズを創出する際，どのような主体がどのような正当性に支えられその管理運営を担いうるのか，ということを改めて私たちに問うのである．近現代の社会において，その正当性を担保する最強のものは所有権である．しかし，入会集団が衰退し管理や義務を果たせないゆえに外部支援を受けているにもかかわらず，同主体が入会権を盾に公益につながる他者の有効利用の道を排除しようとするケースをどう考えるか，という問題が草地の事例に基づき提起されている［飯國 2012］．これは入会の排除性が環境保全や管理の障害になっている問題で，前述の入会の環境保全的機能とは正反対といえる．本書第11章で菅が投げかけた「コモンズからの弱者の排除」ではなく，公共益に資する善意の働きかけに対する排除の問題といえる．ここにいたると，正当性の議論は何が公益に資するかという問題に行き着くことになり，公共私論から生まれたコモンズ論が，公共哲学や共同性に関する研究を重要な考察対象に収める社会学との接点が生みだされてくる［松本 2006；田中 2010］（本書第12章参照）．それは，議論の性質上，ともすると観念論的で抽象度の高い議論に傾きがちになる．

しかし，正当性や公共性の概念は，必ずしもフォーマルな法体系にのみに裏打ちされるものではない．[12] むしろ，フォーマルな制度に回収されきらず，住民が生活世界の論理に基づき創出する正当性（歴史の再構築・当事者性・シナリオ力等）が多くの現場で確認されてきた［宮内編 2006；三俣・菅・井上 2010］．たとえば，暮らしを通じた正当性に裏打ちされたローカル・ルールの実践を「公序」として捉え，これを破壊せんとする外部者に対し，人格権などを盾に戦う道を開く法制度の検討などに関する議論である．それらの重要性にさし挟む疑義は

ほとんどない[13]. ただ，そのような法制度がいくら整備され続けても，それを「実あるもの」として機能させうるか否かは常に別次元の問題として残る．制度は重要であるが，良好な利用や管理の内実の伴った共的世界を創造していこうとする実践もまた重要である．加えて，環境資源とその地域的利用慣行に内在する諸機能に現代的意義を見出してきたコモンズ論からの重要な知見（対象資源の生態的特性・歴史的文脈の重要性．たとえば秋道［2004］）を念頭に置いた「理想的な環境ガバナンス」構築への道筋はいかにして描かれうるのだろうか．諸学に蓄積された知見や示唆を踏まえながら，コモンズ研究はこの課題に向けてさらなる挑戦を続けていくことになる．

おわりに

1990年代後半から再び興隆し今日に続く日本のコモンズ論の多くは，コモンズ草創期の議論と通じる部分や接点を持ちながら進み，広範な分野において多様な議論の展開を遂げている．その多くは，伝統的コモンズの維持や再生を，他方では新たなコモンズの創生を地域〈共〉が主軸となる可能性を視野に置きつつ，その道を開くための諸条件を考究し続けているといえるだろう．とはいえ，そのような道を開いていくためには，広い分野での議論がなされても，それらの知識や経験を共有するアリーナが幅広く開かれていなければ，コモンズ論は現場に資するものにも，新たな研究の地平を開くものにもならない．

エネルギー調達を含む生産・消費・廃棄の過程すべてにおいて高い完結性を有する多様な小地域が持続性の決定要因となると考えた草創期の先達の学問への姿勢に改めて学び，「共」や「コモンズ」という言葉をこそ使わぬものの類似性の高い議論を展開している隣接諸学と積極的に交流を持ち，貪欲に学んでいく必要がある．逆にそれらの隣接諸学にコモンズ論が取り込まれていき，互いに磨かれていくような「共有可能な知の領域」を広げていくことが「創造するコモンズの時代」にはふさわしい．

謝　辞

本研究は，文部科学省科研費・基盤研究（C）「環境資源の'協治'成立のための社会経済・制度的諸条件の検討」（代表・三俣学）の成果の一部である．記して感謝する．

注

1）宇沢の場合，新古典派経済学やマルクス経済学に代わるパラダイムとして，ヴェブレン（Thorstein Veblen）の制度学派に水脈をもつ「社会的共通資本」という概念を提示し，従来の経済学の中で「所与のもの」として扱われてきた自然環境を自然資本として定位する．他方，玉野井や室田は，マルクス経済学も新古典派経済学も工業化こそが富や発展の礎だと捉える点で同じ罠にはまっていると論じ，それに代わるパラダイムとして前者は「地域主義の思想（生命系の経済学）」を後者は「水土の経済の思想（循環の経済学）」を提唱した．
2）「地球全体を単一の共同体とみなす'地球船宇宙号'の理論を押し進めると，そうする人の善意あふれる意図とはまったく正反対に，それが理想的な熱機関としての更新性そのものの破壊を弁護することになってしまう」［室田 1979：169］というのが批判の根拠である．
3）本章では，彼らの主張をより正確に表現し，「工業化された産業としての農＝農業」ではなく，「農の営み」あるいは「農的営為」という言葉を用いる．これは宇沢が「農業という概念規定より，むしろ農の営みという考え方にもとづいて議論を進めた方がよいのではないだろうか」［宇沢 2000：47］という問題意識を筆者が共有するからである．
4）多辺田［1990］は，「非貨幣経済部門」と表現したが，貨幣の中には相互扶助や互酬を促すような貨幣（たとえば，地域通貨）が存在することから，本書ではこれを「非商品化経済部門」と表現する．
5）ここでは，一般的傾向を論じていることを断っておく．論者によっては，国内のコモンズ論を等閑視し，北米コモンズ論のみに立脚して議論を展開するものもある．
6）コモンズ論は，もはや自然環境だけをその射程とするのではなく，マンション，知的財産，インターネット上の情報など，多様な資源をその対象に収めている．とりわけ，北米を中心とするコモンズ論では，Ostrom［1990］の示した排除性の低い・競合性の高い資源一般（CPRs：Common Pool Resources）をどのように管理していくかを考究する方向で議論が展開されている．そこでは，必ずしも自然資源や地域の自治という要素は必要とされない．この点に関する批判や見解については，菅［2010］，井上［2010］，三俣［2010］を参照されたい．
7）中尾英俊によれば，1998年以降，裁判官の入会に関する先入観や無理解による「恥知らずの判決」が散見されてきた．中尾曰く「若い裁判官や弁護士の中には入会というものを実態として知らない人もおられると思うが，そのための理解不十分，誤解によるものであれば止むをえない，というのは第三者の云い分であって，当事者にとってはそれではすまず，それによって入会権の解体を来たす例もあるので，その判断は十分慎重にする必要がある」［中尾 2008：126］．
8）井上による協治論の展開は，さらに広範なる学問領域からのコモンズ論への関心を喚起した．社会思想史の分野において，コモンズがグローバル・レベルにまで及ぶ外延社会（公共圏）とつながりを持って展開することではじめて，「農と工」，「都市と農山村」との復元を基盤とする持続可能な社会（尾関の論じる「共生型共同社会」）への道筋が

展望できるとする議論［尾関 2010］や，ネオリベラリズム批判から生まれた「共通善」の政治学・政策学（現代のコミュニタリアニズム）の重要性を再考するうえでコモンズ〈共〉の視点を考察の枠組みに取り込んだ研究も見られるようになり［菊池 2010］，市民社会論・公共圏論・公共哲学などとの接点を有しながら展開している．

9) 草創期のコモンズ論における玉野井［1979］の「開かれた地域主義」や多辺田［1990］「モノを閉ざし，人間を開くコモンズ」［多辺田 1990：87］にもその萌芽がみられるといえよう．「地域通貨の構想」［丸山 1995；室田 2005］などはその一例といえる．室田の場合，通貨論から「あらたに共」を創出することを明確にその目的として据えていたことは付言するに値しよう．詳しくは本書第4章を参照されたい．

10) 世代を超える他出者（Ⅰターン者）が，祭りを最後の結節点として山村集落に定期的に戻り，集落機能の維持にあたっている事例研究も報告されている［大久保・田中・井上 2011］．

11) 日本のフットパスについて機能や役割については本書第7章の廣川論文を参照されたい．

12) 欧米のコモンズ研究で展開されている心理学の手法を用いる研究も国内で進展している．政策決定の場にかかわるアクターがどのような正当性を相互に認証しあうのか［野波・加藤 2012］という研究等はその一例である．

13) 長年にわたり，街の中心通りの並木20mに建物の高さを制限するという住民相互の不文律により築かれてきた美しい街景観を破壊し高層マンションの建設を企てたディベロッパーに対する東京国立・マンション訴訟はその一例である［矢作 2006］．

参 考 文 献

秋道智彌［2004］『コモンズの人類学』人文書院．
飯國芳明［2009］「コモンズとしての二次草原」『景観生態学』14(1)．
泉留維・齋藤暖生・浅井美香・山下詩子［2011］『コモンズと地方自治——財産区の過去・現在・未来——』日本林業調査会．
五十嵐敬喜［2013］「総有の都市計画と空地」『季刊まちづくり』38．
井上真［2004］『コモンズの思想を求めて』岩波書店．
── ［2009］「自然資源'協治'の設計指針——ローカルからグローバルへ——」，室田武編『グローバル時代のローカル・コモンズ』ミネルヴァ書房．
── ［2010］「汎コモンズ論へのアプローチ」，山田奨治編『コモンズと文化』東京堂出版．
井上真・宮内泰介編［2000］『コモンズの社会学』新曜社．
岩崎慎平［2013］「森林保全に向けた漁民の森づくりの展開と可能性」『地域イノベーション』（法政大学地域研究センター），5．
宇沢弘文［1989］『学問の自由と経済学の危機』（かもがわブックレット18），かもがわ出版．
── ［2000］『社会的共通資本』岩波書店．
── ［2010］「TPPは社会的共通資本を破壊する」『TPP反対の大義』農山漁村文化協会．

エントロピー学会編 [2001]『循環型社会を問う――生命・技術・経済――』藤原書店.
緒方賢一 [2012]「沿岸海域の '共' 的利用・管理と法」,新保輝幸・松本充郎編『変容するコモンズ――フィールドと理論のはざまから――』ナカニシヤ出版.
大久保実香・田中求・井上真 [2011]「祭りを通してみた他出者と出身村とのかかわりの変容――山梨県早川町茂倉集落の場合――」『村落社会研究ジャーナル』17(2).
Ostrom, E. [1990] *Governing the Commons*, Cambridge UK: Cambridge University Press.
尾関周二 [2010]「〈農〉の思想と新たな文明への哲学的視座 〈農〉の思想と現代の諸問題」『環境思想・教育研究』4.
加藤峰夫・倉澤資成 [1996]「環境保全的観点からの入会制度の評価と再構成――自然環境を集団の財産として管理する法技法としての新たな「入会」制度の再構成は可能か？――」『エコノミア』46(4).
環境社会学会編 [1997]『環境社会学研究』3.
菊池理夫 [2010]「日本におけるコミュニタリアニズムの可能性」,広井良典・小林正弥編『コミュニティ――公共性・コモンズ・コミュニタリアニズム――』勁草書房.
工藤秀明 [2002]「エントロピーとエコロジーの経済学」,佐和隆光・植田和弘編 [2002]『環境の経済理論』(岩波講座：環境経済・政策学第一巻), 岩波書店.
齋藤暖生・三俣学 [2011]「温泉資源の持続的利用と管理制度に関する一考察――長野県上田市別所温泉財産区の事例に基いて――」『温泉地域研究』16.
嶋田大作 [2008]「伝統的森林コモンズの現代的変容――京都市右京区山国地区塔の共有林管理を事例に――」『林業経済』61(5).
嶋田大作・室田武 [2009]「開放型コモンズと閉鎖型コモンズにみる重層的資源管理――ノルウェーの万人権と国有地・集落有地・農家共有地コモンズを事例に――」『財政と公共政策』32(2).
新保輝幸・松本充郎編 [2012]『変容するコモンズ――フィールドと理論のはざまから――』ナカニシヤ出版.
菅豊 [2004]「平準化システムとしての新しい総有論の試み」,寺島秀明編『平等と不平等をめぐる人類学的研究』ナカニシヤ出版.
―― [2010]「ローカル・コモンズという原点回帰―― '地域文化コモンズ論' へ向けて――」, 山田奨治編『コモンズと文化――文化は誰のものか――』東京堂出版.
関良基 [2012]『自由貿易神話―― '関税' こそが雇用と食と環境を守る――』花伝社.
鈴木龍也 [2008]「上関四代区入会地訴訟最高裁判決の検討」『Local Commons』8.
―― [2009]「日本の入会権の構造――イギリスの入会権の比較の視点から――」,室田武編『グローバル時代のローカル・コモンズ』ミネルヴァ書房.
―― [2012]「里山からみた '法と共同性' の現在――コモンズ論的土地所有権論のための覚書――」, 牛尾洋也・鈴木龍也編『里山のガバナンス――里山学のひらく地平――』晃洋書房.
高村学人 [2009]「コモンズ研究のための法概念の再定位――社会諸科学との協働を志向して――」『社会科学研究』60(5・6).

高村学人［2012］『コモンズからの都市再生——地域共同管理と法の新たな役割——』ミネルヴァ書房．
田中重好［2010］『地域から生まれる公共性——公共性と共同性の交点——』ミネルヴァ書房．
多辺田政弘［1990］『コモンズの経済学』学陽書房．
——［1994］「生命系のパラダイム——自由即のための禁止即——」，山之内靖・佐々木毅・二宮宏之ほか編『岩波講座：社会科学の方法Ⅻ　生命系の社会科学』岩波書店．
——［1995］「自由則と禁止則の経済学——市場・政府・そしてコモンズ——」，室田武・多辺田政弘・槌田敦編『循環の経済学——持続可能な社会の条件——』学陽書房．
玉野井芳郎［1979］『地域主義の思想』農山漁村文化協会．
——［1990］『生命系の経済に向けて——玉野井芳郎著作集第2巻——』（槌田敦・岸本重陳編），学陽書房．
槌田敦［1982］『資源物理学入門』（NHKブックス423），日本放送出版会．
鳥越皓之［1997］「コモンズの利用権を享受する者」『環境社会学研究』3．
中尾英俊［2003］「入会権の存否と入会地の処分——入会権の環境保全機能——」『西南学院大学法学論集』35(3・4)．
中尾英俊［2008］「入会判決における恥知らずの判決」『西南学院大学法学論集』40(3・4)．
中村尚司［1993］『地域自立の経済学』日本評論社．
野波寛・加藤潤三［2012］「法規制は正当性に対する信頼性の影響を阻害する？——沖縄県にコモンズの管理権をめぐる多様なアクターの制度的基盤と認知的基盤——」『社会心理学研究』28．
廣川祐司［2010］「社会変化に対応する地域戦略——集落有財産の持続可能な管理と利用のために——」『相関社会科学』20．
松本充郎［2006］「自然環境問題における公共性」，井上達夫編『公共性の法哲学』ナカニシヤ出版．
間宮陽介［2002］「コモンズと資源・環境問題」，佐和隆光・植田和弘編［2002］『環境の経済理論』（岩波講座：環境経済・政策学第一巻）岩波書店．
間宮陽介・廣川祐司編『コモンズと公共空間——都市と農漁村の再生にむけて——』昭和堂．
丸山真人［1995］「コモンズとしての地域通貨」，室田武・多辺田政弘・槌田敦編『循環の経済学——持続可能な社会の条件——』学陽書房．
三井昭二［1997］「森林から見るコモンズと流域——その歴史と現代的展望——」『環境社会学研究』3．
三俣学［2008］「コモンズ再訪」，井上真編『コモンズ論の挑戦——新たな資源管理を求めて——』新曜社．
——［2010］「コモンズ論の射程拡大の意義と課題」『法社会学』73．
——［2013］"Complementary Environmental Resource Policies in the Public, Commons and Private spheres: An Analysis of External Impacts on the Commons," in T. Murota

and K. Takeshita eds., *Local Commons and Democratic Environmental Governance*, Tokyo: United Nation University Press.

三俣学・齋藤暖生［2010］「環境資源管理の協治戦略と抵抗戦略に関する一試論——行政の硬直的対応下にある豊田市稲武13財産区の事例から——」『商大論集』61(2・3).

三俣学・菅豊・井上真［2010］「実践指針としてのコモンズ論——協治と抵抗の補完戦略——」，三俣学・菅豊・井上真編『コモンズ論の可能性——自治と環境の新たな関係——』ミネルヴァ書房.

宮内泰介編［2006］『コモンズをささえるしくみ——レジティマシーの環境社会学——』新曜社.

三輪大介・三俣学［2010］「コモンズを守り活かす戦略に関する一考察——近年の法学的コモンズ研究の興隆に寄せて——」『商大論集』61(2・3).

室田武［1979］『エネルギーとエントロピーの経済学——石油文明からの飛躍——』東洋経済新報社.

——［1991］『水土の経済学——エコロジカル・ライフの思想——』福武書店.

——［1995］「エントロピーと循環の経済学——持続可能な社会の条件——」『循環の経済学』学陽書房.

室田武・三俣学［2004］『入会林野とコモンズ——持続可能な共有の森——』日本評論社.

矢作弘［2006］「不文律の約束事として守られてきた美しい街景観」，鈴木龍也・富野暉一郎編『コモンズ論再考』晃洋書房.

山下詠子［2011］『入会林野の変容と現代的意義』東京大学出版会.

山本信次［2009］「森林ボランティア活動に見る環境ガバナンス——都市と農山村を結ぶ'新しいコモンズ'として'森林'——」，室田武編『グローバル時代のローカル・コモンズ』ミネルヴァ書房.

——［2013］「森林ボランティアと農山村がつくる'開かれたコモンズ'」，森林環境研究会編『森林環境 2013』朝日新聞社.

第Ⅰ部　コモンズ論再考
―― 日本と北米の展開 ――

(撮影：齋藤暖生)

第1章

「コモンズ論」の源流を探る
―― 「日付」のある考察 ――

はじめに

　「コモンズ」という概念に関して，私は忘れられない思い出がある．それは，1990年に明治学院大学で行われた『玉野井芳郎著作集（全4巻）』出版記念シンポジウムでのことである．私はパネラーの1人として，尊敬する社会学者・鶴見和子（上智大学＝当時）と同席していた．シンポジウムが終わって，席を立たれた彼女に挨拶をした時のことである．私の『コモンズの経済学』(1990年) が出版されたばかりの時で，彼女は，私の本を読んだと前置きされてから，「多辺田さんのコモンズの概念は曖昧ですね」と彼女らしい率直さでいわれた．私は「わざとファジーにしたのですが……」と答えた．彼女は先を急がれたようで，会話はそこで終わった．

　学生時代からマックス・ウェーバーの著作を好んで読んでいた私は，「概念」について必ずしも無神経ではなかった．私の「コモンズ」の概念のことは『コモンズの経済学』の「はじめに」で，その「曖昧さ」の積極的な意図を書いたつもりだった．「曖昧さ」は多様性を含む．ただ，「大事な点」はこの「コモンズ論」はあの「コモンズの解体論」とはベクトルを逆にしているということである．

　経済学は，「〈公〉経済」と「〈私〉経済」だけを扱い，「〈共〉の経済部門」は解体すべきものとしてその存在を無視し続けてきた．経済学は「商品化経済部門」のみを扱い「非商品化経済部門」は扱おうとはしなかった．しかも，近代化は，「共的領域」を崩壊させながら「公」と「私」を肥大化させ，「総力戦システム」を形成してきた．その帰結として，「自然・環境の破壊」と「社会関係の崩壊」という深刻な「問題群」を解決困難な現代の課題として出現させ

たのである．その問題意識が「コモンズ論」を探り当ててきた．

確かに「コモンズ」の概念は，社会学的にみれば大雑把で「曖昧」な概念規定であったかも知れない．「地域資源の共的管理」（それを支える社会関係＝共同の力）という広い意味を多分に含んでいるからである．そもそも，それは近代総力戦システムを支えてきた「近代の学問体系」の視野の外に放置されてきた「領域」と言えるだろう．

鶴見和子の指摘は，曖昧さを許さない「概念規定」（定義）あるいは「類型学」からきちっと入る（米国仕込みの）「社会学者」らしいこだわりだな，とその時思った．

暫くして，彼女は脳梗塞で倒れたが，リハビリの努力を重ねて奇跡的な回復をした．その間，自身の過去の沢山の著作を読み直し，再考し，丁寧に手を入れ，解説も加えた．そして，見事に『全集』として遺した．弟の鶴見俊輔は，その筆の入れかたを見て，「病後，姉は随分と変わった」とその変貌ぶりを大変評価していたのを読んだ記憶がある．その意味は，（頭の中で定義と体系化に縛られる）「学者の習癖」から自由になって，「日付」を持って生きている人びとの心の中に直接入って行くことによって，彼女自身が解放され，「モノの見方」が驚くほど柔軟に（広く・深く・優しく）なった，ということのように私は受け止めた．――鶴見俊輔の「最も親しき者＝姉」への眼差しに，私はとても納得がいく感じがした．彼は「曖昧の持つ良さ」を理解し，膨らませてきた思想家である，と私は思う．

本章では，「コモンズ論」形成の過程を振り返る旅に出発しようと思うのだが，その重要な出発点には幾人もの先行者がいた．その中で私の「コモンズ論」形成にとって取り分け重要な先行者は室田武・槌田敦・玉野井芳郎である．したがってここでは私に最も刺激を与え続けてくれた「先輩的友人」である室田武との付き合いを中心に，私の「コモンズ論」の形成過程を振り返ることにする．

初めに述べておくが，私の「コモンズ論」は大きく分けて「3つの柱」で成り立っている．それらは必ずしも体系化されたものとはいえないが，それぞれが相互に不可分な構成要素になっている．1つは「農的世界」の不可欠性．2つ目が「エントロピー論」（＝物質循環論）．そして3つ目が「非商品化経済部門」の重要性である．私は，この「3つの柱」にこの順序で出会い，私なりに吸収し咀嚼し育ててきた積りである．その出会いと思索の過程を振り返りなが

ら「コモンズ論」の源流を辿ってみることにしよう．

1 「有機農業運動」との出会い
──「農的世界」の発見──

　私が初めて室田武に出会った時のことを思い出そうとしている．その日付をはっきりとは思い出せないが，室田が米国から帰国したばかりの1970年代半ばである．初めて会った場面はよく覚えている．私が，最初の職場である「国民生活センター」(1970年に設立された「消費者保護」を目的とする「政府関係特殊法人」，現在は「独立行政法人」)に入職（1973年1月）して間もないころであったと思う．

　1960年代後半に続く「1970年代」という時代は，「学問と大学の存在理由」を問おうとした学生運動や，「近代化」＝「工業化と総力戦システム化」のネガ（負）を告発した公害反対運動，「アメリカの正義とは何か」を問うたベトナム反戦運動など，「学生・市民運動」の盛り上がりとその余波が「時代の空気」の中にまだ十分に満ちていた時代だった．明治以来，総力戦システム形成と共に突き進んで来た「近代化」路線だけでなく，戦後の「アメリカ・モデルの民主主義」や「社会主義モデル国家」という「新たな正義」に，疑問符を突き付け「時代の課題」に上らせた．混乱という「曖昧さ」を含みながらも「厚み」を持った自由な「問い直しの時代」であった．この「日付」のある「近代を問い直す」自由な思索や実践を可能とした時代（1960年代後半-1970年代）の空気が「コモンズ論」の胚胎の背景にあった，ということをまず頭の片隅に置いてほしい．

　私が国民生活センターに入って，しばらくして課題として選んだテーマが「有機農業運動」であった．その取材の過程で室田武に出会った．それは，室田が一会員として参加していた「三多摩食べもの研究会」（通称「三多摩食べ研」）という消費者グループを取材した時のことであった．その時，「三多摩食べ研」と提携していた農家の畑を消費者グループの世話人に案内してもらっていた．室田はその世話人の後を一緒に付いて来た．今でもその面影はあるが，どことなく茫洋として，とても米留帰りの新進気鋭の数理経済学者とは思えなかった．室田との出会いが「有機農業運動」の現場（農家の畑）であったということは，振り返ってみれば，極めて象徴的で運命的ともいえる交差点であった．

　室田はどういう回路を経て「三多摩食べ研」に辿りついたのだろうか．──

私が知っているのは，僅かに，室田がミネソタ大学に留学していた1970年代前半に，ミネソタで「有機農産物の共同購入グループ」に出会って非常に興味を持ち，実際に参加して見聞を広めた，ということぐらいである．

> 「アメリカのミネソタ大学留学中（1970年代前半），寮の食事に飽きてしまい，下宿に移り，初めはひまにまかせて，そして次第に日常的に，友人たちとともに食事を作るようになったことである．当初はスーパーマーケットで買い物をしていたが，身近で有機農産物を共同で購入・販売するCOOP（コープ）を利用する若者たちが多いので，私自身ひんぱんにそこで買い物をするようになった」［室田 1979：Ch. 6］．

室田が住んでいたミネソタは，北欧系移民を中心とした協同組合運動が伝統的にある地域でもあったそうだが，それとは別に「1960年代後半に始まって急速に発展してきた新しい動き」として有機農産物を扱うFOOD-COOPが出現してきたという．

> 「缶詰文明を世界に誇っていたはずのアメリカにおいて，若い世代の間に味噌や豆腐への関心が広まるとともに，有機農業が高く評価され始めているという現状の背後に，何があるのだろうか？」

そのような興味から室田の有機農業への関心が急速に広がって行ったようである．

発足して間もない日本有機農業研究会の存在を室田が知ったのは，帰国後すぐ（1976年前後）と思われるが，ちょうど「日本の有機農業運動の先駆者たち」の取材報告を有吉佐和子が『複合汚染』として朝日新聞に連載を始めた時期（1974年10月から約1年）とほぼ重なることになる．有吉のそれは米国の農薬禍を告発した『沈黙の春』（1961年，レイチェル・カーソン著）の日本版とも言えるルポルタージュであった．因みに，私自身が日本有機農業研究会を知ったのも新聞連載の『複合汚染』をきっかけとしてであった．

私が国民生活センターの調査研究チームとして「日本の有機農業運動」をテーマに，この新しい「消費者と有機農業生産者との提携運動」がどのように発生し，どこに向かおうとしているのかの実態調査を試みたのは，1977年度から1981年度にわたる4年間である．私は研究チームを組んでフィールド調査をするという方法を基本とした．

日本の有機農業運動には，いくつかの特徴が見られるが，「都市消費者グループと農業生産者」が直接結びつく「提携型」の運動は日本独特のものである．それは，「都市と農村の関係」取り分け「関係の安定的持続」という「コモンズ的視点」からも参考になると思われる点が，いくつか指摘出来る．
　まず，都市消費者と農業生産者との相互変革作用である．煩わしい関係性を削ぎ取った近代市場流通という「合理的なシステム」を利用せずに（利用できずに），有機農産物を関係性の中で「作り・運び・食べる」という経済行為を担うには，それを持続させ支える日常性の工夫・努力が必要とされた．その関係性の持続には，「顔の見える関係」という直接性（可視性）の持つ動機づけが極めて重要な役割を果たした．
　提携運動（「安定的な関係性」の模索）の経験の蓄積の中から，日本有機農業研究会は提携を持続させるためのコツを「提携10カ条」としてまとめ運動の参考に供している．それは，お互いの現状をよく知り，無理を強いないようにしながら，労働力の面でも経済の面でも出来る限り助け合っていく（むしろ「煩わしさを楽しむ」），という「付き合い」＝「縁」の持続の原則に沿ったものである．これは，見方を変えれば，近代の社会関係が「関係の煩わしさ」を切り捨て，「顔の見えない関係」への制度的代替（システム化）に進んだ過程に対する「逆行」であった．「公的機関」と「私＝市場」への依存化の過程で「切り捨ててきたもの」をもう一度「関係性（社会）の中に埋め込む」という方向性である．この「煩わしさ」は，「関係性を楽しむ」「関係性の時間を大切にする」という「価値」を伴うものでもあった．
　具体例をあげれば，「援農」（縁農）である．それは，「顔の見える関係」での労働・作業の助け合いであり，「労働の商品化」（賃労働化）とは方向性を逆にしている．いわば「関係性への〈労働の内部化〉」と言ってもよいものである．後に述べるが，「商品化経済部門」を「非商品化経済部門」（社会的協同経済）の中へ埋め戻すということである．
　また，農家が必要な資金や緊急な支出が生じた場合に，消費者たちがプールした「基金」から資金を貸し出すという「農業基金」の制度化は，「信用の商品化」とはベクトルを逆にする「信用の内部化」とでもいうようなものである．「信用」を関係性の中に埋め戻す「地域通貨」の試みに通じるものである．
　この「都市住民が農民と結びついていく」という有機農業運動が生み出した「関心の流れ」は，戦後の経済復興・成長時代に大都市へと向かった人びとの

「関心の流れ」とは真逆の流れである．戦後の「人と関心の流れ」は農山漁村から大都市に向かって「労働市場を求めて」一方向的に集まるという「一極集中」の流れであった．それは，地域の「コモンズ」の崩壊過程であり，地域の人間関係に支えられた「地域社会の安全装置」＝「セーフティーネット」の崩壊過程と重なる．有機農業運動の経験の中に，「コモンズの再生」にとって大いなる前例（ヒント）を見つけることができよう．

その「関心の流れ」の延長線上に，（農業や農村に接した）都市の住民のなかに「援農」（縁農）から「帰農」へという「人の流れ」が少しずつ生まれてきた．そこで見えてきたのは「農的世界」である．単なる「農産物」や「農業」ではなく「農的世界」への接近は，日本の有機農業運動の中で芽生えた1つの重要な「視野の広がり」でもあったといえよう．

この「農的世界への接近」という動きに関連して，「特記」すべき運動体がある．室田武が中心となって始めた「水車むら会議」である．1980年代のことである．室田が一橋大学教員時代に，静岡県藤枝市滝の谷のお茶栽培農家（臼井太衞）の協力を得て，高松修（東京都立大学教員・当時）や「これからの会」（茨城県八郷に拠点を置く有機農業提携グループ）などが始めた運動である．室田のゼミ学生（一橋大学，津田塾大学，東京大学など）たちや，地元の農家や大工，そして反原発運動に連なる市民や研究者など，多くの人びとがこの運動に関わってきた（1981年発足）．それは，「反原発と有機農業」を旗印にした「都市と農村を繋ぐ」壮大な実験でもあった．

私も，「水車むら」の水車作り（導水路作り）に参加した楽しい思い出がある．川の流れを引いて水輪を回して起こる「水車」動力で，製茶機械を動かし，「水車むら紅茶」を作り，水車発電で合宿所の電灯を賄う．反原発運動の1つの拠点としてその存在は大きかった．また，この「水車むら会議」の主催で「水車ツアー」が組まれ，室田の案内で北関東，富山，山陽，九州など各地のいろいろな水車を見学して回った時期があった．私も同行して楽しんだことを懐かしく思い出す．

この「水車むら会議」は若き日の室田の「フットワークの軽さ」をよく示している．室田が，学外フィールドワークに多くの若者（学生）を連れだし，農作業（米作り），炭焼き，林業の手伝い，などの農林業の体験実習を共にしたことが，それぞれの若者の将来の生き方の選択に少なからぬ影響を与えた，という事実も記しておきたい．この「学生とのフィールドワーク」を何度も羨まし

く目撃していた私自身も，後に沖縄で大学教員になった時に，その方法を大いに取り入れ，水田での稲作や炭焼き合宿などを学生と楽しんだ．

また，この「都市消費者と農民の提携運動」を別な視点から振り返ってみると，そこから「開かれたコモンズ」という室田武・三俣学が「コモンズ論」に投げかけた視野が開けて来るようにも思える．民俗学が切り開いてきた「漂泊と定住」の視点の延長上に，室田は「共同体も〈外交〉を持っていた」という視点を「コモンズ論」に付け加えようとした．共同体は外部の人間と接触し異質な文化を受け入れ，また講を組んで「詣」や「参り」（伊勢参りや大山詣など）の旅に出掛けることを通して「世間」を知り，その知的・文化的な刺激を受け入れながら「共同体の絶えざる再生（活性化）」を図ってきた，という事実に着目することもできよう．そのことも，「コモンズ論」の大事な視点として付け加えておきたい．

更に，そこから，現在の「過疎化・限界集落の危機」＝「地域の空洞化」という「日付を待った喫緊の課題」へのアプローチとして「新しいコモンズ論」が拓けてこよう．いや，それだけではない．もう一方で，高齢化に伴い「大都市」内部でも「過疎化＝限界集落化」が出現している．都市内部における〈もう一つの新しい「コモンズ論」〉の視野を必要としているのである．

2　農山漁村の「地域自給構造」への接近

　私たち国民生活センターの調査研究チームは，有機農業運動の調査（1977-1981年）の延長上に「農山村の地域資源更新の仕組み」に視野を拡げて次の研究プロジェクトを始めた．それが「地域自給に関する研究」（1982-1985年）であった［国民生活センター編 1987］．

　有機農業を通して「農」の世界の広がりに気付いたのは当然のことであった．有機農業とは地域資源の循環のなかで更新性を持って営まれてきた「当り前の農業」だった．その地域ごとの資源制約（物質循環）のなかで「最適解」を求めて成熟させてきた農法（江戸時代からの各地の「農書」の地続き）だったからである．

　私たちが「地域自給研究」のフィールドの選定にあたって考えたのは，先の有機農業運動の調査から得た見聞をもとにして，「自給構造がまだ充分に残っている地域」で「地域資源を生かす自給運動を自覚的に（有機農業運動の過程で）

始めていた農山漁村」だった．その地域ごとに，戦後の「自給構造の変化」を捉えようとしたのである．

初年（1982年）度は島根県奥出雲・木次地方を選んだ．牛飼いの佐藤忠吉というリーダーのもとで，山地酪農と自給運動を自覚的に視野に入れて始めた有機農業運動の先駆的事例である．次年度に調査したのは，和歌山県色川地区である．戦後，銅鉱山閉山後に急速に過疎化した山村であった．村有林と山林組合の林業を中心とする林家農家集落が散在する山間地で，都市からの移住者を受け入れ始めていた．三年目は愛媛県宇和海に面した半農半漁村の明浜町で，若い柑橘栽培農家が中心になって有機農業生産グループを立ち上げ，都市消費者との提携運動に動き出していた．

それら一連の調査から浮かび上がってきた知見の1つは，それぞれの地域条件の中で農業を中心に地域資源（山林原野と海浜）を生かして，自給力を発揮していた「戦後の10-15年間」という時期（エポック）があったという発見である．いわば，「江戸時代と地続き」の「もう一つの戦後」がそこに有った．戦後のその時期の農山漁村は，どこも意外なほど多様な「豊かさ」を含んでいて，図式的に言われたような「遅れた貧しい地域」ではなかった．その「もう一つの戦後」への注目は，まさに「もう一つの豊かさ」の具体的再発見でもあった．

この「地域自給研究」というフィールド調査を進める過程で，大いに参考になったのが，室田武の初単著『エネルギーとエントロピーの経済学』［室田 1979］であった．それは，1973年のオイルショックを契機とした「エネルギー問題」から，1979年の米スリーマイル・アイランドの原発事故直後の状況も踏まえた，鮮烈な諸論考を収録してあり，室田のその後の豊穣な諸著作の問題意識がそこに詰まっていた．

室田のこの著作は，「近代化路線」を突き進んできた日本の経済学や社会科学には見られない画期的な視点をいくつか提示していた．

まず，日本の経済学の議論の中に「エネルギー収支」や「エントロピー論」の視点を本格的に導入した最初の記念すべき著作と言えるだろう（後述）．更に戦後の社会科学が「転向」でもしたかのように，忌み嫌い遠ざかるようになった「農山村共同体」に，室田は逆に「時代の課題」としての「地域更新性＝永続性」というアプローチから積極的に接近しようとしていた．室田を「進歩主義的偏見」から自由にしたのは，米留時代でのマリノウスキーの著書との出会

いに始まり，帰国後に就職した国学院大学で民俗学の蓄積に触れたことと大崎正治（室田の大学院時代の先輩で『鎖国の経済学』の著者）との学問的交流が大きかったようである．その後，急速に柳田国男，宮本常一などの「民俗学」，守田志郎（戦後の農村と農民のなかに深く入り込んで語り合った希有の農業経済学者）などの先行者の系譜を手繰り寄せていった［室田 1982］．──同時に，室田の探求心は，ジェボンズ『石炭問題』の再発見から「燃料問題」「森林問題」に及び，熊沢蕃山の林政学（治山治水＝富有論）に進み，江戸時代に興隆を見た「水土論」の再発見に至っている．驚くべき探究心とエネルギーである．

　室田の「進歩史観からの自由」を決定付けたものとして，もう１つ付け加えておきたいのは，当時の室田をフィールドへと向かわせた反公害・反開発運動，取りわけ「入浜権運動」との関わりであった．フィールド調査（問題の現場へ赴き住民や歴史から学ぶこと）によって自分の耳目で発見したことが「進歩史観」という「公式的・図式的偏見」から自由になることを許したのである．

　室田の問題意識は，有機農業運動に接して農山村の現場を歩いてきた私には，充分に共有できる素地が出来ていた．取り分け，その著書［室田 1979］のなかで，「目から鱗」の思いで読んだ個所がある．それは，第８章４節「圧殺された『共』の世界」である．以下引用しておきたい．

　　「海岸だとか，湖や川，あるいは山林の〈私的占有〉は，人間社会にとって有用なエネルギー源の活用という点で効果的でないことは，私たちの先人たちが伝統的によく理解していたのである．つまり，それらの私的占有を排し，共同体の成員すべての接近を保証しつつ，しかも乱伐，乱獲等を避けるために，生態学的な根拠を持つ口明けの日などを厳密に設定するものとして，入浜・入海・入会などの制度があった．／そこに見られる共同体自治というすぐれた制度を改悪するには，私的独占をあからさまに宣伝するのも一つの方法であったが，それより巧妙な手段として，公有化，すなわち国有化へ移行することで『公共性』を強調し，共同体自治の実質的な破壊を，『公』＝『共』という印象を，文字の上で作り出すことで隠蔽するやり方もあった．……／つまり，本来『共』的に治めるのが最も柔軟性に富むものを，『公』的な管理に委ねることで，『公』のうちに『共』の要素も含まれているから安心しなさい，という宣伝が大々的に展開されたわけである．しかし，今日はっきりしていることは，『公』は『私』の組

織化にほかならないということ，『公共性』に『共』の要素はほとんど含まれていないこと，しばしば『公共性』はむきだしの権力そのものを意味すること，等々である．／近代化の諸過程は，『公』と『私』の世界の拡大強化によって，『共』の世界を圧殺する過程であった．／自然環境を『公物』と規定して，全面的な国家管理ないし広域地方行政の管理にまかせきってしまうことは，端的にいってきわめて危険である．なぜなら，自然を管理の対象としてみるとき，すでに，たとえば『渚はプールや人工干潟で代替可能である』という発想がそこに入り込んでいるからである．／成長マニアの政府や広域地方行政当局が『公物』として自然を管理することは，それを破壊してその代用品をつくるということとほぼ同じことを意味するのである」［室田 1979：192-94］．

　なぜ私はこの個所に心打たれたのか，それは「日付」があったのである．1970年代は「産業公害」から「列島改造＝開発公害」の時代（田中角栄『日本列島改造論』は1972年）に突入し，「公共性」の名のもとに「自然破壊」が進み，ブルドーザーの如く日本列島を穿り出したときである．その時代の反公害・反開発運動に参加した者なら誰でも，この「公共性」という「言葉のごまかし」を肌身で感じ理解できただろう．

　この「公共性」という行政用語（あるいは学者用語）の「ごまかし」を室田は見事に見破っている．それは，まさに「公共」から「公」（＝政府）と「共」（＝自治）を腑分けして「共」の持つ重要性に目を向けさせた「コモンズ論」の最も重要な源流である．

　それは同時に，地域資源（海・山・川・湖沼など）の保全と利用の担い手は伝統的に「共」（＝共同体自治）にあったことを，この環境破壊の進んだ時代に強調したという意味でも「コモンズ論」の源流となっている．しかも，きちんと地域（共同体）ごとに「生態学的根拠」を持って経験を積み重ねて，「約束ごと＝慣行」（入会権・水利権・漁業権という自治的管理方法）として成熟させ守ってきた歴史がある，ということである．「政府＝政策」ではなく「自治＝コモンズ」による地域資源の保全慣行の重要さを，指摘していたのである．田中正造の「治水論・自治論」の地下水脈をも受け継ぐ「コモンズ論」の源流と考えることもできよう．

　このような視点で，農山漁村の現場を歩いて行くと「進歩史観」では見落と

してしまう「技術の見方」があることも発見する．

　たとえば，先に述べた室田が主催する「水車ツアー」に付いて各地の水車を見学した時に分かったことがある．水車は単純な「バッタン」（一文字水車）から，巨大な水量を受けて回る「大水輪」や「重連水車」という複雑な構造へ向かって一方向的に「発達＝進歩」していくのではない，ということである．水量の少ない上流では一文字水車が使いやすい．水量が多くなれば「十文字水車」，そして水田も広がり大量の水が必要になると水輪が大きくなる．それは，それぞれの地域条件に合わせて「最適解」が違うからである．技術の形態は単なる「発達論」では説明しきれない．

　歴史的に考えてみれば，「近代技術」というものは，地理的「大発見」期を経て，地球規模でのエネルギー（地下埋蔵資源）の「大発見」期を背景として起こったものである．つまり，「資源の地域的制約」を取り除いた時点で始まったのが「近代科学技術」であったとも言えよう．そうなると，「必要な資源」さえ運び込める輸送手段があれば，「地域資源の制約条件に左右されずに」どこにでもボーダレスに「経済の論理」で，近代技術（工業）は組み立てられると考えられるようになった．——但し，「生産過程で排出する高エントロピー廃熱・物質の拭き取り作用」に不可欠な「水資源」の立地制約（「開放定常系」の必要条件）はどこまでも付いて回るのであるが．

　一方，近代以前の技術は「資源の地域的制約」という枠内での「最適解」を求めて工夫を重ねてきたことになる．地域資源の制約下で成熟した「地縁技術」あるいは「土法」である．それこそが，ポランニー＝玉野井の「経済を埋め込んだ社会」の基礎を支えたのである．——「地域需要」に応じて生活に必要なモノを賄う「地域市場」（域内市場）の範囲内では，地域資源の更新性の時間を熟知しているから乱獲・乱伐は基本的に起こらないように採取・利用条件を自治的に設定する．域外市場（全国市場）に応じるように生産が拡大すると地域資源の賦存量や更新サイクルによっては「約束ごと」なしには乱獲・乱伐が生じる可能性は一気に高まる．ましてや，海外資源を利用するとなると「歯止め」は無くなり「乱獲・乱伐」（資源の収奪）は急速に拡大して行く．たとえば，次々と森林が伐採され輸出されるたびに荒廃地を遺して，伐採地が移動してきた熱帯雨林地帯の歴史１つを取って見ても明らかなことである．「制約」なしに地域外需要に道を開いたら，地域資源の更新的利用はたちまち危うくなってしまう．

私たちの「地域自給研究」の知見では，その地縁技術と地域資源の利用方法（「共」的利用慣行）は，日本の農山漁村では戦後15年（高度経済成長始動期＝ほぼ1960年前後）ぐらいまでは，広く存在し続けていた．そして，その時代には，地域資源や食糧・日常生活の日用雑貨を含めて，「分配さえ偏らなければ」という条件は付くが，必ずしも「ストレスのたまるような」時代ではなかった，と言うことも出来る．そのように「江戸」期と地続きの生活世界が更新されてきたのである．

「日本人は二度『江戸』を見捨てた．一度目は明治維新，二度目は第二次大戦後である」とは鶴見俊輔の素晴らしい洞察（再発見）である．──しかも，見捨てたものはまだ手の届く目の前にあった．そこにも，「コモンズ論」の源流の１つがある．

3　「エントロピー論」との出会い
──物質循環の基礎──

実に面白いことに，有機農業運動や反公害運動に参加したことのある研究者・市民のうちの少なからぬ人びとが，「エントロピー学会」（1983年９月設立）に結集していった．

その理論的橋渡し役となった小さな研究会がある．室田武（物理学・経済学＝当時・一橋大学），槌田敦（物理学＝当時・理化学研究所），中村尚司（哲学，経済学＝当時・アジア経済研究所），玉野井芳郎（経済学＝当時・沖縄国際大学）が談集した「天道研究会」である．「地動説」を，地上から（地域等身大）の視点にもう一度引き戻し逆転した「天動説」という意味でのネーミングであった．談集の「日付」は1980年前後．どんな研究会だったのだろうか．

議論の中心は，人間が責任主体として関わる「生命系」の捉え方をめぐってであったようだ．──「生態系」という捉え方は，人間自身を「生態系」の外に置いて自然環境を客体（観察の対象）として観ること（つまり「地動説」）に終始してしまう．生態系の危機を生み出す主体としての責任の問題（その中心に行動責任主体としての人間がいるという意味で「天道説」）が抜け落ちてしまう．「生態系」の視座を認めつつ，そこから反転して「生命系」に対する「人間の責任」を「経済循環と物質循環（熱エントロピーの処理）」の両面から捉えなおす必要がある，という新しい視点の提示である［玉野井1982；多辺田1994］．

どうしてそのような問題関心をそれらの物理学者と経済学者たちは持ったのだろうか．「日付」のある「危機感」を共有していたからである．

1979年の米国のスリーマイル・アイランド原発事故である．既に，槌田・室田は事故以前から原発の危険性と不経済性を指摘していた．槌田は1976年に「核融合の限界と資源物理学」（日本物理学会誌）で，室田は1977年に「原子力の経済学」（『経済評論』）などで「反原発」の立場を鮮明にしていた．

スリーマイル・アイランド原発事故以前に，「反原発」の立場を鮮明にしていた「学者」は極めて少数派だったと言える．日本の各地の原発で住民の反対運動は起きており，既に事故も発生していた．しかし，多くは「核の平和利用」という言葉に騙されて（「自主・民主・公開」などという実際には決して実行されない言い訳的な条件を付けて），原発を黙認あるいは容認していたのである．

槌田敦の「エントロピー論」=「開放定常系の理論」はそのごまかしを許さなかった．生産の過程で高エントロピーの「廃棄物」と「廃熱」が排出されるが，それらのうち廃熱のほうは水循環に載せて地球の系外に捨てることは出来る（開放定常系）．一方，地球の系の中に溜まり続ける（閉鎖系である）物質エントロピーの処理が問題になる．水循環のある生物の棲む熱機関としての地球は，物質を微生物分解したり，重力に逆らって物質を下から上に押し上げる「圧縮ポンプ」の機能（上昇気流や海中の湧昇そして食物連鎖＝生物濃縮など）が存在し，その「物質循環機能の存在」により生命活動が維持されている，と説明することが出来た．この物質循環のネックとなるのが「分解不能」な（あるいは「分解速度が極めて遅い」）「有害物質」（つまり「出口のない物質」）である．

結局，「物質循環に乗らない物質」=「廃棄の出口のない物質」は生産過程（生産の入口）に投入してはいけない，ということになる．つまり，人間の生産行為は無限に許されるのではなく，物質循環に乗らないものは「生産の入口」で禁止しなければならない，ということが「熱力学」（エントロピー論）から導き出される「禁止則」なのである．

1973年に起こった「オイルショック」の時は，「エネルギー資源の枯渇」ばかりが問題になり，「代替エネルギー論」や「リサイクル論」が盛んに提案された．それに対して，槌田・室田は「エネルギー資源（入口）の枯渇が問題なのではない．出口（廃熱と廃棄物の捨て場）の枯渇こそが問題なのである」「リサイクルはその過程で追加的エネルギー資源が必要とされ『エネルギー収支』からみても廃棄物の点から見てもエントロピー増大則を免れず，〈リサイクル〉

とはならない場合が多いので吟味が必要である」「大切なのはリサイクルではなくサイクル（循環）である」と指摘した．問題の本質を「エネルギー収支」と「エントロピー論」から導き出し警鐘を鳴らしたのである．

「リサイクル」幻想を排し，「生命系の物質循環論」（その回復）こそが目指すべき方向であると，「物質循環の江戸モデル」を槌田・室田は提示していく．「コモンズ論」のもう1つの源流である．

この「エントロピー論＝禁止則」の当然の帰結として，処分不可能な「核のごみ」を生み出す「原発」は初めから作ってはいけない，ということなのである．「原発はトイレのない（廃棄物を処理できない）マンション」と言われる所以でもある．

さらに，槌田は「技術は試行錯誤（失敗）によって問題を解決し，技術を完成させていくものだが，原発は『試行錯誤の過程＝失敗』が許されない技術（失敗したら不可逆的な惨事をもたらす事故となる）であるから，初めから『欠陥技術』たらざるを得ない」と技術論的にも，原発を明確に否定した．

加えて，槌田は「原発は持つだけで原爆を持つに等しい．テロや通常ミサイルに狙われるだけで原発は〈原爆〉に変貌するからである」という警告も発してきた．「平和利用なら良いではないか」などと言う「ごまかし」を許さなかった．

槌田・室田の「エントロピー論」の含意を検討してきた「天道研究会」のメンバーが中心となって，1983年9月に「エントロピー学会」を創設した．参加者のほとんどは「反原発」の問題意識を鮮明に共有した研究者・市民であった．スリーマイル島原発事故から4年後，チェリノブイリ原発事故（1986年）の起きる3年前，さらに「フクシマ大惨事」の28年前であった．

私は，玉野井芳郎に誘われて，翌1984年にエントロピー学会の会員となった．玉野井とは既に数年前から，私たちが取り組んで来た「有機農業運動研究」や「地域自給研究」に興味を持たれていたようで，わざわざ意見交換の場を用意してくれたことがあった．玉野井は研究動向のアンテナが鋭敏でかつ広く，自分が興味を持った人物（研究者）に直接会い，また彼らを結び合わせることが大変上手な懐の広い学者であった．

ところで，「エントロピー論」が経済学に示した含意とは何か．

これまでの新古典派の経済学の考え方は，資源の可塑性と可逆性さらに代替無限性を前提としてきたのである．市場システムは必ず「技術革新」を伴って

「資源配分の調整」を自動的に進めていくはずである，という極めて楽観的な技術論に「タダ乗り」してきた，と言ってよいだろう．エントロピー論は，その楽観的で無責任な「自由」に対して「禁止則」が必要であることを示した．

国家がすべての「資源配分の調整」をすることの非効率性は歴史的に明らかである．その最たる例として「原発」を挙げることが出来る．国策としての原発推進は「巨大な利権構造」（=「原発村」）という無駄と，秘密保持（治安維持）のための「原子力帝国」という恐ろしい「治安警察国家」を生み出してきた．

もし原発が厳密に「市場・経済原則」に基づいて検討されたとしたら，まともな企業は原発に手を出すことを躊躇ったに違いない．その「非経済性」と「リスクの大きさ」（事故後の処理費用の天文学的数値）だけではなく，生命系の破壊は不可逆的であり，それを復元する方法がないからである．初めから「電力自由化」をして厳密に「市場原理」に委ねておけば，原発などに手を染める企業はなかったに違いない．それを無理強いで実行させたのは「国家=国策」であった．国家（国策）無しには，あのチェルノブイリ原発故も日本各地の大小の原発事故も「フクシマの大惨事」も起こり得なかったはずである．──室田の『電力自由化の経済学』［室田 1993］は見事にそのことを証明した．「フクシマ以前」のことである．

しかし，だからと言って，それは「〈市場の自由則〉の全面勝利」を意味したわけでは勿論なかった．なぜなら，市場（私企業）は「利潤の極大化」を目指して常に「不経済（公害）の外部化（=製造者責任逃れ）」をもくろみ，公害移出・輸出を生み出してきた，という「近・現代公害史」を私たちは厭と言うほど知っているからである．そのためには，「不経済の外部化」の禁止則（=「無過失損害賠償責任・制度」）を設けなければならないというのが，近・現代公害史が教えてくれたことである．しかも，それでも，これだけ経済活動がボーダレスになると「国内法の禁止則」を逃れんがために海外に「不経済の外部化」の場所を求めてさ迷い歩く「多国籍企業」が出てきているのである．これでは，法の網の目をくぐる企業とその取締りの「モグラ叩き」が続くことになる．それどころではない，今では「巨大欠陥商品=原発」を海外に売り込もうとする恥知らずな「国家」さえあるのだ．──「ボーダレス経済」を是認し推進してきた経済学者はその責任をどう取るのだろうか．取りはしない［多辺田 1994］．

「生命系の更新性」の危機は，単に物理的・生物学的な問題だけではなくなってきている．連綿と地域ごとに受け継がれてきた文化や社会関係が「更

新」できなくなってきている.そこに現代の危機の深さがある.

　世はまさに,前世紀初頭にマックス・ウェーバーが『プロテスタンティズムの倫理と資本主義の精神』[1904-1905] で予言した「制御主体を失った資本主義の終末」即ち,「自己増殖した巨大な歯車（＝資本主義）が化石化しながら燃え尽きる」という事態が目前に迫っている,かのようだ.

　では,その暴走を止めることが出来るのはどのような「コントロールの主体」なのか.「国家」にそれを期待してよいのだろうか.その問いに経済学も政治学も答えられないでいる.ただ言えることは,巨大化し権力（権限）の集中し過ぎた国家（官僚システム）では,もはや現代の諸問題を解決する主体たりえない,ということである.問題の制御システムが作動できないほどに自己増殖し複雑で大きくなり過ぎたからである.この問題はとてつもなく厄介な問題になってしまった.もはや「大きいことはダメなこと」になってしまって久しいのである.誰もそれに手を付けられずに事態は進行している.

　問題をいきなり地球規模で解決するとか,国際的に解決するとか,国家単位で解決するとか,という発想では,問題に「取り付く島」がない.「世界は狭くなった」と言うが,逆に「個人の能力」と「国家」や「世界」との距離は実感できないほど遠い距離になっている.それをコントロール出来るかのように振舞っている政治家や国家官僚そして国際官僚は,「張り子の虎」以外の何ものでもないことを自分自身で知っていながら,役を演じ続けているに過ぎない.唯ヤケクソになって,やれ「国際活動」だとか,やれ「市場のボーダレス化に乗り遅れるな」だとか,「ボランティアに行け」だとか,何かじっとしていられなくて騒いでいるばかりである.第一,解決すべき問題さえ見えていない.そもそも問題は何で何処から来たのか.つまり,この「地動説」では,おのれの立っている足元さえ見えていないのである.

　それでは,どこから手を付けるべきなのか.

　私は,天動研究会がベクトルを逆転させて,「足元から見よ」と指し示した「地域等身大の世界」（玉野井芳郎）あるいは「天動説の経済学」（室田武）の「共的世界」の目線から始める外はないだろうと思う.

4 非商品化経済部門の重要性
──「コモンズ」の再生に向けて──

　私は「地域等身大の生活世界」を体験する貴重な機会を与えられた．それは，1985年から6年間の沖縄滞在である．沖縄国際大学（宜野湾市）に7年間赴任されていた玉野井芳郎教授の後任人事（商経学部）の「公募」があり応募してみたら採用になった．私の担当科目は「環境経済学」という新設科目で，玉野井の「置き土産」だった．

　玉野井が沖縄を離れる前の2週間ほどを，玉野井の最後の講演を聴いたり，お喋りをしたりして濃密な時間を過ごすことが出来た．沖縄で玉野井が遺した精力的な仕事（地域集談会や「沖縄平和憲章（案）」作成，新聞や雑誌に書き遺された論評など）をゆっくり読み通すなかで，沖縄での玉野井の最後のステージを知ることが出来た．その中で私が一番興味深く読んだのが「コモンズとしての海」という沖縄国際大学「南島文化研究所」での最終講演記録であった．そこに，あの「共的世界」と共通する「コモンズの世界」の思索が明確に現われていたのである［玉野井 1985］．

　私が沖縄国際大学に赴任する前から「石垣島」（白保地区）で「新石垣空港建設計画反対運動」が起きていたことは東京で知っていた．私が赴任して間もない5月ごろ，新空港反対住民たちは県庁前にテントを設置し座り込みを始めていた．私はそれを覗きに行ってみた．その時以来，私は「反対運動」に参加するようになった．その夏に石垣島に渡り白保の埋め立て予定地の「イノー」（珊瑚礁に囲まれたラグーンを沖縄ではそう呼んだ）に潜って，その美しい巨大なサンゴ群落とそれに群がる彩り豊かな熱帯魚の群れを目のあたりにして，この海を守るべきだと感じた．

　翌1986年に，白保の住民が「なぜ新空港建設計画に反対するのか」を理解するために，那覇・東京・大阪の新石垣空港建設計画反対の支援グループがカンパを集めて「社会経済環境アセスメント調査団」を組んで現地調査をすることになった．私もその調査団に加わった．建設推進側の県の「アセスメント」（業者委託）に対抗するためである．ちょうどその年（1986年）の春には，「東大自主講座・公害研究」の宇井純が東京大学を退職し沖縄大学（那覇市）に赴任して来ていた．反対運動は「強い味方」を得ることになった．

調査団で私が担当した部分は，白保地区の住民の暮らしの実態を調査し，「新空港」が出来ると住民の暮らしがどういう影響を受けるかを予測することであった．私は，取り分け「白保の海と地先の住民の関わり」に注目して，漁民（ウミンチュー）と農民（ハルサー）からの聞き取り調査に集中した．市場を経由する（金銭になる）「財とサービス」は，自治体の統計で（ある程度）補足することができるが，暮らしの中で「金銭を介さず」に充足される「財とサービス」は統計には全く上らない．しかも自然や社会関係が豊かなほど，「非商品化経済部分」として暮らしの中で充足される「財とサービス」は大きいはずだ．その視点から住民と地先の海の関係を探ることにした．ウミンチューからは，漁獲量のうち「市場」に出すもの，「村内自給」用に回すもの，に分けてそれぞれを聞き取りした．ハルサーからは，自家用の魚介類・海藻類の採取実態や「地先の珊瑚礁湖＝地先の海」（イノー）の利用実態を聞き取って回った．

　ある老ハルサーは，長い日照りが数年も続き稲作や畑作が打撃を受けた時に，いのちを支えてくれたのは豊かな海があったからだ，という．住民は潮を見て浅瀬の「イノー」に入ってはオカズ（海藻や魚介類）を採る．海から引き揚げた海藻やナマコは，肥料として畑に入れる．海（イノー）と陸（畑や水田）は循環の中でいのちを支えてくれていた．海の豊かさが自給的暮らしを支えてくれていたのだ．どうしてこの海を潰す必要があるのか．誰のためになるのか．

　あるオバァ（老女）は言った．「お金がないから貧乏だなんて誰が決めたんだろうね？」．オバァは，あるがままに豊かな地先の海と共に生きてきた，という自信に満ちていた．

　「お金がないと貧乏か？」，この問いにはハッとさせられた．経済学はこの問いに応えられるのか．経済学は「貨幣ターム」で「豊かさ」を扱うが，余りに根本的な疑問を目の前に出されると，それにまともに答えられない．そして，まさにこの問題こそが，「地域自給の経済学的根拠」の明示を求める問いであり，私自身が長年考えてきたことではないか．

　お金がなくても「貧乏」とは感じないということがあるのは事実だ．「貧乏」とはなにか．「豊かさ」とは何か．ある意味で誰もが抱く疑問である．——そういう問題意識を持って考えていると，不思議にその答えの１つのきっかけが現われた．

　ちょうど，白保の調査の報告書を書き上げた直後に出版されたポール・エキンズ編『生命系の経済学』（学陽書房，1987年）が目に留まった．ヘーゼル・ヘ

ンダーソンが「非商品化経済部門」に着目して考案した図式（生産の全構造）が載っていたのである．「商品化経済部門」に対してそれを下から支える「非商品的生産部門」という捉え方が「デコレーション付き三段ケーキ」の図で描き出されていたのである．その図は既に拙著［多辺田 1990］で紹介してあるのでここでは省略するが，経済学で扱う「商品化経済部門」（GNP の「私的セクター」と「公的セクター」で構成される）を下から支える「土台」として，これまで経済学が扱うことのなかった「非商品的生産部門」を明示した点が秀逸であった．いわば「経済の下部構造」として隠されていた「非商品化経済部門」を明らかにしようとしていた．しかも，全生産構造の土台となる非商品化経済部門は，「二層」に分かれており，上の層に，人間の社会関係の中で生み出される「社会的協同対抗経済」（商品化経済部門に対する「対抗経済」）という「財とサービス」の非商品的生産部門があることを示していた．さらに，その「社会的非商品化経済部門」を下から支える土台として「自然の層＝母なる自然」（自然環境が生み出す「財とサービス」，そして同時に「外部不経済＝公害」つまり「負の非商品化経済部門」をも吸収してしまう層）があることを見逃してはいなかった．白保のオバァの言わんとした「お金がなくても貧乏じゃない」という実感の根拠は，まさにこの「非商品化経済部門の存在」にあったのである．

　ヘンダーソンはこの構造を必ずしも「静的（スタティックな）モデル」として考えた訳ではないと思われるが，その先を「動的」に考えてみるともっと重要なことが見えて来る（序章図 1 及び図 2 を参照されたい）．すなわち，前述したように経済学が扱う「商品化経済部門」の土台の下に，（経済学が見まいとした）「非商品的生産部門」の二層があるのだが，その非商品的生産部門が破壊され機能を失う毎に，その機能を代替しようとする「サービス・財」が「商品化」して商品化経済部門に浮上して来る，ということである．しかも，それが商品化経済部門の経済成長（GNP の増大）をもたらし，何やら「豊かになった」という錯覚を起こさせてしまう，ということである．まさに，「環境破壊」（「自然の層」の破壊）と「社会関係の破壊」（「社会的協同対抗経済」の崩壊）によってもたらされる「経済成長」である［多辺田 1990：56］．

　さらに，ここでもう一度注目したいのは，ヘンダーソンが「非商品化経済部門」のなかで「社会的協同対抗経済」（社会関係の中で生産・交換される「財・サービス」）として分類した部門の具体的中身である．ヘンダーソンの具体的例示を見てみよう．

「程よい公平，DIY，物々交換による社会・家族・地域の構造，無償の家事・世話，ボランティア活動，分かち合い，相互扶助，老人・病人の介護，家庭内生産・加工，自給農業」．

これらは，地域社会や家族関係が健全に存在していれば「地域社会の中に埋め込まれた経済」（セーフティーネット）として機能し交換されてきた「財とサービス」であった．日本の場合，それが大きく崩れ始めるのは（地域差はあるが）高度経済成長が地域に波及し始めた「戦後10-20年」前後ではないだろうか．まさに，前述した「地域自給調査」が発見した「もう一つの戦後」の持つ（江戸期の地続きに存在し続けた）「もう一つの豊かさ」でもあった．

それらの（地域に埋め込まれた）「社会的協同対抗経済」は，いわゆる「近代化」「経済成長」と呼ばれる過程の中で，「時代遅れのモノ」「前近代的・封建遺制」「打破すべき悪しき習慣」などとマスコミや学者にレッテルを張られて，地域社会から葬り去られてきたものではないだろうか．その機能代替がそれぞれ「商品化」しながら「公経済」と「私経済」の部門に突出してきた．──「現代社会の危機」の諸相（取り分け，地域社会が作り上げてきた「セーフティーネット」の崩壊）はそうした「コモンズの解体」の帰結として現われてきたと言えるだろう．したがって，現代の社会的危機を乗り越えるカギもその辺りに潜んでいると言えるだろう．

「もはや後戻りできない」と人は言う．だがそれは違う．私自身，退職して分かった．老後は家計の規模はきわめて小さくなったが別の非商品化部門の「豊かさ」を見つけることができる．誰にでも可能だ．

玉野井が沖縄の海で，地先住民による海（イノー）の多様な共同利用の姿を見聞して，それを「コモンズとしての海」と呼び，未来に向けて積極的に捉えたことは，玉野井の思考の柔軟さを示すものである．社会科学が「解体すべき」と叫んで来たその「コモンズ」の概念の桎梏から「コモンズ」の概念を自ら解放した玉野井の功績は大きい．新しい「コモンズ」の概念は，まさに玉野井芳郎の「遺言」あるいは「後世への贈り物」とも言うべきものであった．玉野井芳郎の沖縄最後の遺稿「コモンズとしての海」[玉野井 1985]を私はそう受け止めた．

玉野井の中で起こった「解体すべきコモンズ」から「未来を指し示すコモンズ」への「価値転換」である．その姿勢には，ウェーバーの「自己増殖し歯止

めなき化石化を遂げた資本主義が燃え尽きる」という「終末論」をいささかでも乗り越えようとする意思を垣間見ることが出来よう．

　振り返ってみれば，室田武は（大崎・槌田との研究交流を通して）既に『エネルギーとエントロピーの経済学』［1979］のなかで，それらの方向性を見据えて「海辺の再生に向けて」を指し示していた．私自身も，「良き先行者」たちと同時代を新たな「コモンズ」に向かって歩むことが出来て実に幸せであった．

追　記

　白保住民を中心とする30年に及ぶ「建設反対運動」にもかかわらず，2013年3月に新石垣空港は沖縄県（公共事業主体）によって強行「開港」されてしまった．反対派の提訴した係争中の裁判を残したままのことである．

参 考 文 献

天野慶之・高松修・多辺田政弘編［1985］『有機農業の事典』三省堂．
Ekins, P. ed. [1986] *The Living Economy : A New Economics in The Making*, London ; New York : Routledge & Kegan Paul（石見尚・丸山茂樹・中村尚司ほか訳『生命系の経済学』御茶の水書房，1987年）．
大江正章［2008］『地域の力』岩波書店．
大崎正治［1981］『鎖国の経済学』JICC出版局．
折原浩［1969］『危機における人間と学問』未来社．
国民生活センター編（多辺田政弘・桝潟俊子）［1981］『日本の有機農業運動』日本経済評論社．
国民生活センター編（多辺田政弘・藤森昭・桝潟俊子・久保田裕子）［1987］『地域自給と農の論理——生存のための社会経済学——』学陽書房．
多辺田政弘［1990］『コモンズの経済学』学陽書房．
———［1994］「生命系のパラダイム——自由則のための禁止則——」，山之内靖・佐々木毅・二宮宏之ほか編『岩波講座：社会科学の方法Ⅻ　生命系の社会科学』岩波書店．
———［1995］「海の自給畑・石干見——農民にとっての海——」，中村尚司・鶴見良行編『コモンズの海——交流の力，共有の海——』学陽書房．
玉野井芳郎［1982］『生命系のエコノミー』新評論．
———［1985］「コモンズとしての海——沖縄における入浜権の根拠——」『南島文化研究所報』（沖縄国際大学南島文化研究所），（のち，中村尚司・鶴見良行編『コモンズの海』学陽書房，1995年に所収）．
———［1990］『玉野井芳郎著作集①〜④』学陽書房．
槌田敦［1981］『石油文明の次は何か』農文協．
———［1992］『熱学外論——生命・環境を含む開放系の熱理論——』朝倉書店．
Polanyi, K. [1977] *The Livelihood of Man* (edited by H. W. Pearson), New York :

Academic Press(栗本慎一郎・玉野井芳郎訳『人間の経済Ⅰ――市場社会の虚構性――』,玉野井芳郎・中野忠訳『人間の経済Ⅱ――交易・貨幣および市場の出現――』岩波書店,1980年).
中村尚司［1989］『豊かなアジア 貧しい日本』学陽書房.
室田武［1979］『エネルギーとエントロピーの経済学』東洋経済新報社.
――［1982］『水土の経済学』紀伊国屋書店.
――［1993］『電力自由化の経済学』宝島社.
室田武・多辺田政弘・槌田敦［1995］『循環の経済学――持続可能な社会の条件――』学陽書房.
室田武・三俣学［2004］『入会林野とコモンズ』日本評論社.
山之内靖［1997］『マックス・ヴェーバー入門』岩波書店.

# 第 2 章

北米コモンズ論の系譜
——オストロムの業績を中心に——

はじめに

　近年に至る日本のコモンズ研究の到達点といってよい『グローバル時代のローカル・コモンズ』のなかで編著者の室田武は，「天然資源や空間の地域的共同利用という意味をもつコモンズという英語由来のカタカナ日本語は，近世以来の日本における入会林野や入会漁場の制度などを内包する概念」であり，「日本固有の事柄を考える場合に有用であるばかりか，海外諸国・地域の法制度や持続可能な資源利用・環境保全の慣行との比較検討を行う場合にも用いることのできる言葉」として，この「コモンズ」の用語の使用に積極性を認めている．そのようなコモンズの概念規定を発展させるとともに，現実のフィールドに入った分析や実践に関して議論を先導してきたのは，北米を中心とするコモンズ論であった．本章ではそのようなコモンズ論の系譜を北米に辿ってみたい．

　コモンズ論の研究活動を代表する国際コモンズ学会が2013年6月，第14回世界大会（420名の研究者，出身国57カ国）として富士吉田市で開催された．国際コモンズ学会は，その原型が1989年に始まり，長らくこの分野の研究リーダーを務めたエリノア・オストロム（E. Ostrom, 2009年ノーベル経済学賞受賞者，1933年生まれ，2012年逝去）の所属するインディアナ大学を拠点に北米を中心に発展してきた学会である．すでに四半世紀近く活動を続ける学会でありながら日本での開催は初めてであった[1]．

　今回の大会は「入会から世界を変える——ひと・自然・暮らし・つながり——」を基本テーマとしたうえで，研究部会のサブテーマを14設定したが，主要なものを示すと，①災害下の生活保障に繋がるコモンズと社会関係資本，

②商業化とコモンズ，③都市のコモンズ，④コモンズと実定法の衝突，固有文化との関わり，⑤コモンズ内の公平・分配上の公正，⑥国家－社会関係，政治的抵抗手段としてのコモンズ，⑦コモンズに関わる重層性・複雑性，⑧地域エネルギーとの関係，炭素シンクとしてのコモンズ，⑨グローバルコモンズ（デジタル資源，生物多様性や遺伝子資源，文化遺産），⑩コモンズをめぐる市民運動（得られた教訓と戦略）などであった．これらのなかでは，東日本大地震下の被災地域とコモンズの問題などを扱った①やコモンズ論の抱えるホットなテーマであるコモンズとそれを取り巻く外部環境との相互関係の問題を扱った⑦には多くの論文が集まった．②，④，⑤，⑥に関しては途上国において切実な問題であることが多く，今回も議論が集中した．③の都市のコモンズは，先進国，途上国を問わず関心の集まるテーマであった．また，日本の入会に関するセッションや北富士地区の恩賜林組合の歴史と今日の活動をテーマにしたフォーラムも開催．さらに富士山周辺に立地するコモンズをめぐるフィールドトリップも用意された．このように幅広く学際的な関心とアプローチがなされているのが現代のコモンズ研究である．

本章では，コモンズ論が2013年の国際学会にみられるような形にまで発展しきた歴史を，オストロムの理論を導きの手として北米での展開を辿ることとしたい．併せて，前記のとおり国際コモンズ学会第14回でのテーマに日本の入会が採りあげられ，北米とも欧州とも違う日本という歴史の長い地域でのコモンズの状況とそこで発展しつつある議論にも注目が集まっていることもあり，内外のコモンズ論が融合して議論されるべきことについても触れていくこととしたい．

1　北米コモンズ論の系譜

（1）「コモンズの悲劇」論に対抗するものとして

コモンズ論発祥のきっかけは，1968年の生物学者 G. ハーディン（G. Hardin）が米国の科学誌 *Science* に寄稿した論文「コモンズの悲劇」（"The Tragedy of The Commons"）にあったと言ってよい．ハーディンの提起した「コモンズの悲劇」とは，資源の性質として，利用しようとすれば誰もが利用でき，同時に利用が進めばその分だけ資源ストックは減り，維持コストをかけなければ資源枯渇に向かうような資源を想定しており，維持コストを負担せずただ乗りをする

利用者が増加していった場合，資源枯渇が始まり体制を維持できなくなるという意味で悲劇が生ずることを語ったものである．ハーディンはさらに，このような資源枯渇を起こさないためには，資源の完全な公有か，さもなくば私有によってしか解決されないことを主張した．これに対し，資源管理の現場を知る人類学者，社会学者，経済学者などから，共有や共用などの諸制度が必ず資源枯渇を招来するものではなく，実際のコモンズをみるとオープンアクセスの状態にはなく，利用は共同体のメンバーに限られていたり，利用の仕方や維持管理についてコモンズのルールがあり，資源の維持管理が有効に行われていたりする場合が多いという反論が行われた．これが，今日的な意味でのコモンズ論の出発点であった．それらは1980年代から研究が広がり，1985年に米国アナポリスにおいて，初めて包括的な形での研究会議が開催されたが，この時点でコモンズ論という広範で学際的な研究分野が登場したことになる．

（2）オストロムの学問的展開

次に現代のコモンズ論を牽引してきたオストロムの業績に触れていきたい[3]．オストロムは2009年にノーベル経済学賞を受賞したが，経済的ガバナンス論への寄与を理由として，取引費用理論で著名なオリバー・ウイリアムソン（O. E. Williamson）とともに賞を贈られた．オストロムについては，「特にコモンズに関する分析について」と付言されている[4]．オストロムの業績は多岐に亘るが，コモンズを社会制度として再生可能資源の持続可能性を担保する制度ともなり得るもの[5]として授賞側が積極的に捉えており，ノーベル経済学賞の受賞はコモンズ論の認知に大いに寄与したといえるだろう．

オストロムはカリフォルニア大学ロスアンジェルス校（UCLA）で政治学を専攻したが，研究者として歩む間に経済学の訓練を受ける機会も多かったと語っている[6]．しかし専門分野としては自らをポリティカル・サイエンス（political science）専攻，それも社会的ジレンマの問題をテーマとすると位置づけている．研究者というものは扱う対象を変えていくことはあっても，根本となる研究発想の原点を忘れないものである．オストロムの学位論文は「公共起業論――地下水源管理に関するケーススタディ――[7]」であるが，そこでは南カリフォルニアの地下水資源管理がテーマである．太平洋からの海水侵入による塩害が地下水汲み上げ利用者にとっての共通関心事となり，その後当事者の共同（集合）行為によって行政当局に対策のための政策変更をなさしめたこと，

また関係する地域に行政区域を越えた水源管理の公共企業体[8]を形成し，その場合に経営努力が行われるための条件，企業体相互の情報共有，パーフォーンス管理のための地域間連携組織のあり方など，その後の関心に繋がる論考となっている．

　オストロムの研究内容の歴史を辿ると，大きくは 3 段階の研究関心を経て今日に至っているとみられる．段階を経るに従って分析手法の多様化がみられるが，社会的ジレンマ論と集合行為論に回帰する関心の在処に共通のものがあるとともに，ポリティカル・サイエンス専攻としての方法上のアプローチに一貫性があることを認めることができる．オストロムが進めてきた研究は方法論的個人主義に基礎をおく社会選択理論の系譜に属し[9]，公共・社会選択や政策担当者の行動を分析していく分野であるが，オストロムの研究方法が前提条件を置いたうえで推論から結論を引き出すという主流派経済学の手法との親和性が強いこと，その後のオストロムの業績にみられるゲーム論によるコモンズ等集合行為の解釈，ラボを使った実験によるフィールドから得た作業仮説の検証という豊富な研究成果が実験経済学に対しても寄与を行っており，ノーベル賞受賞の背景ともなったといえよう．

（3）オストロム理論の 3 段階

　この 3 段階の第 1 段階は，すでに触れたように学位論文にある現実の米国の地域における公共的決定のプロセスを追う研究である．南カリフォルニアの地下水資源に関わる汲み上げ関係者とその資源汚染の解決方法を問題にしているが，そのとるべき政策を中央集権的な方策ではなく，汲み上げ関係者が直接関わる共同行為のなかに見い出している点で，その後のコモンズ論への発展に繋がるものを含んでいる［Ostrom 1965］．その後，地方公共財の典型である警察に関する実証分析や都市政策に関する研究が進められる．その場合にも警察管区ができるだけ小さいほど，そして市民との情報共有によって警察サービスの厚みと質が高まることを主張する内容となっており，詳細な実証分析によってそれを裏付ける手法が採られている．中央集権的政策よりも下位の段階での政策実行，市民を巻き込んだ共同行為の有効性を主張するもので[10]，いずれもハーディンの「悲劇」回避策としてのコモンズへの公的介入か私有化によるインセンティブの整合性確保かの二者択一的な選択ではなく，またオルソン流の集合行為の弊害を指摘するものでもない．ここでも後のコモンズ論での展開を先取

りするものとなっている．また個別ケーススタディを踏まえながらも，多数のケーススタディから共通の要因を選び出す方法としてのメタアナリシスの発想がすでに見いだされる．

　第2段階は，ハーディンが提出した「コモンズの悲劇」問題への関心とそれへの反応，同時にあるいは先行して進んでいたフィールドをもった人類学者や社会学者からのハーディン批判への呼応である．「コモンズの悲劇」への言及は1969年と早く，原論文の発表の翌年にすでになされている．ただそこでは，悲劇の発生する構造の把握を踏まえながら，問題を公的決定一般の悲劇に繋げながら，公的主体が決定に必要な情報やユーザーのもつ嗜好を完全に把握することの困難性といった情報の不完全性の問題，しばしば相違する行政管轄区域とコモンズ資源の範囲の引き起こす問題などを取り扱っている．同時に「官僚制のもとでの規制がすべての解決策か」と問いかけ，自らの学位論文で提示した南カリフォルニアの地下水資源問題の解決を汲み上げ，関係者による共同決定の進展の事例を提示することで疑問を呈し，集合行為にあっても有効な場合のあることを論じている．しかしながらこの段階では今日コモンズとして取り上げられるような自然資源の問題に関しての言及はまだなされていない．それが1985年4月にアナポリスで開かれた共有資源管理に関するシンポジウム[11]を通じ，視野を大きくとった研究へと発展するものとなる．アナポリス会議は，オーカソン（R. Oakerson）作成のフレームワークに基づいてさまざまなコモンズの事例研究から共通のものを引きだそうとする試みであったため，資源管理に関わる個別のコモンズ事例に携わっていなかったオストロムにとってはまとめ役に徹したものとなっているが，そこにおいて資源利用に際してそのものの持つ技術的属性によって分類されるコモン・プール資源（Common-Pool Resources：CPRs）[12]とその所有や管理に関わる制度としての共有制（Common Property Arrangements）[13]を区分して取り扱うべきという画期的な提言を行っている．その後，人類学のマッケイ（B. McCay）とアチソン（J. Acheson）が編んだ *The Question of the Commons* に収録された論文［Ostrom 1987］において，1つの反例があればあるタイプの命題は成立しないという論理を使って，ネッティング（R. Netting）によるスイス・アルプス（テルベル）の移牧の事例と，マッキーン（M. McKean）による日本の入会林野というコモンズの成功事例を用いることで，公的管理と私的管理によらないコミュニティレベルの集合行為によって持続的な資源管理が可能になることの有効性を主張する論文を提出し

表2-1　オストロムのコモンズの設計原理

（フィールド調査から得られた条件）
1．境界──コモンズの境界，コモンズ内部の権限分布が明確であること
2．地域性──利用・用役のルールが地域の諸条件と整合的であること
3．参加──利害関係者の，意思決定への参加が確保されていること
4．監視──資源利用の監視が利用者同士でなされるか，利用者の管理に服すること
5．段階的サンクション──ルール違反の軽重に対応したサンクションの設定
6．調整──紛争解決のメカニズムが迅速・低廉に備わっていること
7．自治──コモンズの仕組みやルールに関する自治権が外部権力によって侵害されないこと
コモンズがより広範なシステムの一部となっている場合
8．入れ子性──各種機能は多層ななかで，入れ子状であること

(出典) Ostrom [1990]，竹田 [2013] をもとに編集．

ている．この場合にも共的管理がすべての場合において有効な資源管理を行い得るという強い主張を行っている訳ではなく，限定的な主張であることを断っている．これらからケーススタディの蓄積から帰納的手法で何が主張できるかという課題設定に繋がっていると言えよう．

　第3段階は，オストロムの主著 *Governing the Commons* の完成と今日に至る研究手法面，研究体制面，学会・社会的側面など，各方面で影響力をもった全面的展開の時期である．まず同書での大きな寄与は，持続的な資源管理を達成しているコモンズの観察から抽出されるものとして8つの要素からなる「設計原理」[14]を示したことであろう．内容は表2-1のとおりである．オストロムはこの設計原理を基準にして，コモンズの制度・組織にそれらがどの程度備わっているかを見極めることで，持続性や脆弱性や制度変化の可能性を推し量ろうとしたのである．オストロムの生涯の課題は，コモン・プール資源の管理に関し，なぜある組織は持続可能性を維持した管理ができ，別の組織の場合にはそれができないのかについて，その合理的説明をめぐっての理論の追及であったともいえよう．

　オストロムがその主著で示した分析の手法に関して触れておこう．それはコモン・プール資源をフローの側面である単位資源（resource unit）とストックの側面である資源システム（resource system）に峻別したことである[15]．単位資源とは，収穫・利用の対象であり，牧草地であれば牧草，林野であれば薪や山菜，灌漑施設であれば水といった単体としての資源を指している．一方，資源シス

テムとは，この資源単位の産出や再生を支えるシステム的な条件を意味し，牧草地であれば良質な土壌や牧草地へのアクセス，林野であれば手入れのされた状態や林道，灌漑施設であれば施設そのものを指し，ストックとして良好な状態を保つ仕組み・体制＝システムの設定が必要となる[16]．

このようにコモンズの資源が2種類の構成要素から成り立っていることに対応して，資源の持続的な利用のために必要なガバナンスも2つに分類されることになる[17]．単位資源に関しては，その資源の希少性ゆえに過剰利用を抑制するルールが必要となる．一方，資源システムに関しては，そのシステムの設置，修復，維持管理のための役務の供給が重要となり，この役務供給の責任を各自に分担させるルールが必要になる．これは集落総出の各種普請や植林作業や輪番制で灌漑施設の手入れを行うことを意味し，それらの役務を割り当て，必要な作業を安定的に供給するためのルールの存在が資源の存続や再生のために不可欠となる．合理的な個人を前提にしたオストロムのモデルでは，ルールは誰もが利益を享受できる集合財であるために，他者の行為にフリーライドしようとする誘因が働き，誰もこのルールの供給を行なわず役務の負担をしない可能性によって，構成員自身がコモンズの不全に直面するというジレンマが生ずることとなる[18]．問題は，これら2つのジレンマを抱えるコモン・プール資源であるが，先に示した設計原理を充足するコモンズにおいては，この2つのジレンマが緩和されていることを発見できるというのが主著の示したことであった[19]．設計原理の適用はまとめると，次の3つの条件が満たされていることによって有効なコモンズ管理ができていることを主張するものでもあった．すなわち，コモンズの構成員に生ずる①信頼によるコミットメント，②低位で済むモニタリングコスト，③資源への近接性に基づく質の高い資源管理能力という3つの条件が，ガバナンスを成り立たせており，合理的個人においても非協調的行動が抑制されることになるからである．

Singleton and Taylor [1992] は，このコモンズの成功とコミュニティの存在が深く関係しており，オストロムが必ずしもそれを肯定しないことを批判しているが，これに対しオストロムは Ostrom [1992] において，コミュニティ一般が有効性を発揮するのではなく，設計原理に区分されたような個別の要素や規範によってコモンズの管理がうまく行っていることを主張する．それは，オストロムには次に触れる IAD と呼ぶ大掛かりな分析ツールを有しており，それによって合理的な説明を用意しようとしているからなのである．

（4）IAD フレームワークについて

オストロムの業績であまり触れられることがないものに，IAD（制度分析と展開のためのフレームワーク，Institutional Analysis and Development）と呼ばれる分析ツールがある．オストロムには一方で強い方法論的関心があり，IAD 自体の開発はオストロムがコモンズ論に深く関わる以前から制度・組織分析のために開発され，インディアナ大学の同僚とともに彫琢してきたものである[20]．ここでは詳述できないが，制度・組織を与件に構成員がなす意思決定のメカニズムに関する汎用のプラットフォームの形成を目標としているものである［Ostrom 2011］．概要を示すと，行為者（actor）の意思決定や行為をなさしめる動因として，①生物物理的な環境条件，②所属するコミュニティの属性，③実効的な規則の存在をあげ[21]，その環境下で具体的に意思決定等の行為がなされることになるが，そのような場を「行為のなされる局面」（action situation）と捉えている．その内部構成をみると，行為者の地位・身分に応じた役割・機能，意思決定に影響する情報，管理あり方が関連づけられた上で，費用・便益比較を使って，思考実験の結果としての潜在的な成果が想定される．IAD ではそれらを与件として，行為者間の相互作用を経て成果が出るが，予め決められた基準に照らし評価を加え，必要に応じ与件であった 3 つの環境条件にフィードバックさせながら次のステージの行為が行われるというフレームワークを形作っている（図2-1，図2-2 を参照）．オストロムはこれらを，ゲーム論的推論をラボで行う実験で検証する場合に利用，またコモンズの現場の分析やある場合にはコ

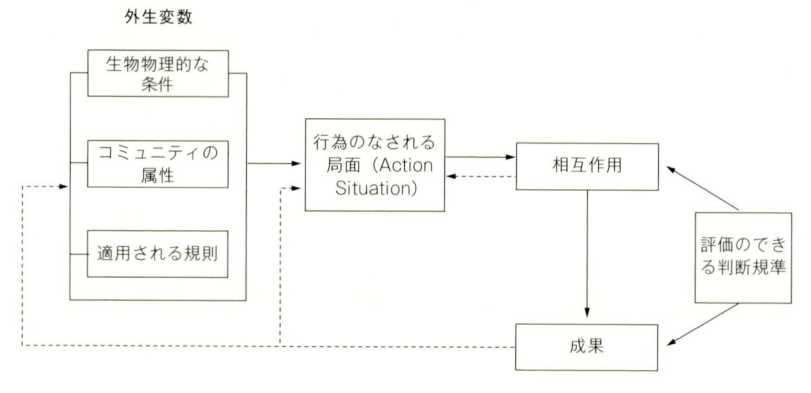

図 2-1 　 IAD フレームワークの基本形

（出所）Ostrom ［2005：15］．

第2章 北米コモンズ論の系譜　55

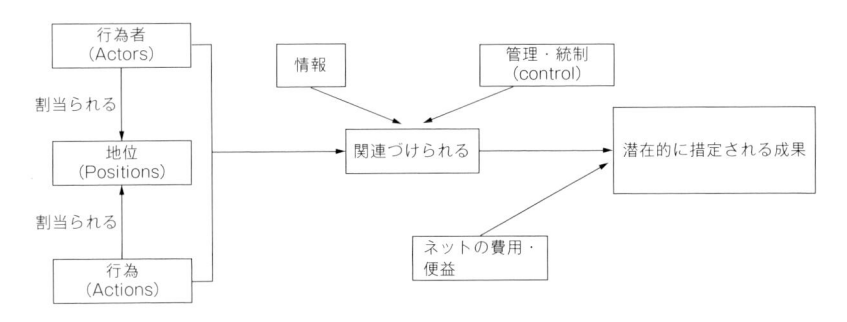

図2-2　行為のなされる局面（Action Situation）の内部構成
(出典) Ostrom [2005：33].

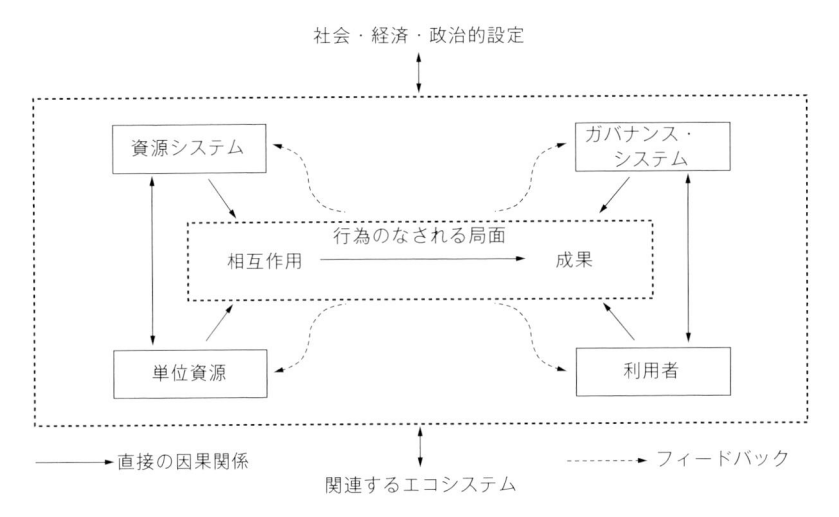

図2-3　行為のなされる局面に影響を与える SES との関連図
(出所) Ostrom [2007：15182].

モンズの創出の際の参照点に利用している．IAD フレームワークは，分析ツールとしての性格とともに，ある種経営学的なサイクルマネジメントのツールとして捉えることもできる．国際コモンズ学会に集う途上国の研究者や実践家には IAD の運用に長けていることを1つの目標にしているひとたちがいるほど，影響力をもったツールともなってきている．オストロムはここ10年，IAD に環境要因をより重くみた SES（Social-ecological system）の仕組みを導入し，両者をリンクした運用を提唱してきていた．オストロム理論でなじみのあ

る，資源システムと単位資源に加え，ガバナンスシステム，そして資源利用者の4要素が「行為のなされる局面」の下層にあって行為を規定するものとなっている（図2-3を参照）．

　オストロムのIAD-SESフレームワークは抽象度が高く，わかりやすいものではないが，前提条件に潜んだり，状況変化のなかに見出されたりする「複雑性」[22]がこれからの社会科学に与えられた普遍的な課題であるという認識をもっており，それを取り扱うためには学際的な協力が必要であり，そのために開発した事象認識と課題の在り処の確認を可能にするようなプラットフォームとして位置づけられている．

（5）オストロム理論の集大成

　その後，オストロムはどこに向かったのだろうか．業績を俯瞰すると，ゲーム論[23]を動員した集合行為の合理的帰着を求める研究，既存の「合理的」推論と対立するケーススタディから得られる結論を大学のラボを使って実験的手法による検証とそれら手法の開発がある．そのなかでは被験者（＝現場では資源利用者）によるコミュニケーション（実験ではいわゆるcheap talk）の存否による成果の相違の研究が大きな寄与とされている．実験の導入は心理学では長い伝統があるが，政治学や経済学での適用は極めて早い段階からのものであったといえるだろう．またこれらのプロセスを通じた互酬性（reciprocity）の作用と信頼（trust）の形成は重要なキーワードとなっている［Ostrom and Walker eds. 2003］[24]．このコモンズの構成員における異質性・不均一性の取り扱い，コミュニケーションの効果の問題は，コモンズ論のみならず分野を問わず広がりのあるテーマである．またすでに触れたように，数多くのケーススタディから帰納的結論を得るためのメタアナリシス手法の開発が進められている．確かに途上国を中心に豊富なフィールドスタディに基づく「コモンズの悲劇」の妥当性への反例は揃った．しかし，因果関係などの確認のためには，それらの調査結果から量的な検証を取り出したいと考えたのだと思われる．それがケーススタディの蓄積をもとにしたメタアナリシス研究に結びついている．IFRI[25]による11カ国にまたがる林野の継続調査研究はその代表的な活動である．

　このようなコモンズ論の展開にあって，フィールドをベースにした人類学者，社会学者等とオストロムにおいて，専攻領域の違いによって差異があることも事実である．それは端的には，フィールドで起こっている事象の把握の仕

方と接し方の相違であろう．オストロムなどポリティカル・サイエンス研究者や経済学者の場合，現象を取り巻く原因と成果のなかに一定の観点からの評価の軸を挿入し，その因果関係を合理的に求めようとする．一方で人類学者の場合，より現象そのものへの関心とそれらの総体としての把握，その社会での文脈の進行に応じた現象の理解を行おうとすることにあると言えるのではないか [McCay and Acheson eds. 1987；McCay 2002]．そのような状況にあって，コモンズ論は学際的な広がりを必要とし，その広がりのなかで発展してきた学問であるという事実がある．そのことをオストロム自身深く認識しているためであろう，これらの学際的研究環境の整備と充実に長けた研究者であった．そのこととも関係するが，オストロムが，集合行為論の問題としてコモンズの悲劇を扱う段階から，再生可能資源や環境一般に関し，それも特にコモンズの取り組みに持続可能性の担保手段としての意義を積極的に論ずるようになったのかについて，自然資源という扱う領域への知識を深めるにつれて研究者として当然にそうなったとも思われる．しかしこのことは，現段階の筆者の研究では明らかではなく，さらに追求したいテーマである．[26]晩年には資源問題そのものに力点をおいた議論でもオストロムは論陣を張る機会が多くなっていた．[27]

（6）その他のコモンズ論と提起されている課題

　以上オストロムを中心にコモンズ論の発展をみてきたが，それ以外の文化・社会人類学者や社会学者の研究はどうだったのだろうか．これらの分野の研究者の場合，フィールドをベースとした事実認識からのフィードバックも受け付けるというしなやかな側面を有していている．事実，これまで展開されてきたコモンズ論は，人類学・社会学からの寄与なくして今日の姿はなく，アプローチとしても1つの方法論を構成しており，[28]人間－環境系の相互作用やコモンズの置かれた状況（コンテクスト）に発するダイナミズムを重視するマッケイや，複雑系理論からのアプローチなどラディカルな理論による学問的寄与もなされている．

　もう1つ加えるべきこととして，インターネットの出現によって知的共有資産ともいうべきものが生まれ，共有の意味が再認識されるという議論が出てきたことである．インターネットなどデジタル資源のなかには，利用されればされるほどその価値が上がるものがあるからである．同時に多大な損害に結びつくリスクが潜んでもいることも周知の事実である．その意味でインターネット

などデジタル資源の一部は逆コモンズ（inverse commons）と呼ばれることもある［竹田 2013：37］．これは一方で知的財産権のあり方の議論と重なり，私的に囲い込むべきかオープンソースとすべきかという点で，「コモンズの悲劇」の悲劇の理由がオープンアクセスであったことと対照的に，オープンであることが社会にとっての便益になることがあり，この分野の議論がコモンズ論に入ってきたことがあげられる．このように北米発のコモンズ論は広範な展開をみせ，伝統的なコモンズのみならず，温暖化に伴う地球大の大気の問題やデジタル資源，知的財産権や文化にまで及んでおり[29]，その広がりは第14回国際コモンズ学会での多岐にわたるサブテーマにみるとおりである．

（7）北米のコモンズ論の性格

ここでオストロムに代表される北米を中心とするコモンズ論の性格に触れておきたい．1980年代後半からのオストロムの研究組織形成に示されるような旺盛な行動力もその特徴である．三俣・森元・室田編［2008］が的確に指摘するように「大きな資金力と組織力を駆使して，世界各国に調査地点を設け，統一した聞き取り調査方法に基づきデータの蓄積を行うもの」［三俣・森元・室田編 2008：3][30]であり，「判明した結果は，短期間のうちに学術論文や著作となって世界各国に発信され，研究の世界だけでなく，援助機関[31]等実際の政策や現場[32]にも強い影響力を与え」［三俣・森元・室田編 2008：3］てきたものであった．またこれまでの北米を中心とするコモンズ論は端的には「ハーディンのいう『コモンズの悲劇』をどのようにして回避するかという点」［三俣・森元・室田編 2008：218］に終始してきたとも言えるであろう．コモンズの設計原理に従って，またその後の研究成果であるコモンズの自己組織化の条件に従って途上国における資源管理の処方箋を示してみても必ずしも有効とは限らない場合が出てきている[33]．それはオストロムの条件が，永続するコモンズに備わった「属性」を取り出してきただけで，オープンアクセスの現状をいかにコモンズに変えていけるかといった途上国の現場で求められる課題に対して答えとなるコモンズの「生成条件」を抽出できた訳ではないからである［関 2005：130-33；井上 2008：205-206］．途上国の，それもコモンズ存立の属性を欠いたいわゆるフロンティア社会[34]において，コモンズ相当のものを北米型のコモンズ論によって形成する試みは相当の困難を伴うことが予想されることになる．オストロム自身，この問題に気がついていなかったわけではなかったからこそ，IADの彫琢，そし

(8) 「アンチ・コモンズの悲劇」が提起する資源の過少利用の問題

　ここまでのコモンズ論の中心課題は，資源の過剰利用問題，そこで発生する社会的ジレンマの解決が中心であったが，それと正反対の状況，資源の過少利用問題をテーマにして登場したのが，ヘラー（M. Heller）が提示した「アンチ・コモンズの悲劇」論［Heller 1998：621-88］である．これは所有権が分割化・細分化され過ぎた結果として生じる資源の過少利用という悲劇である．悲劇の事例として，医薬品開発における特許権の過剰な主張や細分化に伴うコーディネーションの不全などが相当する．このアンチ・コモンズの悲劇の本質は，設定が異なるが人口減少下で相対的にスペースが過剰になったときの不動産所有の問題への適用可能性が高く，理論と法制度を付き合せた検討が必要となろう．これに限らず資源の過少利用の問題はこれからの大きな課題となってきている[35]．

　この問題に関し日本での状況に照らしてみよう．日本は近代化以降，欧米の都市形成を主たる標準に都市整備を行ってきていた．人口全体の成長と都市への集中が起こった二十世紀後半までは，人口成長とそれを受けいれる入れ物としての都市のあり方という点に集約してすべてが語られてきたといえよう．しかし少子高齢化の進むなかで，いよいよ人口減少の始った日本，特に大都市において一層進む高齢化と追って始まる人口減少を前提にしたとき，都市のあり方，それも都市内にもあるべきコモンズの問題を考えることが非常に重要な課題となる[36]．人口減少は資源制約との関係ではその制約を緩和する条件である．しかし高齢化が進むなか，生産年齢人口の相対的減少は付加価値生産という経済の現場のみならず，介護を含む福祉作業の担い手不足を引き起こすことになる．その場合，相互扶助を一層進め，地域全体としての対応が必要になるが，絶対的な所有権によって細分化され分断され，いわばアンチ・コモンズとなった土地所有状態とニーズに即応したスペースの利用を切り離すことを容易にするような現代的総有の制度の必要性を問う提唱が始まっている[37]．

2 入会研究と日本のコモンズ論

(1) 海外からの日本の入会への関心

　本章の初めに触れたが，第14回国際コモンズ学会がなぜ日本での開催となり，入会が注目されてきているのだろうか．それは日本の入会が林野を資源とし，入会権者というメンバーシップによる構成員をもち，明確な内部規約をもって入会管理の阻害要因を除去するという制度的仕組みを備え，近代になるまで長きに亘って制度として永続してきたという事実を発見することで，そこに海外の研究者たちは典型的なコモンズをみたからである．また豊富な文書に基づく蓄積があったことも研究効率を上げることができるという意味で，スイス・アルプスの移牧のケースとともに信頼できるコモンズ研究の対象となったからである．そこにはマッキーンという米国人研究者による北富士の入会研究とその世界への紹介という事実があったことがあげられる．一方で日本における入会研究は，それらに先立って法社会学者，歴史家によってコモンズ論とは独立して膨大な蓄積を有していることはここで改めて触れるまでもないであろう．

(2) 日本のコモンズ研究の系譜

　今日の日本のコモンズ論に連なる研究の系譜については本書序章において三俣が詳述しているのでそれを参照されたいが，概説すれば多辺田政弘や室田武などエントロピー学派の経済学者による独自の問題提起に始まり，宇沢弘文の提唱する社会的共通資本の理論，そして鳥越皓之ほか環境社会学者による豊富な事例研究など，コモンズ論からの影響も受けつつも独自に1990年代から進んできていたものであった．そこに先に触れたマッキーンという日本をフィールドにする研究者が積極的に関わることによって，それら学問分野とコモンズ論との交流が一挙に進みだしたと言ってよいだろう．これまで日本のコモンズ研究は，北米系のコモンズ論のように単に「社会的ジレンマ」研究に回収されるものではなく，自然と人間が不即不離にかかわりを持ちつつその総体を研究対象にするという特徴をもっており，北米型コモンズ論とは相当に異なった問題意識とアプローチによってきたが，次に触れる井上真の協治論や，室田武や三俣学等による日本の入会に関する実証研究やその機能に関する本質論の紹介な[38]

どを通じ，また国際コモンズ学会など，日本からの海外発信機会も増えてきており，相互交流が図られていくことを強く望むものである．

（3）日本発のダイナミックなコモンズ論に向けて

　コモンズがその対象とする資源の持続性維持など管理面で成功してきたと主張するコモンズ論の成果は，一面でその閉鎖性によって担保されてきたともいえる事実がある．そしてコモンズを閉じるのか開けるのかをめぐっては，コモンズの変容のなかで絶えず問題となるポイントであった［三俣・森元・室田編 2008］．個々のコモンズは，取り巻く周囲と隔絶していない限り必ず広い範囲の利害関係者と関係をもつことから，コモンズの存立には必ずや正当性（legitimacy）が求められる．それは広くは公共性の要請でもある．[39] 林政学者として途上国の森林管理をテーマとし，また現場を豊富にみてきた井上真［2004；2009］は，コモンズを取り巻く自然条件と社会関係の双方での多層性をみるなかで帰納したものとして，2つの原則を提案している．1つは「開かれた地元主義」（open-minded localism）であり，もう1つは「かかわり主義」（principle of commitment/involvement）[40] であり，これらを統合するものとして協治（collaborative governance）と呼ぶガバナンスの提案を行っている．「開かれた地元主義」とは，コモンズの資源とその管理ルールは原則地元のものであるが，一方で外部者との関係が出てくる場合がほとんどである．また地元への技術・知識の移転が必要な場合もある．その場合に外部者との協働関係を認知，受け入れるという原則がそれである．一方，「かかわり主義」とは主として外部者のコモンズと関わる際の原則，心構えともいえる責任意識である．コモンズを取り巻く広い意味での環境は変化してきており，それは国内的原因によったり，グローバルな原因によったりするものである．コモンズは絶えずそれらに対応・適応していかなければならない．またそのようなダイナミックな状況下で前記の2つの原則は有効性を発揮すると思われる．ある場合には内部結束力を発揮し外圧と対峙する「抵抗戦略」が必要になるかも知れないし［三俣・齋藤 2010］，グローバル化など外部環境への適応を中心とする「対応（適応）戦略」が中心になるかも知れない．そして全体を統べるのは「協治」のあり方そのものである．これらはとかくありがちな上からのリーダーシップや力関係をもってする外部者によるトップダウンに歯止めをかけ，ボトムアップの意思決定の契機を作るものでもある．これら井上の2原則と協治のシステムは，まずは途上国に[41]

おいての資源管理に適用しようとするものであるが，都市や地域でのコモンズの運営にも応用可能な部分を含み，示唆的である．

おわりに

　以上，北米におけるコモンズ論の発祥とその展開を主としてオストロムのコモンズ論を中心に論ずるとともに，日本における入会やコモンズ研究についても触れてきた．コモンズ論はハーディンの「コモンズの悲劇」を契機として発展してきた領域である．北米のコモンズ論は，同じ持続可能な資源管理というテーマを追求しながらもハーディンが投げかけた「社会的ジレンマ」論を中心に，コモンズという設定での合理的な説明を求めて展開してきたといえよう．日本でのそれは，自然（動植物を含む）と人間の関係への深い洞察を伴うものであり，科学的知見を踏まえたエネルギー・資源，環境社会学・倫理学とのリンクがより強い形で展開されていることがあげられる．いわば自然と人間が不即不離にかかわりを持ちつつその総体を研究対象にするという特徴をもっている．

　本章でほとんど触れることのできなかった部分に，欧州・途上国でのコモンズ研究の動向がある．これは他日に期したいが，植民地化による断絶のある北米と違い長い歴史を持つことと地形をはじめ規模の点で日本に近い欧州の研究動向は注目に値する．それは日本の大きな課題となってきている中長期的な人口動態に対する都市や地域でのコンパクト化など課題の解決を求められているが，これらはコモンズ論の寄与が求められる領域でもある．コモンズ論はもともとフィールド，現場の知識を大切にしてここまで来た学問分野である．そのような場において，内外のコモンズ論がその特長を生かして理論的な解明とともに実践的な力を発揮していくことが求められているといえよう．

注

1）今大会の特徴は，これまで研究の対象となるだけでいわば受動的な立場にあったコモンズの権利者（commoners）が研究者とともに共同主催者として名乗りをあげ積極的に学会開催を支援したことである．その入会権者とは開催地の富士吉田市に立地する入会団体，恩賜林組合（正式名：富士吉田市外二ヶ村恩賜県有財産保護組合）であった．この組合は11カ村からなる入会の歴史を有し，その記録は江戸時代中期にまで遡ることができる．1890（明治23）年に御料林入会団体としての認知（組合設立の起源）を受け，

1911（明治44）年に今日の呼称の直接の原因となった天皇よりの山梨県下御料林下賜がなされている．
2）所有の体制（レジーム）としてはオープンアクセスであり，財の性質は純粋公共財とは違い，控除性をもっている．
3）Ostrom［2009b］, Ostrom［2010］, Ostrom, Chang and Pennington et al.［2012］, V. Ostrom and E. Ostrom［2003］を参考にした．
4）スウェーデン王立科学アカデミー発表の経済学賞授賞理由書［Economic Sciences Prize Committee 2009］による．
5）コモンズという社会的仕組みがいつも資源保全上有効に機能するとは限らないことを断ったうえで，どのような条件がその成否を決定するかを探求してきたことがオストロムの業績ともなっている．
6）オストロムは経済学を Armen Alchian に師事していたことを語っている．Alchian はオストロムが卒業した UCLA に所属，新制度学派経済学を進めた1人である．この点に関する文献的裏づけであるが，ノーベル賞受賞の際に行われた記念講演，ノーベル経済学賞選定委員会メンバーとの対談においてこれまでの研究歴を回顧しての発言があり，それを参考にした（http://www.nobelprize.org/mediaplayer/index.php?id=1188，2014年1月29日閲覧）．
7）原表題は"Public Entrepreneurship: A Case Study in Ground Water Basin Management"である．
8）ここでは Public Entrepreneurship を実施する主体として公共企業体を指している．
9）オストロムは社会的選択理論に基づく政治学の祖である William H. Riker に因んだ Riker Prize を2008年に受賞している．
10）同じポリティカル・サイエンス専攻で，ティーボー（地方公共財論で著名）とも共同研究のある夫君ヴィンセントからの影響があり，その後二人三脚で公共政策の多極決定論（polycentricity）や民主的統治機構論（democratic administration）を通じて，政策受容の当事者による政策決定への関与や共同（集合）行為の有効性を支持する研究姿勢をとるに至ったものと推測される．この傾向は，公共選択論における単純な小さな政府志向や市場的解決を優先する考え方とは異にするものである．
11）筆者のコモンズ研究は1993年に，この米 National Research Council の主催で開かれた，Daniel Bromley を代表とする共有資源管理に関するアナポリスでのシンポジウムの記録を読み解くことから始めたこともあり思い出深い．
12）初出は，V. Ostrom and E. Ostrom［1977］．
13）アナポリス会議終了時のまとめにおいて D. Bromley が呼称した common property regime がその後使われることになる．
14）「設計原理」（design principles）の抽出は，オストロムのコモンズ論における大きな成果であると共に，ポピュラリティを高めた業績である．なお他の論者によるその後の発展については National Reserch Council ed.［2000：Ch.2］のアグラワル（A. Agrawal）のサーベイを参照のこと．
15）高村［2012：12ff.］，飯國［2012：210ff.］の説明に従っている．

16) 単位資源と資源システムの分別に続く議論として，この資源システムの形成を捉えて，特に手をかけて蓄積されるべき投資行為を必要とする人為ストック型コモンズ（灌漑施設や二次草原）とさほど必要としない採取型コモンズ（外海・漁場）に区分が考えられるという飯國［2012］の分析はオストロムの不足をも補完し，コモンズを考える場合に示唆に富んでいる．
17) 高村［2012：13ff.］に従っている．
18) ルールが供給された後にも，そのルールの執行，履行のモニタリング，そしてその費用負担の問題など後続するシステム供給問題が続くなど，さらなるジレンマが発生，それへの対応が必要となる．
19) Cox, Arnold and Villamayor-Tomás［2009］が多くのケーススタディに対してメタアナリシスを行っており，いくつかの留意点があるものの設計原理で挙げられた条件が引き続き有効なことを報告している．
20) 同僚には Vincent Ostrom が含まれ，Elinor 以上に IAD に関しては先導者であった．
21) 規則のあり方をめぐっては，そのことと所有権の様相との対応を細かく分析した Schlager and Ostom［1992］以降の研究があるが，ここでは触れない．オストロムは所有権論をテーマにする法学者に大きな影響を与えている．
22) コモンズ論に特化した学会誌に International Journal of the Commons があるが，2011年に2回に亘ってオストロムの主著 Governing the Commons 発刊20年を記念したこの分野の研究回顧と展望を行っている．そこでの問題提起も，晩年のオストロムの関心同様「複雑性」との対峙の必要性であった．複雑性はエコシステムと社会システム，それぞれに固有にみられるものであるが，生態学的に，またさまざまな物象としての複雑性の研究が進められる一方で，社会科学のアプローチとして，個人や団体の動きの解明やガバナンスのあり方の究明を学際的に進めていくという見通しが示されている．
23) ゲーム論の適用は，n 人有限繰り返しゲームにおける条件変化にともなう均衡状態の追跡を主とする．
24) これには社会心理学者山岸俊男の貢献も含まれる．
25) International Forestry Resources and Institutions の略で，ミシガン大学に本部を置く．
26) オストロム論文の詳細なサーベイは未完であり，筆者としてこの点に関し，確証を得るにいたっていない．
27) 最近の例では，地球温暖化対策について関係当事者からなる多極的共同行為の積み重ねの必要性を世界開発報告のなかで提言している［Ostrom 2009a］．
28) 菅［2008］は人類学からのアプローチによるコモンズ論をよくサーベイしているので参照されたい．
29) オストロムを含めて北米のその他のコモンズ論の系譜については三俣［2010：資料編］において海外のコモンズ論の系譜表に詳しい．また National Research Council（U. S.）ed.［2002］，Hess and Ostrom［2007］も参照のこと．
30) 既述の IFRI の活動などは代表的なもの．
31) 1984年から始まった研究ネットワークの The Common Property Network もその例

となる．これが発展して今日の国際コモンズ学会（International Association for the Study of the Commons）に繋がっている．
32) 筆者追加．世界銀行，USAID などが，かつてオストロムが研究委託資金を獲得し，今，アドバイスを求められる先である．欧米主導の国際機関の援助政策も1990年代以降大きく変わり，受入国の社会の実情を考慮に入れたものとなり，その過程でコモンズ論，地域重視のガバナンス論がとりいれられてきていた．
33) 関［2005：130］ほか．北米型コモンズ論に従った CBFM（Community-Based Forestry Management）の問題点の指摘がある．
34) 関［2005：25］ほか．
35) 高村学人「現代的総有論の歴史的位相とその今日的意義」，五十嵐敬喜編『現代総有論序説』（ブックエンド，近刊）で詳しい展開がある．
36) 茂木［2012］も参照のこと．この他，都市のコモンズの研究として，平竹［2006］による高松市丸亀町商店街再開発，長浜市の黒壁，京都市祇園町南側の街並み保存，同相国寺一帯，松阪市の御城番屋敷，野洲市のグリーンちゅうず，飯田市の川路地区などの研究や，西郷［2006］，西郷・太田［2008］，高村［2012］などが参考になる．
37) 現代的総有論に関しては，五十嵐・野口・萩原［2009］の都市計画法改正案，文明的背景をも論じたものに五十嵐［2013］，五十嵐敬喜編『現代総有論序説』（近刊）がある．人口縮減過程に入るこれからの都市において要請されるような共同的取組の重要性，政策論を論じている．
38) Murota and Takeshita eds.［2013］は英文による本格的な日本のコモンズ論の紹介である．
39) 北米系のコモンズ論研究者にあっても議論のあるところであった．Dagan and Heller［2001］の liberal commons の提唱もその 1 つである．権利の譲渡（「exit＝出口」の存否）が予定されていない社会制度はリベラルではないという観点を示す一方，実定法体系のなかにコモンズの位置づけを明確にすることによって開いたコモンズの形成が可能ではないかという主張である．日本においても高村［2012］にそれがみられる．国内でのこのほかの論点整理としては三俣・森元・室田編［2008］を参照．
40) 井上は後年，コモンズ管理の発言権や決定権を誰が有するか，という議論を進めるなかで，かかわりの度合いに応じてその権限を付与するという意味でこれを「応関原則」と呼ぶようになる［井上 2009］．
41) ここで参考になるものとして，世古［2009］の提唱する「協働コーディネーター」という職能に関する指摘がある．協働コーディネーターは市民社会における NPO，行政，企業など組織横断的な活性化のためのアクターとして構想されたものであるが，その「場」のデザイン力，中立性，問題の分析と同時に解決策の提示，利害関係者間の調整などコモンズ活性化における人的側面に光をあてる重要な概念と思われる．

参 考 文 献
〈邦文献〉
飯國芳明［2012］「コモンズの類型と現代的課題」『変容するコモンズ』ナカニシヤ出版．

井上真［2004］『コモンズの思想を求めて』岩波書店.
────［2009］「自然資源『協治』の設計指針」,室田武編『グローバル時代のローカル・コモンズ』ミネルヴァ書房.
井上真編［2008］『コモンズ論の挑戦──新しい資源管理を求めて──』新曜社.
五十嵐敬喜［2013］「総有と市民事業　国土・都市論の『未来モデル』」『世界』844.
五十嵐敬喜・野口和雄・萩原淳司［2009］『都市開発法改正──「土地総有」の提言──』第一法規.
宇沢弘文［2000］『社会的共通資本』岩波書店.
西郷真理子［2006］「A街区再開発事業の特徴と意味」『季刊まちづくり』13.
西郷真理子・太田隆信［2008］「対談　地方都市の中心市街地をデザインする──高松丸亀町の『通りを中心とする』再開発──」『新建築』83(1).
世古一穂編［2009］『参加と協働のデザイン』学芸出版社.
菅豊［2008］「コモンズの喜劇──人類学がコモンズ論に果たした役割──」,井上真編『コモンズ論の挑戦』新曜社.
関良基［2005］『複雑適応系における熱帯林の再生──違法伐採から持続可能な林業へ──』御茶の水書房.
高村学人［2009］「コモンズ研究のための法概念の再定位──社会諸科学との協働を志向して──」『社会科学研究』(東京大学社会科学研究所), 60(5・6).
────［2012］『コモンズからの都市再生』ミネルヴァ書房.
竹田茂夫［2013］「危機のコモンズの可能性」『大原社会問題研究所雑誌』655.
平竹耕三［2006］『コモンズと永続する地域社会』日本評論社.
三俣学［2010］「概説　コモンズ論の系譜」,三俣学・菅豊・井上真編『ローカル・コモンズの可能性』ミネルヴァ書房.
三俣学・齋藤暖生［2010］「環境資源管理の協治戦略と抵抗戦略に関する一試論──行政の硬直的対応下にある豊田市稲武13財産区の事例から──」『商大論集』61.
三俣学・森元早苗・室田武編［2008］『コモンズ研究のフロンティア──山野海川の共的世界──』東京大学出版会.
室田武編［2009］『グローバル時代のローカル・コモンズ』ミネルヴァ書房.
茂木愛一郎［2004］「世界のコモンズ」,宇沢弘文・茂木愛一郎編『社会的共通資本──コモンズと都市──』東京大学出版会.
────［2010］「エリノア・オストロムに関する覚書」『グローバル時代のローカル・コモンズの管理・ニュースレター』12.
────［2012］「都市のコモンズ」『SEEDER』（総合地球環境学研究所）, 7.

〈欧文献〉
Berge, E. and F. van Laerhoven [2011] "Governing the Commons for Two Decades: a Complex Story," *International Journal of the Commons*, 5(2).
Cox, M., G. Arnold, and S. Villamayor-Tomás [2009] "A Review and Assessment of Design Principles for Community-Based Natural Resource Management," *Ecology and Society*, 15(4)（URL：http://www.ecologyandsociety.org/vol15/iss4/art38/, 2014年1

月29日閲覧).
Dagan, H. and M. A. Heller [2001] "The Liberal Commons," *Yale Law Journal*, 110.
Economic Sciences Prize Committee [2009] "Economic Governance," The Royal Swedish Academy of Sciences (http://www.kva.se/Documents/Priser/Ekonomi/2009/sciback_ek_en_09.pdf, 2014年1月29日閲覧).
Heller, M. [1998] "The Tragedy of the Anticommons: Property in the Transition from Marx to Markets," *Harvard Law Review*, 111(3).
Hess, C. and E. Ostrom [2007] *Understanding Knowledge as a Commons*, Cambridge, Mass.: MIT Press.
McCay, B. J. [2002] "Emergence of Institutions for the Commons: Contexts, Situations, and Events," in National Research Council (U.S.). ed., *The Drama of the Commons*, Washington, D.C.: National Academy Press(山本早苗訳「コモンズにおける制度生成——コンテクスト，状況，イベント——」，茂木愛一郎・三俣学・泉留維監訳『コモンズのドラマ——持続可能な資源管理論の15年——』知泉書館，2012年).
McCay, B. J. and J. M. Acheson eds. [1987] *The Question of The Commons : The Culture and Ecology of Communal Resources*, Tucson : University of Arizona Press.
Murota, T. and K. Takeshita eds. [2013] *Local Common and Democratic Environmental Governance*, Tokyo: United Nations University Press.
National Research Council (U.S.) ed. [2002] The Drama of the Commons, Washington, D.C.: National Academy Press(茂木愛一郎・三俣学・泉留維監訳『コモンズのドラマ——持続可能な資源管理論の15年——』知泉書館，2012年).
Ostrom, E. [1965] "Public Enterprise: A Case Study in Ground Water Basin Management," (Ph.D. Dissertation, UCLA Department of Political Science).
—— [1969] "Collective Action and the Tragedy of the Commons," originally written for the Workshop in Political Theory and Policy Analysis, Indiana University, in G. Hardin and J. Baden eds., *Managing the commons*, San Francisco : W. H. Freeman, 1977.
—— [1987] "Institutional Arrangements for Resolving the Commons Dilemma Some Contending Approaches," in B. J. McCay and J. M. Acheson eds., *The Question of The Commons : The Culture and Ecology of Communal Resources*, Tucson : University of Arizona Press.
—— [1990] *Governing the Commons*, Cambridge; New York: Cambridge University Press.
—— [1992] "Community and the Endogenous Solution of Commons Problems," *Journal of Theoretical Politics*, 4(3).
—— [2005] *Understanding Institutional Diversity*, Princeton, N.J.: Princeton University Press.
—— [2007] "A Diagnostic Approach for Going Beyond Panaceas," *Proceedings of the National Academy of Science*, 104(39).
—— [2009a] "Polycentric Approach for Coping with Climate Change," Background

paper to the 2010, *World Development Report*, World Bank, October.
—— [2009b] "Beyond Markets and States: Polycentric Governance of Complex Economic Systems," Nobel Prize Lecture, December 8.
—— [2010] "A Long Polycentric Journey," *American Review of Political Science*, 13.
—— [2011] "Backgroud on the Institutional Analysis and Development Framework," *Policy Studies Journal*, 39(1).
Ostrom, E. and G. Whitaker [1973] "Does Local Community Control of Police Make a Difference? Some Preliminary Findings," *American Journal of Political Science*, 17.
Ostrom, E. and J. Walker eds. [2003] *Trust and Reciprocity Interdisciplinary Lessons from Experimental Research*, New York: Russell Sage Foundation.
Ostrom, E., C. Chang and M. Pennington et al. [2012] *The Future of the Commons: Beyond Market Failure and Government Regulation*, London: International Economic Affairs.
Ostrom, Vincent and Elinor Ostrom [1972] "Legal and Political Conditions of Water Resource Development," *Land Economics*, 48.
Ostrom, Vincent and Elinor Ostrom [1977] "Public Goods and Public Choices," in E. S. Savas ed., *Alternatives for Delivering Public Services: Toward Improved Performance*, Boulder, CO: Westview Press.
Ostrom, Vincent and Elinor Ostrom [2003] "Rethinking Institutional Analysis: Interviews with Vincent and Elinor Ostrom," by Paul Dragos Aligica, Interview, Mercatus Center at George Mason University.
Poteete, A. R., M. A. Janssen and E. Ostrom [2010] *Working Together : Collective Action, The Commons, and Multiple Methods in Practice*, Princeton, N.J.: Princeton University Press.
Schlager, E. and E. Ostrom [1992] "Property-Rights Regimes and Natural Resources: A Conceptual Analysis," *Land Economics*, 68(3).
Singleton, S. and M. Taylor [1992] "Common Property, Collective Action, and Community," *Journal of Theoretical Politics*, 4(3).

第 II 部　コモンズ思想の発現

―― 自治を育むエコロジー ――

（撮影：嶋田大作）

第3章

コモンとしてのエコロジー
―― E. スワローのオルタナティブ ――

「神学が宗教生活の科学であり，生物学が物質的生命の科学であるように，……これからはエコロジーを私たちの日常生活の科学にしましょう．……それをすべての応用科学のうち，健康で幸福な生活がその上にうち立てられるべき諸原理を教える，もっとも価値ある科学にしようではありませんか」［Clarke 1973：邦訳 144］（白傍点は原著の，傍点が引用者の強調）．

はじめに
―― エコロジーのもう 1 つの起源 ――

エレン・ヘンリエッタ・スワロー ―― 婚姻姓リチャーズ ――（Ellen Henrietta Swallow Richards, 1842-1911）は，アメリカ最初の女性科学者といわれる［Mozans 1922：邦訳 Ch.6］が，従来長く，日本においてはもちろん，当のアメリカにおいても，「家政学」という限られた分野の中で，その創始に力を尽くした「母」として位置づけられてきた［Hunt 1942］．ロバート・クラーク著『エレン・スワロー ―― エコロジーを創始した女性 ――』が膨大な資料を発掘・渉猟しつつ明らかにしたのは，その女性科学者が目指したのが，実は「家政学」という特定分野に限定されるものではなく，現代社会にとって普遍的な課題となっている「エコロジー」の創出でこそあったという事実であり，その「エコロジー」がどのようにして「家政学」に変容させられていったかという過程の真相であった．

それはまた同時に，これまで一般的に考えられてきたのとは大きく異なる「エコロジー」の起源を提示するものでもあった．つまり従来その起源は，ダーウイン進化論に傾倒するドイツの生物学者エルンスト・ヘッケル（Ernst Heinrich Häckel）が，生物を相互間および環境との関係において研究する必要性

を提起し，その新たな生物学の分野の名称としてギリシャ語の oikos（家）と logia（論理）から Oekologie を造語したこと（『生物の一般形態学』1866年）に求められてきた.[1] クラークの本書は，そうした生物学の一特殊分野とは明らかに異なるもう1つ別の起源がエコロジーにあることを闡明したのである.

そのようなクラークの研究に日本でいち早く注目しその意義を高く評価したのは，室田武であった．室田はその『水土の経済学——くらしを見つめる共生の思想——』第3章のエピグラフとして，クラークの著作から，その女性科学者の上掲した「エコロジー」命名演説を引用してその意義を顕揚した．のみならず，書評専門紙が各分野の研究者を対象に行った推薦図書アンケートにおいても，環境分野を代表して最良書3冊を挙げてくれるようにという編集部の要請に対して，室田は「敢えて1冊にしぼって」とことわってクラークの本書を挙げ強く推奨したのである．日本でこの女性科学者が，「家政学」を超えたより広範な領域で知られるようになった最初の契機は，おそらく室田のこうした評価と推奨であった．筆者もその評価と推奨に誘われた1人として本書の邦訳に取り組むことになったが，本章ではそのエコロジーの歴史的な意味について改めて考えてみたい.[2]

1 現代アメリカの胎動

（1）南北戦争後の急速な産業化

エレン・スワローの生涯は，日本で言えば1年早く生まれ2年先まで生きた田中正造（1841-1913）のそれと時間的に重なっている．否，たんに時間的に重なっているというだけではない．正造の生涯が足尾鉱毒事件という日本の急速な近代化・産業化が伴った重大な社会問題との格闘の連続であったとすれば，太平洋の対岸におけるスワローのそれも同種同質のものであった．

「現代アメリカの出現」は，しばしば19世紀末から20世紀初めにかけての世紀転換期に求められる［本間編 1988］．スワローが活動した時期は，19世紀後半，特に南北戦争以降に，経済社会のさまざまな次元でそれへの胎動が急速に強まっていた時代そのものである．以下，主に前掲書などに依りながら，まさしくその「現代アメリカ」が大きく姿を現していく過程を概観しておこう．一般に産業革命は衣料等の大衆消費財の生産過程に機械が導入されることから始まり，それが従来の手工業的経営を大きく変革しつつ，やがて生産財部門への

機械の導入を促し，「機械による機械の生産」を実現することで完成すると言われる．アメリカの場合，南北戦争は，その産業革命によって北部の産業資本が確立し，全国市場の制覇を目指すだけの物質的生産力を獲得したことの表現でもあった［永田 1983：67］．北軍の勝利によってヨーロッパ諸国のいずこにもない巨大な潜在的国内市場を擁することになったアメリカ産業資本主義は，以後，生産財部門を中心とした連続的な技術革新によって大量生産体制を創出し，重化学工業化を進展させていわゆる「独占段階」へと急速に移行していく．その急成長ぶりは，戦後わずか20年余りの間に工業最先進国イギリスをはじめヨーロッパ諸国を凌駕していく過程に明瞭に現れているのであって，アメリカはたとえば鉄鋼生産では1886年に，銑鉄生産では1890年にイギリス等を抜き去って［溝田 1983：115］，農業国から世界最大の工業国へと変貌を遂げる．そしてその巨大な工業的生産力の産物は，統合された南部諸州のみならず，不断に拡張され続ける世界最長の鉄道網等によって，開拓の進む西部諸州へも運ばれ（1869年に1本目の大陸横断鉄道が完成），拡大する世界最大の国内市場の隅々まで届けられていく．さらにそのような西漸運動が太平洋岸まで到達する（1890年に「フロンティア消滅」）や，アメリカは1890年代にはその強力な工業力によって急増強した海軍力を背景に海外市場の獲得・拡大に乗り出し，1898年には米西戦争でスペインを破ってキューバを保護領化，フィリピン・グアム等を領有，ハワイを併合し，1899年には中国に対して「門戸開放」要求を行うなど，いわゆる「帝国主義」的な対外膨張姿勢を強く打ち出していくことになる．

（2）大量生産＝大量販売体制へ

そのような対外膨張を促迫する産業経済の急速な成長過程は，国内の経済組織の急速な変容過程でもあった．経済組織の中核である企業も，自由競争段階では企業の所有者が経営者でもある個人企業も多く，小規模で，生産なら生産という単一機能に特化・専業化したものが主流であった．ところが重化学工業化が進む独占形成期になると増大する固定資本投資を賄うために広く社会的資本を動員する株式会社形態が一般化し，所有と経営が分離した大規模企業が発展することになる．しかもそれはたんに規模が大きいというだけでなく，複数の機能を統合し，諸職能部門をピラミッド型管理組織下に編成して専門経営者が統括する「集権的職能部制」をとった新型の巨大企業として，その社会的影

響力を拡大していくのである［小林 1983：134］.
　そのような企業の主要な職能部門の1つはいうまでもなく生産＝製造部門であり，フレデリック・テイラーもそこにおける中間管理者としての経験から「科学的管理」を創案していくことになるのであるが，そもそもアメリカの工業生産には当初から，先行するヨーロッパ諸国のそれにはない特徴があった．均一的な規格標準品を量産する「アメリカ的製造方式」（1850年代のイギリス人視察者による造語）と呼ばれるものであるが，それをもたらしたメーカー側の要因としては，アメリカでは元来，相対的に労働力が不足し賃金が高いために労働節約的＝資本集約的＝資源多消費的な志向が強かったことが挙げられるし，市場側の要因としては，ヨーロッパの階級社会とは異なり所得格差が少なく平等度の高い社会で均一的な市場が広がっていたことが挙げられる［小林 1983：137-138］．そして巨大企業のもう1つの主要な職能部門である販売部門は，そうした規格量産品を均一的な大市場に売り込んでいくために早い時期から「マーケティング」を発展させ流通過程全体を包摂していったのである．
　こうした生産と販売の連関性はさまざまなレベルで見てとれる．テイラーが生産過程における計画・管理を労働者から分離（構想と実行の分離）し，時間研究を基礎に単純化した諸作業を機械的に編成して全工程の合理的体系化を進め，目標を達成した労働者に対しては差別的出来高賃金制による高賃金＝高購買力の付与によって報いるシステムを構築したことにも，そのような連関性を見て取ることができよう［相馬 1987：9-21］．またヘンリー・フォードがそのテイラー・システムをベルトコンベアーと接合し，経営全体のさらに徹底した合理化を図っていく［工藤 1987：46-49］のも，大量生産（そのための労働内容の空疎単調化＝疎外）と大量販売（量産品の大量購買によるストレスの発散＝疎外感の解消）とを連関させ循環させるそのような産業社会化の経済趨勢を最も先端的に表出したものと言えよう．

（3）大量＝大衆消費社会化の裏面

　こうした産業社会的合理化が円滑に進行するためには，社会のさまざまな分野や次元でそれを担いうる「人材」が円滑かつ豊富に供給されなければならない．南北戦争後のアメリカでは教育制度の整備が急速に進み，初等教育が義務化されて3R（reading, writing, arithmetic）を機械的に反復練習させる「工場的学校」が全国に普及すると同時に，[3]「民衆の大学」とも呼ばれる公立ハイス

クールが大増設され，単科大学の設置も全国で相次いだ．1861年には産業振興に役立つ科学技術の研究・教育を期待されてマサチューセッツ工科大学（MIT）が認可され1865年には開校されたし，さらにはやがて，前述したような新型企業を管理しうる「専門経営者」の養成を目的とするビジネス・スクールも創設されることになる（ハーバード大学経営大学院開設1908年）．

　そのように産業社会化が進み大量生産 − 大量販売体制が整備されていくということは，次の社会的な過程として大量消費の進展を必然化する．先に触れた「マーケティング」による流通過程の包摂は，具体的には広告・宣伝，カタログ販売をはじめとする3A（Advertising, Almanacs, Alcohol）的戦略などによって国内市場を大量販路として組織し拡大し深耕することにほかならず，そこに広範な「大量＝大衆消費社会」（Mass consumption society）が形成されていくことになる．アメリカ建国以来の禁欲的で独立自主と勤倹力行を重んじる「生産者倫理」「生産者文化」が，生活や仕事に確かな手応えが得られなくなる「アンリアル」な「消費者倫理」「消費者文化」へと変化・転換し始めるが［Fox and Lears 1983：邦訳 5-8］，「衒示的消費」［Veblen 1899：邦訳 70-100］や「心情なき享楽人」［Weber 1905：邦訳 366］が生み出されていくのもまさにそのような社会的変化の趨勢の先においてのことであろう．そうした趨勢の中で国民大衆の日常的な生活様式全体も大きく変容を遂げていくことになるが，なかでも女性たちの境遇への影響は小さなものではなかった．男たちが工場へ，子どもたちが学校へ出ていく一方，それまで地域や家庭生活で生産的かつ中心的な役割を担ってきた女性たちは，そのような積極的な機能と役割を果たす機会を奪われ，彼女たちの間に憂鬱症など深刻な「存在感喪失の精神病」が広がることとなった［Clarke 1973：邦訳 95；113］．

　そして大量生産 − 大量販売 − 大量消費は当然のことながら，その先行過程として資源の大量採取を，また後続過程として大量廃棄を伴わざるを得ない．特に，先述した労働節約的＝資本集約的＝資源多消費的志向を強く有するアメリカ的な製造方式・機械化・産業化は，資源の浪費や濫用［岡田 1983：88］とともに，大気・水・土壌等さまざまな環境の汚染を発生させることになる．たとえば1864年にセントルイスで，1884年にシカゴで，1892年にピッツバーグで，それぞれ制定された「煤煙防止法」［門脇 1990：208］などはそれを象徴するものであろう．

2 エレン・スワローのオルタナティブ

(1) 環境研究と女性教育

　マサチューセッツ州の農場で生まれたエレン・スワローは，教育のある両親のもと豊かな自然環境の中で育ち，社会奉仕活動の経験も積みながら名門女子大学であるヴァッサー大学で学ぶ。特に自然科学の才を認められ，勧められてMITに出願するものの，一般大学は男性のみというのが当然視された時代にあって難航する。だがようやく「実験として」許可されてその最初の女子学生となり，ここでも才能と努力を評価されて女性スタッフとして大学に残ることとなる。そしてそれ以降，時代に対してオルタナティブを提起し続けることになるスワローの活動的な生涯は，まさしく産業化時代を象徴するとも言える他ならぬこのMITを重要な拠点として展開されていくことになるのである。

　ではそのスワローの目に，前節で概観したこの時代の社会趨勢はどのように映ったであろうか。以下，主にClarke [1973], Vare [1992] などに依りながら要点を確認しておきたい。

　まず水・大気・土壌などの調査・研究に従事した彼女はそれらの汚染の広がりに驚くと同時に，たとえば重化学工業化が進むこの時代においてもなお最大産業であった食品加工業［溝田 1983：116］で粗悪食品が大量に出回るなど日常生活が犠牲にされていることにも衝撃を受ける。しかもそのように環境と生活に被害が相次いでいるにもかかわらず，人びとはなすすべを知らなかったし，専ら男性中心的・産業優先的に進められていた学校教育や科学技術研究はそうした被害に無頓着であった。このような状況に危機感を募らせたスワローは，一方で，量販されている食住衣関連の生活用品をテストする実験室を設けて検査結果を公表し，さらに粗悪食品批判を超えて廉価で栄養価の高い食事を給し食料を供するための調理研究所を開設するなど，さまざまな消費者保護運動を組織し展開する。それと同時に他方で，全米科学振興協会に対して人びとの生活に即した研究の必要性を訴え，みずからもMITの研究所で環境調査や日常生活で活用されうるテクノロジーの開発を進めるとともに，「家庭勉学奨励協会」の自然科学部門の責任者となって通信教育を通じた知識や科学技術の普及に尽力する。しかも彼女はそれらの活動を，大学への女子入学者を増やし，大学女性卒業者協会を組織し，ウッズホール海洋生物研究所の原型を組織して女

性の研究職を拡大し，あるいは前記の通信教育では家庭婦人を教師役にして家族学習を勧め広める……というように，長く閉ざされてきた教育や研究や学習の機会を女性たちにも広く開放していく努力と関連づけながら展開していったのである．

(2) 教育改革とエコロジー宣言
　しかしそのような多方面にわたる活動の中でスワローが痛感し確信したのは，現行の教育制度には根本的な欠陥があるということであった．たとえば自然の事物の観察や理解に関する同じ内容の授業を小学生の子どもたちのクラスとハーバード大学の学生たちのクラスで行った場合，自分たちの感性や観察を信頼して要点をより早く的確に把握し理解できるのは前者であって，後者はむしろそのようなことが苦手になってしまっている．つまり現行の工業的・産業的な教育体系においては，教育段階が進み，人びとがより高度の教育を受ければ受けるほど自然に対する感覚・感性や理解力が鈍磨し減退していくことになってしまっている．それは，現代の産業や科学技術研究が自然を営利的な開発と利用の対象としてしか見ておらず，さらには人間の性向や欲望をも自然を濫用する方向で開発してしまっていることに起因しそれと対応しているのではないか，そうしたことに彼女は思い至ったのである．
　そこで，人びとが「早くから大自然のさまざまな事物や法則に関する知識によって堅実に教育」されることこそ「人間精神の諸力を発展させる最善の手段」[Clarke 1973：邦訳 251]と考えるスワローは，努力の焦点を教育改革に当て，子どもたちが豊かな環境の中でその法則や循環性を体得し，自然との共生の作法を学びうるようにすること（「自然的学習法・教育法」[ibid. 129-130：249]）から始まって，小・中・高・大学などの諸段階で，人びとが環境調和的な生活様式を身に着けていくことを重視した新しい教育体系を構想する．そして国民教育協会などにその実現を働きかけていくとともに，みずからもこの新しい教育体系において活用されうるよう，人びとの生活と環境を関連付け相関させる視点から諸知識を再編・総合して新しい知の体系を構築していこうとする．それこそが本章の冒頭に引用した宣言が志向するものに他ならない．つまりそれは「健康で幸福な生活がその上に打ち立てられるべき諸原理を教える，もっとも価値ある」「日常生活の科学」を創造しようと広く呼びかけ，それを「エコロジー」と命名したのであった．1892年のことである．[7]

スワローは，そのように目標を定め，みずからの研究に拍車をかけると同時に，学校給食の衛生問題をきっかけとして，教育を既存の政治家や業者などの利害関係者たちの手から教師・父母・地域社会に取り戻すための運動を始め，その全国的展開を図り（それが1つの契機となって教職員組合やPTA運動が始動することになる），また女性科学者たちの研究を支援する組織をつくり，さらには医学をふくむ自然諸科学の従来の研究姿勢を批判——医学は本来，自然の助手として自然法則を援助するものであるべきではないか……——し，等々，多分野・多方面にわたってエコロジーを実現するための活動を広げ，全力を傾注していく．

(3) ホーム・エコノミクスへの転換

しかし時代は，「男女同権」の公的・形式的な承認の証とも言われる「女性参政権」がアメリカで現実のものとなる（1920年）よりも，なお4半世紀以上も前のことである．スワローの努力が広範な人びとの共感を呼べば呼ぶほど，またその批判が的を射れば射るほど，政治，産業，科学研究のエスタブリッシュメントからの反発も広がり一段と大きくなっていく．「彼女は運動家だ！」「科学研究をやめてしまった！」．スワローに対する非難と抑圧が強まる中で，自然科学者たちはついに，もともと「エコロジー」は生物学の新たな一分野を示す語（「生態学」）としてドイツの生物学者エルンスト・ヘッケルによって造られたものだという理由で，彼女にその語の使用そのものを禁じてしまった．スワローたちにとっては，万事は休したかに見えた．

しかしそこに救いの手を差し伸べたのが，諸学の十進分類法を創案した図書館学者メルヴィル・デューイである．彼はスワローに対して，自然科学のヒエラルヒーからのそのような権利請求に反駁して労するよりも，彼女のこれまでの努力がより有効に活かされるような学問的方途を探ってはどうか，と助言した．スワローは苦悩しながらも最終的にはその助言を受け容れ，自己のエコロジーの実質を活かし存続させるために，男性中心的な自然科学界からの干渉を避けて，「生産と消費に関する社会科学」としての「ホーム・エコノミクス＝家政学」に転換することを決断する．そしてそれへの起死回生を成功させるために協力者たちとともに準備会議を組織し，以後10年にわたってそれを主宰することになる．

したがって，この会議を重ねながら形づくられていく「家政学」が，現在こ

の語を聞くとき一般に思い浮かべられるのとは少なからず異なるものであるのは，以上の経緯からして当然であろう．それは家庭を社会的・物質的環境の基礎単位と見，そこで人びとが活用し「自然からどのように生活すべきかを学ぶ」科学となることをめざすものとなり，そのことによって社会経済全体の改革に役立とうとする志向を強く有するものであった．つまりこの家政学にとっては，人びとの基本的必要を充たす生活の場としての家庭が，急速に拡大する産業によって一方的に消費市場（大量＝大衆消費市場）として開拓され深耕され，巨大企業の営利基盤として組織されつつある現状は，危険なものに見えた．それに対してスワローの家政学は新たな学際的科学として自らを形成し，人びとが日常の生活と環境の自己統御力を回復し賢明な選択力を育成していくのに役立つものとなる必要があった．そのことによって生活と環境の側から生産のあり方を規制し，人びとの日常生活の場からアメリカの制度全体に環境調和的な影響を及ぼしていくことこそ肝要だったのである．

　スワローが1899年から刊行し始めた「コスト・シリーズ」など多くの出版物は，人間生活が衣食住の万般にわたって自然循環の一部としてこれに支えられていることを踏まえ，身近な日常的次元からいかに有効に環境と調和した生活文化を創造していくかを探求するものであった．また家事援助会社や地域相互研究連盟などの組織を通して家庭を地域的に共同化し，生活と環境の改善を促進しようとしたのも同様の志向に基づくものであったろう．スワローの家政学は，このように時代の趨勢に対峙する1つの社会運動として展開されたのである．そしてその全国的な広がりの上に1908年，彼女を初代会長として設立された「アメリカ家政学会」は，小学校から大学・大学院に至る全教育課程での学科目化をめざし，さらには国際的連携をも模索するにことになる．

3　スワローのエコロジーの歴史的意味

(1) 人類史におけるコモン

　以上のようなエレン・スワローのエコロジー——およびその起死回生態としての家政学——は，より大きな歴史的文脈に置いて見た場合，どのような意味を有するのだろうか．

　人類の歴史はしばしば，人間の相互関係を基準にして「親族社会」，「貢納社会」，「資本主義社会」の3つの形態に，また対自然関係を基準にして「狩猟採

集」,「農耕牧畜」,「商工業」の３つの段階に区分されることがある．圧倒的に長いのは最初の形態および段階であるが，中沢新一の労作［2002-2004］は，その親族社会形態・狩猟採集段階における人類の思考と行動の普遍的な特徴を探って，数多の神話・民話・伝説を分析し人類学・考古学・民族学などの研究成果を渉猟したものである．そこから見事に解き明かされ浮上させられたのは，人類の思考と行動がきわめて長期にわたって，「対称性」（Symmetry）と特徴づけられる倫理によって導かれてきたという事実である．

　それは，① 現存世代の人間相互間で，老・病・弱者も含む全ての人びとに必要物が平等に分配されて生活の保障が図られ，平時と戦時と宗教上の指導者が一体化して社会に支配・従属という非対称的関係が発生するのを回避する慣習が存在することなどにも見て取れもすれば，また② 自然をあらゆる力の源泉と見て畏敬し，生命を贈与してくれる動植物を神々や兄弟・姻戚・仲間として尊重し，道具や技術の発達が可能にしもすれば誘発しもする他の生物との非対称的関係（過剰で無益な殺傷）を戒める祭礼・神話・民話などに表現されており，さらに③ 物事を現存世代の利害だけで決めずに六代－七代先の将来世代への影響に配慮し，むしろ自然や大地を子孫たちからの預かり物あるいは借り物として扱うといった態度にも読み取ることができる．

　すなわちこれら①②③は，現存世代内，人間－自然間，異世代間の諸関係において「対称性」を実現し維持しようとする倫理が表出されたものにほかならない．その社会において人びとは，それを実現し体現するための知識・技能・感性を身に着けることが期待されるし，それらを共同的生活や生産的活動の中での経験や教育や学習を通して十分に身に着けた者であって初めて，その社会の一人前の成員と認められる．いわばそのような知識等はその社会が存続するのに必要不可欠な共有財＝コモンである．

　そしてこうした倫理が，人類の歴史で二番目に長い貢納社会・農耕牧畜段階の基層をも貫き世界各地に広く見られる慣習＝制度として具体化されたものこそ，いわゆる「コモンズ」であると言えるのではあるまいか．

　つまり前近代ないし非近代の諸社会に存在したし現に存在する，森林，牧草地，河川，沼沢，海浜など広範な自然の資源や環境を共同的に利用し管理し保全する慣習＝制度は，① 現存世代の人びとが平等に用益することで自らの生活を支え，また弱者のセーフティネットになると同時に，② 用益する時期，方法，数量などを共同的に自己規制することで，自然の動植物の存続を確実に

し，また③ そうすることによって子孫たち将来の諸世代の生存と活動の条件を保障してきた．すなわちいわゆる「コモンズ」は，① 現存世代内，② 人間－自然間，③ 異世代間の公正・衡平な共生を確保する具体的な慣習＝制度として存続してきたし，またその存続は，人びとによって先述した知識等がコモ・ン・として共有されてきたからこそ可能になったと言えるのではあるまいか．

（2）コモンの喪失

再言すれば，人類の歴史がいつから始まると考えるにせよ，最も長期にわたるのが親族社会・狩猟採集段階であることは間違いない．それはたんに長いだけではなく，地球上の諸大陸・諸地域に広範に見られたし見られる社会であり段階である．そこで人びとの思考と行動を，したがって経済活動をも導き方向づけてきたのは「対称性」の倫理であり，それを実現し体現するための知識等のコ・モ・ン・であった（図3-1参照）．それらは，次いで長期にわたる貢納社会・農耕牧畜段階においても人びとの思考と行動を導き，その経済を基底において支え方向づけるいわゆる「コモンズ」の慣習＝制度として具体化されてきた（図3-2（a））．

しかしその「コモンズ」は，ヨーロッパ近代の資本主義形成期・商工業発展期に「囲い込み」によって消失させられた．だがそれでもなお工場生産において熟練労働が重きをなし，地域や家庭生活においても女性たちを中心とする熟練した家事労働が重きをなしていた段階では，人びとの生産や生活の中で培われ育まれる知識や技術や感性が，経験・教育・学習によって伝えられ蓄積され人びとの共有財＝コ・モ・ン・として生き続けたと言いうるかもしれない（図3-2（b））．

それに対して第1節で概観した南北戦争後のアメリカにおける急速な産業化とそこで急拡大する規格標準品の大量生産方式（→テイラー・システム→フォード・システム）は，工場生産における熟練労働の排除・無用化を進め，同じくそうした量産品の大量販売＝大量消費は，生活における熟練家事活動の排除・無用化を進めていく．長く――大きく見れば，人類誕生以来の広がりをもつほどにも長く――人びとの生産と生活の中で培われ育まれ伝えられてきた知識・技術・感性などのコ・モ・ン・そのものが解体され解消され，社会と人びとの中から喪失されていく．細分化され空疎化された単純労働の効率的な編成とそれに耐えて行われた課業達成に対する外的な代償報酬としての高賃金＝高所得＝高購買

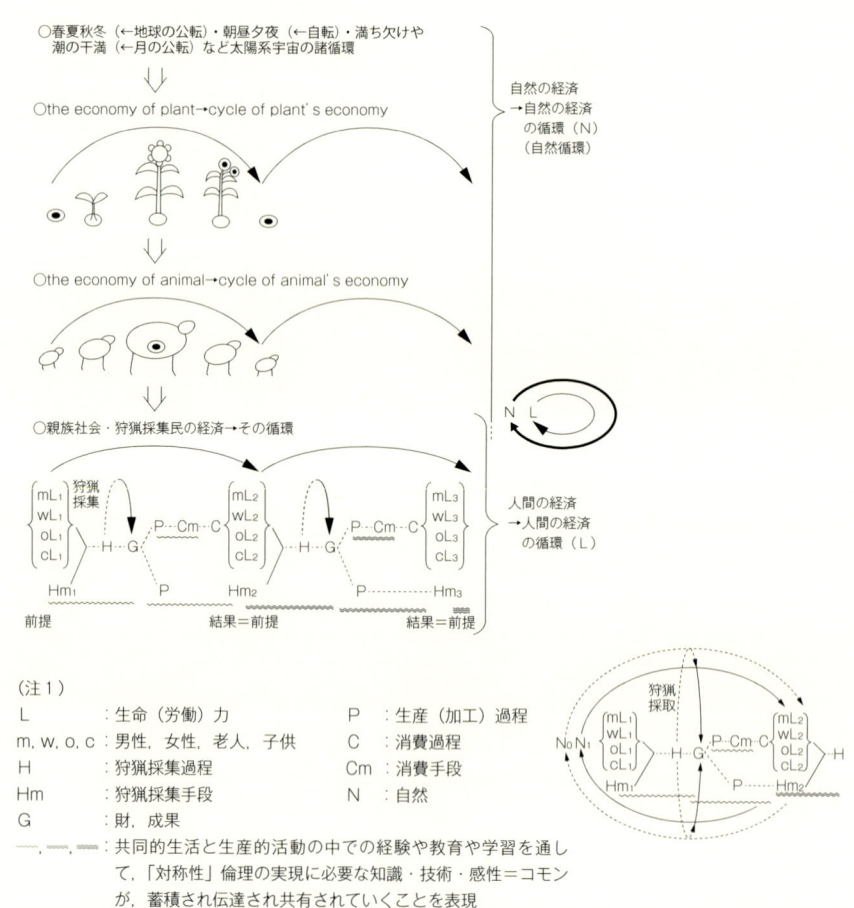

82　第Ⅱ部　コモンズ思想の発現

(注1)
L　　　　：生命(労働)力　　　　　P　：生産(加工)過程
m, w, o, c：男性, 女性, 老人, 子供　 C　：消費過程
H　　　　：狩猟採集過程　　　　　Cm：消費手段
Hm　　　：狩猟採集手段　　　　　N　：自然
G　　　　：財, 成果
—, ‥, ＝：共同的生活と生産的活動の中での経験や教育や学習を通して, 「対称性」倫理の実現に必要な知識・技術・感性＝コモンが, 蓄積され伝達され共有されていくことを表現

(注2) 'economy' という語の古い用法には, 自然界の無駄のない運行・理法・有機的秩序といった意味があり, たとえば 'the economy of plant' は葉が生じ花が咲き実ができ葉が落ち……といった植物の整然とした生活の営みを指す (*Kenkyusha's New English-Japanese Dictionary*)。また疲弊した国土の自然力の回復の上に王国の再建を構想したF.ケネーたちフィジオクラート (自然[の法則に拠る]統治学派) は, 日本では重農学派と称されることもあるが, 前記の意味を踏まえて「エコノミスト」と自称した。
　狩猟採集民は, 自然の中で自然と直面して生活しているので当然ながら, 星座・季節・気象など自然界の循環的変化およびそれと密接に関連する植物・動物の生命活動の循環的変化を知悉し, それらに即しそれらと「対称性」を維持するよう生きてきた (中沢[2002-04]等)。彼らにとりそのための知識等はコモンであろう。そうした自然の経済の循環に内在的な人間の経済の循環を集約的に表現した右下の図で, N_0 は自然の動植物の自生的生産力による循環の大きさを, N_1 はその自生的生産力の成果を人間が狩猟採取した後の自然循環の状態を示す。狩猟採集民は自ら移動するなどして間隔をあけ自然の自生的生産力の回復＝再生 ($N_1 \rightarrow N_0$) を待つ。

図3-1　親族社会・狩猟採集段階における自然の経済の循環と人間の経済の循環
(出所) 工藤 [2004：83] に加筆・修正。

第3章 コモンとしてのエコロジー　83

○自然の経済（太陽系宇宙～動植物の生命）の諸循環（N）
　　　⇓
○それらを活かし農耕牧畜と共同体を持続可能にする知識等のコモンとその具体的慣習＝制度化としての「コモンズ」

○自然の経済の諸循環の影響を最小化することが理想とされ，それらを無視しうる人工的環境＝工場が主舞台となる
○資本Mの循環の中に全要素と過程を包摂化→包摂困難なものを外部化

これらを基礎とする人間の経済の循環（L）

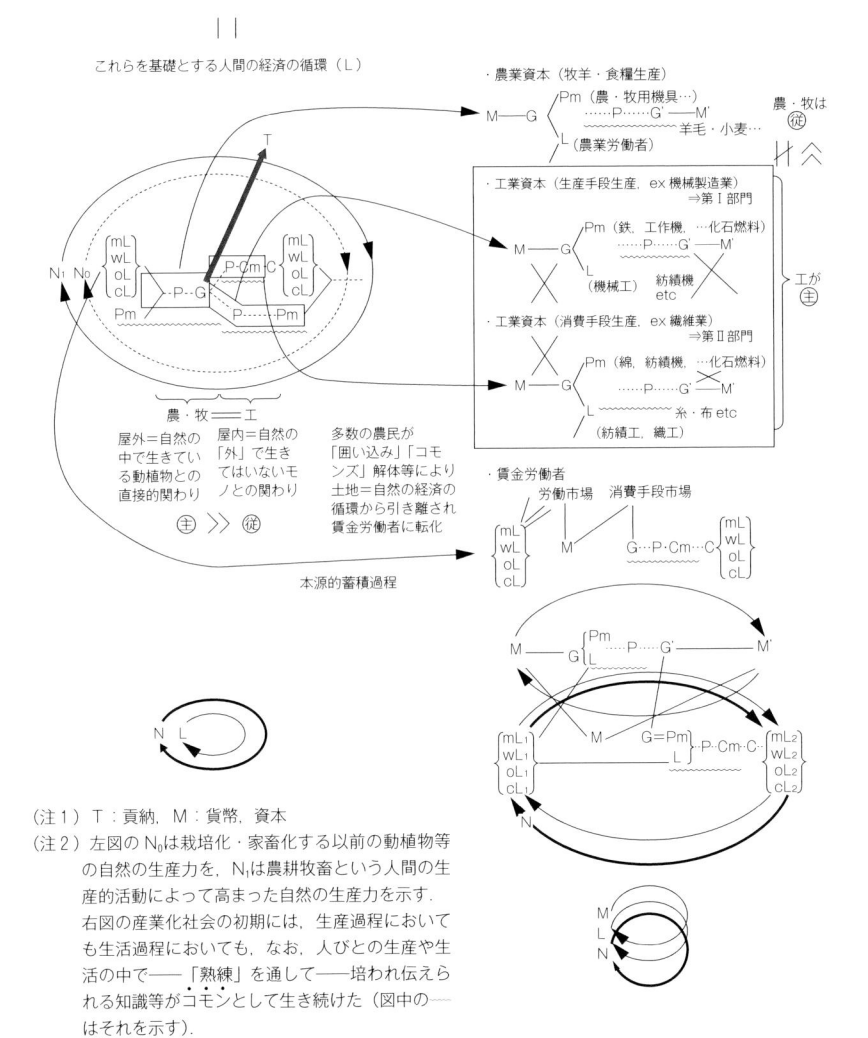

・農業資本（牧羊・食糧生産）

$M-G\begin{cases}Pm（農・牧用機具…）\\ \cdots P\cdots G'-M'\\ L（農業労働者）\end{cases}$　羊毛・小麦…　農・牧は㊩

・工業資本（生産手段生産, ex 機械製造業）
　⇒第Ⅰ部門

$M-G\begin{cases}Pm（鉄, 工作機, …化石燃料）\\ \cdots P\cdots G'-M'\\ L（機械工）紡績機 etc\end{cases}$

・工業資本（消費手段生産, ex 繊維業）
　⇒第Ⅱ部門

$M-G\begin{cases}Pm（綿, 紡績機, …化石燃料）\\ \cdots P\cdots G'-M'\\ L（紡績工, 織工）\end{cases}$　糸・布 etc　工が㊤

農・牧　　工
屋外＝自然の中で生きている動植物との直接的関わり　屋内＝自然の「外」で生きてはいないモノとの関わり　多数の農民が「囲い込み」「コモンズ」解体等により土地＝自然の経済の循環から引き離され賃金労働者に転化

㊤ ≫ ㊩

本源的蓄積過程

・賃金労働者
　労働市場　消費手段市場

$M\begin{cases}mL\\wL\\oL\\cL\end{cases}\quad G\cdots P\cdots Cm\cdots C\begin{cases}mL\\wL\\oL\\cL\end{cases}$

$M-G\begin{cases}Pm\\ \cdots P\cdots G'\\ L\end{cases}-M'$

$M\begin{cases}mL_1\\wL_1\\oL_1\\cL_1\end{cases}\quad G=Pm \cdots P\cdot Cm\cdot C\begin{cases}mL_2\\wL_2\\oL_2\\cL_2\end{cases}$

（注1）T：貢納，M：貨幣，資本
（注2）左図のN_0は栽培化・家畜化する以前の動植物等の自然の生産力を，N_1は農耕牧畜という人間の生産的活動によって高まった自然の生産力を示す．右図の産業化社会の初期には，生産過程においても生活過程においても，なお，人びとの生産や生活の中で――「熟練」を通して――培われ伝えられる知識等がコモンとして生き続けた（図中の――はそれを示す）．

図3-2（a）　貢納社会・農耕牧畜段階の社会的基層（＝農村共同体）における自然の経済の循環と人間の経済の循環
（出所）工藤［2004：93］に加筆・修正．

図3-2（b）　近代の資本主義形成期・商工業発展期に「囲い込み」等を経て産業社会化

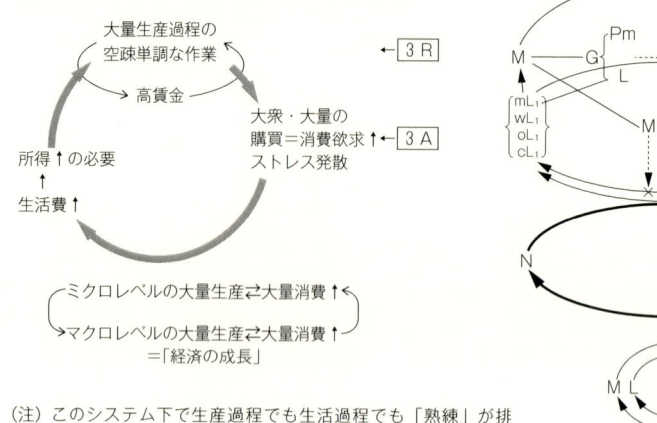

構想と実行の分離→作業の空疎単調化→代償的高賃金

[図: 大量生産過程の空疎単調な作業／高賃金／所得↑の必要／生活費↑／大衆・大量の購買＝消費欲求↑・ストレス発散／3R／3A／ミクロレベルの大量生産⇄大量消費↑／マクロレベルの大量生産⇄大量消費↑＝「経済の成長」]

[図: $M - G \genfrac{}{}{0pt}{}{Pm}{L} \cdots P \cdots G' - M'$／$mL_1, wL_1, oL_1, cL_1$／$mL_2, wL_2, oL_2, cL_2$／$M$／$G=Cm\cdots C$／$N$／$M$／$L$／$N$]

（注）このシステム下で生産過程でも生活過程でも「熟練」が排除・無用化され、コモンが喪失されていく。
スワローのエコロジーは、その生活過程へのコモンの再獲得を通して、L循環さらにはM循環のN循環への内在化をめざすものであった。

図3-3 大量生産＝大量販売＝大量購買＝大量消費システムの中でのコモンの喪失
（出所）筆者作成.

力付与というテイラーイズムや、それをベルトコンベアーと接合し経営全体をさらに合理化するフォーディズムは、社会経済のそうした趨勢線上における1つの到達点であり完成形態と位置づけられよう（図3-3参照）。

そしてその「フォーディズム」はやがて、「大量生産⇄大量消費」のマクロ的相互促進体制としてアメリカ経済全体の現代資本主義的特性を示すものとなり［Aglietta 1976：邦訳 12］、さらには第2次世界大戦後に世界のアメリカ化（＝アメリカナイゼーション）が進む中で、その物質的豊かさによって「黄金時代」とも称えられた資本主義世界全体の20世紀的特徴そのものと見なされるようになる［山田 2008：Ch. 4］。

しかしその世紀の末に当のアメリカにおいて、その現状と持続可能性に関する大規模調査に基づいて書かれた大作の名著は、その最終節を「豊かさの貧困」と題し、いまやこのシステムは「自らのもっとも深いところにある前提を、……根本的に再考する必要に迫られ」ていると診断して、人類史的な展望に立った根源的な転換を提起するに至るのである［Bellah, Madsen and Sullivan et al. 1985：邦訳 353-354][8]。

（3）コモンとしてのエコロジー

　約言しよう．人間は従来長く共同的生活と生産的活動を通して，自然に対する関係と人間相互の関係の経験を積み，関わり方に熟練していき，必要な知識・技術・感性をコモンとして身に着けてきた．試行錯誤し苦労しながらも創意工夫し，自ら構想し自ら立てた目的を達成することに歓びと誇りを感じ，またそう感じられることを働き甲斐・生き甲斐としてきた．しかし大量生産方式では，構想と実行が分離され，計画と作業が分断されて，実行・作業は空疎単調化し，そのような疎外された労働を遂行することに対する外的な代償として高賃金を与えられ，その高所得によって，魅力的に宣伝される量産品を大量購入し大量消費しリフレッシュして再び大量生産の過程に入っていく……．こうした大量生産 ⇄ 大量販売 ⇄ 大量消費そしてそれらに必然的に随伴する大量廃棄という「循環」は，テイラーやフォードといった個別企業的ミクロレベルから，前述のようにやがて社会全体，国全体といったマクロレベルへと広がり，その「循環」の加速・拡大が「経済の成長」として称賛され推進され，自然循環と乖離した独自の「循環」系を形づくっていく……．

　そのような現代産業社会の誕生期の只中にあって，しかも急速な産業化に対して科学技術の研究・教育面から寄与することを期待されている筈のマサチューセッツ工科大学を拠点としながら，エレン・スワローは生涯にわたってオルタナティブを提起し続けた．そうしたオルタナティブの集約とも言うべきその「エコロジー」——そして起死回生態としての「家政学」——は，連関し合う大量生産 ⇄ 大量販売 ⇄ 大量消費 ⇄ 大量廃棄という「循環」に即して言えば，その最終「環」に発生じる「環境問題」（水・大気・土壌の汚染などの広がり）と，最終第2「環」に生じる生活の「大量消費市場」化（家事活動を中心的に担ってきた女性たちの中での「存在感喪失の精神病」の蔓延，生活の「アンリアル」化）とに対する取り組みを原点とし，そのように知識が産業や企業によって「囲い込まれ」ていく当時の状況への憂いと危機感から出発したものであった[9]．そして地域で生活する人びと自身が，自然の法則やその諸事物の特質を知り，それらとの連関・循環の中で生活を自己統御しうるための知識・技術・感性を育み培い身に着けることを目指すものであった．その目標は，人間が歴史の始源から普遍的に保持し続けてきた筈のコモンを再獲得することであり，大量生産 ⇄ …… ⇄ 大量廃棄という現代産業社会的な「循環」系とは異なる，自然循環に内在的で持続可能な社会経済を形成することでこそあったろう．

おわりに

　スワローが「エコロジー」――そして「家政学」――を，諸知識を新たに再編・総合する人びとの「日常生活の科学」として創唱したのは，開発と保護いずれのためにせよ，支配者あるいは庇護者として人間が自然に君臨するスタンスを想定してのことではなかった．むしろ逆に，人びとが無限の経済成長に向けて加速・拡大する産業的「循環」（大量生産⇄大量販売⇄大量消費……）に包摂され，所得＝生活費の増大を追い続ける中で「生命が生きられる目的」を見失っていく状況を打開し，「自然からどのように生活すべきかを学ぶ」ためでこそあった．つまり自然の諸存在・諸法則をより良く感受し理解し，これを歓びとしうるよう，自然とその諸循環に内在的に生きる作法を身につけるためであった．そしてそのように「環境調和的文化」（Environmentaculture）を体現する成熟した人びとが，その「賢明な選択力」と「生活の正しい理想」にふさわしい需要とによって，生産に，さらには産業化社会の進路に改革的影響を及ぼすことを願ってのことであった．

　スワローは死の前年に，産業的な競争社会の中で差別的機能を果たしている「優生学」（Eugenics）に抗すべく『優境学』（*Euthenics*）と題する著作を刊行した．そこでも，「善と幸福の理想」を実現するには「自然の法則」を重視する必要があるとする J. E. ドウソンからの引用を第 1 章の冒頭に置いた［Richards 1910：邦訳 14］上で，人間は「発達と成長という侵すことのできない法則に従う有機的自然の一部である」という認識のもと，「自然の力を研究し，必然的なるものに従うこと」が人間の「幸せ」にとって重要であると説く［*ibid.* 39］など，「自然の法則に従い，その結果として身体，生活，ともに快調になる」ことが全ての基礎であるという了解［*ibid.* 110］が一貫している．また死の年に「フォード・ホール」で行われた生涯最後の講演が「生活費（＝所得）の増大は社会の進歩を示すのだろうか」と題され「否」と論じるものであったことも，誕生期の産業化社会に対する「エコロジー」のオルタナティブとしての意義を象徴するかのようである．さらに，依頼を受けた MIT50 周年記念講演用に死の床で書き残した草稿において「成長と成熟を混同しないように」と強調していることにも，スワローの先見性がよく表われている．

注

1）巖佐・菊沢・松本編［2003］，巖佐・倉谷・斎藤ほか編［2013］，石川・黒岩・塩見ほか編［2010］などの生物学系の辞事典類だけでなく，たとえば Worster［1977］，Bramwell［1989］のようなより広い思想史的文脈の中で探究するものにおいても同様である．
2）以下の論述は工藤［1999；2004；2008］のそれと一部重なるところがあることをあらかじめお断わりしておきたい．
3）当時の公立小学校には，「100のことを1回するよりも，1つのことを100回するほうがよい（It is better to do one thing one hundred times than to do one hundred things one time）」という標語が，児童教育（Training of children）の要諦として掲げられていたという［Clarke 1973：邦訳 91-92］．
4）後に日本最初の女性社会学者として活躍する鶴見和子が，ここに留学し哲学修士号を取得するのは，約70年後のことである．
5）これが後に，全米大学女性協会という大規模な社会団体に発展していく．
6）1960年代に自然保護・環境運動が興隆していく号砲となった『沈黙の春』の著者レイチェル・カーソンもここを研究活動の拠点とすることになるなど，この研究所は，やがてアメリカの環境研究の主要機関になっていく．
7）この1892年は，ヘンリー・フォードが後に「T型モデル」につながる最初の自動車を完成した年であり，またアメリカ経済学会会長にチャールズ・フランクリン・ダンバーが就任して，経済学の倫理哲学からの独立を果たした年でもある［Fitoussi et Éloi 2008：邦訳 93］．
8）その最終節の中で，本章のここでの議論と最も深く関わる叙述の1つは次の箇所であろう．「おそらく真理は，近代西洋を除く世界の大部分がつねに信じてきたこと，すなわちそれ自体において良い，そのものとして充実をもたらしてくれる生の実践が存在するということのなかにあるのだろう．おそらくそれ自体として報いのある労働の方が，ただ外的な報酬があるだけの労働よりも人間にとってふさわしいものだろう」［Bellah, Madsen and Sullivan et al. 1985：邦訳 354］（傍点はいずれも引用者のもの）．
9）『コモンズと文化──文化は誰のものか──』の編者である山田奨治は，その序論において，「〈文化コモンズ〉に関連する内外の文献のうち，ここ数年のあいだに出版された特筆すべきもの」の筆頭に「シャーロット・ヘスとエリノア・オストロムが編集した *Understanding knowledge as a commons : from theory to practice*［2007］」を挙げ，「……知識が企業によって『囲い込まれ』ていく現状を憂いつつ，知識が社会のなかではたす役割を分析し，『囲い込み』からどのように防衛するかを，彼女たちは探っている」［山田 2010：34-35］と紹介している．ヘスやオストロムの探究は，同じアメリカで同じく女性のエレン・スワローが，産業や企業に「囲い込まれ」つつあった知識等を人びとの日常生活にコモンとして再獲得するために続けた格闘と，百年余の時を隔てて呼応し共鳴し合っているように思われる．

参考文献

〈邦文献〉

秋元英一［1995］『アメリカ経済の歴史——1492-1993——』東京大学出版会.
石川統・黒岩常祥・塩見正衞ほか編［2010］『生物学辞典』東京化学同人.
本間長世編［1988］『現代アメリカの出現』東京大学出版会.
巖佐庸・菊沢喜八郎・松本忠夫編［2003］『生態学事典』共立出版.
巖佐庸・倉谷滋・斎藤成也ほか編［2013］『岩波生物学辞典』岩波書店.
岡田泰男［1983］「西漸運動の経済的意義」「産業革命」, 岡田泰男・永田啓恭編『概説アメリカ経済史』有斐閣.
門脇重道［1990］『技術発達史とエネルギ・環境汚染の歴史』山海堂.
工藤秀明［1999］「家政学とエコロジー——エレン・スワローが残したもの——」『グラフィケーション』104.
―――［2004］「エコロジー経済学における循環概念のために——環境経済学の新たなビジョンに向けて——」『千葉大学経済研究』19(2).
―――［2009］「経済を導く倫理の蘇生——なぜ『コモン』が注目されるのか？——」『グラフィケーション』160.
工藤達男［1987］「フォード」, 車戸實編『経営管理の思想家たち』早稲田大学出版部.
小林袈裟治［1983］「企業の成長と経営者」, 岡田泰男・永田啓恭編『概説アメリカ経済史』有斐閣.
斎藤眞［1976］『世界現代史32 アメリカ現代史』山川出版社.
相馬志都夫［1987］「テイラー」, 車戸實編『経営管理の思想家たち』早稲田大学出版部.
中沢新一［2002-2004］『カイエ・ソバージュⅠ〜Ⅴ』講談社.
永田啓恭［1983］「産業革命」, 岡田泰男・永田啓恭編『概説アメリカ経済史』有斐閣.
溝田誠吾［1983］「独占の形成」, 岡田泰男・永田啓恭編『概説アメリカ経済史』有斐閣.
室田武［1982］『水土の経済学——くらしを見つめる共生の思想——』紀伊國屋書店.
山田奨治［2010］「〈文化コモンズ〉は可能か？」, 山田奨治編『コモンズと文化——文化は誰のものか——』東京堂出版.
山田鋭夫［2008］『さまざまな資本主義——比較資本主義分析——』藤原書店.

〈欧文献〉

Aglietta, M. ［1976］*Régulation et Crises du Capitalisme*, Nouv. ed. augm. d'un avant-propos, Paris : Calmann-Lévy（若森章孝・山田鋭夫・大田一廣・海老塚明訳『資本主義のレギュラシオン理論——政治経済学の革新——』大村書店, 1989年）.
Bellah, R. N., R. Madsen and W. M. Sullivan et al. ［1985］*Habits of The Heart : Individualism and Commitment in American Life*, New York : Harper & Row（島薗進・中村圭志訳『心の習慣』みすず書房, 1991年）.
Bramwell, A. ［1989］*Ecology in The 20th Century : A History*, New Haven : Yale University Press（金子務監訳, 森脇靖子・大槻有紀子訳『エコロジー——起源とその展開——』河出書房新社, 1992年）.
Clarke, R. ［1973］*Ellen Swallow : The Woman Who Founded Ecology*, Chicago : Follett

Publishing Company（工藤秀明訳『エコロジーの誕生――エレン・スワローの生涯――』新評論，1994年）．

Fitoussi, J.-P. et É. Laurent [2008] *La Nouvelle Écologie Politique : Économie et Développement Humain*, Paris：Seuil（林昌宏訳『繁栄の呪縛を超えて――貧困なき発展の経済学――』新泉社，2013年）．

Fox, R. W. and T. J. J. Lears eds. [1983] *The Culture of Consumption : Critical Essays in American history, 1880-1980*, New York: Pantheon Books（小池和子訳『消費の文化』勁草書房，1985年）．

Hunt, C. L. [1942] *The life of Ellen H.Richards : 1842-1911*, Washington, D. C., American Home Economics Association（小木紀之・宮川佑弘監訳『家政学の母　エレン・H. リチャーズの生涯』家政教育社，1980年）．

Mozans, H. J. [1922] *Woman in Science*, New York；London：D.Applenton and Company（山下愛子訳『科学史における女性』柏書房，1986年）．

Richards, E. H. [1910] *Euthenics, The Science of Controllable Environment : A Plea for Better Living Conditions As A First Step Toward Higher Human Efficiency*, Boston：Whitcomb & Barrows（住田和子・住田良仁訳『ユーセニクス――制御可能な環境の科学――』スペクトラム出版社，2005年）．

Vare, E. A. [1992] *Adventurous Spirit : A Story About Ellen Swallow Richards*, Minnesota：Carolrhoda Books（住田和子・住田良仁訳『環境教育の母――エレン・スワロウ・リチャーズ物語――』東京書籍，2004年）．

Veblen, Th. [1899] *The Theory of The Leisure Class : An Economic Study in The Evolution of Institutions*, New York: Macmillan（小原敬士訳『有閑階級の理論――制度の進化に関する経済学的研究――』岩波書店，1961年）．

Weber, M. [1904-1905] *Die protestantische Ethik und der "Geist" des Kapitalismus*, Gesammelte Aufsätze zur Religionssoziologie, Bd. 1., 1920, ss. 17-206（大塚久雄訳『プロテスタンティズムの倫理と資本主義の精神』岩波書店，1989年）．

Worster, D. [1977] *Nature's Economy : A History of Ecological Ideas*, New York：Cambridge University Press（中山茂・吉田忠・成定薫訳『ネイチャーズ・エコノミー――エコロジー思想史――』リブロポート，1989年）．

第4章

地域通貨の思想
――エントロピー経済学からの視点――

1　日本円と地域通貨

　地域通貨は，日本では，欧米より遅れること約10年，1999年から本格的に取り組まれ始めた．筆者の実態調査によれば，1999年4月時点で11であったものが，2005年12月時点では306まで数を伸ばしている［泉・中里 2013：5］．新聞などのマスコミ報道や稼働数はこの2005年前後をピークにしてその後は下降しているが，実際の取り組みは根付きつつある．各地で取り組まれている地域通貨の内容は，地方自治体が地域経済を活性化するために導入したり，はたまた中山間地の小さなコミュニティが助け合い活動の潤滑油として導入したりと実に多種多彩である．

　貨幣といえば，ほとんどの日本人が日本円を思い浮かべるであろうが，地域通貨はその日本円とは見た目も機能もかなり異なったものである．たとえば，貨幣と人の関係から比較してみると，日本円が織りなす貨幣コミュニティは，基本は「金の切れ目が縁の切れ目」である．貨幣があるからつながっているだけの人と人の関係性がそこにある．スーパーで野菜を買う時に，売り手は買い手の貨幣が本物かどうかには関心があっても，買い手の人物像には関心を持たず，一方で買い手も野菜の鮮度に問題がなければ売り手が誰でも構わない．後腐れのないようなつきあいには向いており，そして関係を壊すことはあっても，創造することは考えにくいのが日本円のコミュニティである．

　しかし，モノやサービスの支払に使ったり，時にはそれ自体を貸借したりすることで，関係が創造され，醸成されていく貨幣も存在している．それが，地域通貨である．貨幣ではあっても，経済的取引の媒介が主たる機能ではなく，ある意味では「後腐れのある」つきあいを作り出すための機能が主といえる．

そのため，地域通貨を使用するのには会員登録が必要であったり，使用するたびに紙券の裏面に自分の名前を書いたりするような非「匿名性」の世界が成立する仕組みを持つことが多い．

このような貨幣のあり方は奇異に思われるかもしれないが，歴史をさかのぼっても多くの同様な事例がある．たとえば，遅くとも18世紀からミクロネシアのヤップ島で使用されている中央に穴をあけた円板状の石の貨幣がその事例に当てはまるだろう．[2] 直径20cm程度の小型のものから，直径4m，重さ5tにもなる大型のものまでさまざまな大きさがある．石貨は，一般に食料品等の商品の購入に使用されるのではなく，結婚の時に花嫁の親族から花婿の親族に贈られたり，紛争の和解や贖罪，カヌーや家屋の建造に対する謝礼など，社会生活のさまざまな場面で使用されたりしている．市場での商品売買には石貨よりずっと後に流入してきた貨幣，現在では米ドルが用いられる．石貨は人びとの前に誇らしげに展示されており，当事者および周囲の認知によって所有権のみが移転する．通常の貨幣を用いた取引は，その取引が成立した時点で互いの関係性は消滅し切り離されるが，石貨による取引では，石貨そのものに前の持ち主の存在が一部のこり，石貨の移転に伴った歴史が暗黙のうちに刻み込まれていく．石貨にはそれぞれ人格や名前があり，コミュニティの中で循環することで，個人間や集団間の連帯を強めていくのである．

このような石貨にも体現されているような特徴を持つ地域通貨であるが，現在，世界各地で流通している地域通貨の背後には，さまざまな経済理論や経済思想が横たわっている．主だった学者や思想家をあげるだけでも，19世紀のオーウェン (Robert Owen)，プルードン (Pierre Joseph Proudhon)，ラスキン (John Ruskin)，20世紀のゲゼル (Silvio Gesell)，フィッシャー (Irving Fisher)，ハイエク (Friedrich August von Hayek)，ポランニー (Karl Polanyi) などである．彼らの経済システム全体のとらえ方はそれぞれであるが，国家権力を背景に発行される法定貨幣とは異なる貨幣のありようを主張しているのは同じである．

日本において，今の地域通貨に通ずる貨幣に関する理論や思想は，1970年代後半から醸成されていった．特にポランニーの影響も強く受けている日本のエントロピー経済学の学者たちは，初期の段階から地域自立を唱える地域主義の議論と絡めて，地域通貨の理論的可能性を論じていた．このエントロピー経済学に基づき地域通貨を論じるのは，世界的に見ても珍しいといえる．[3] 本章では，エントロピー経済学の視点から，地域通貨の思想やその背景について考察

していく．

2　地域社会に根付く貨幣

(1) エントロピー経済学とは

　日本における地域通貨の実践が本格化するのは1999年ごろからであるが，今の地域通貨につながる思想についての議論は1970年代後半から始まっている．特に初期の段階でその議論の中心をなしてきたのが，経済学者の室田武や物理学者の槌田敦などが提唱したエントロピー経済学や，経済学者の玉野井芳郎が提唱した広義の経済学（生命系の経済学）のグループである．両者の議論に共通しているのは現代の経済・社会システムの問題を「人間と自然との間の物質代謝」過程のあり方としてとらえていることである．生産，流通（分配），消費，廃棄という物質循環全体について，熱力学第二法則（エントロピー増大の法則）などの自然科学の法則に基づき，ボーダレスに循環を位置づけるべきではなく，各地域の処理能力を超えてエントロピーを増大させないようにすべきであるというものだ．すなわち，彼らが強く影響を受けている経済学者のポランニーの言葉を借りれば，「社会から突出してしまった経済を再び地域社会に埋め戻す」［ポランニー 2003：57：68］ことを強く主張したのであった．

　そもそも熱力学第二法則を社会科学へ適用することを本格的に論じ始めたのは，経済学者のボールディング（Kenneth Ewart Boulding）や，ジョージェスク＝レーゲン（Nicholas Georgescu-Roegen）である．レーゲンは，物質もまたエネルギー同様に拡散し，また拡散した物質はいくらエネルギーを投じても有限な時間内にもとの形にまで寄せ集めることは不可能であると述べている．このような考えに基づき，地下資源への依存度の高い先進国経済の将来は定常状態の維持さえ不可能となり，生産縮小が不可避であると考えた．ただ，地球を閉鎖系と見なしたがゆえに，地球の持続的な更新システムを説明し得なかった［泉・三俣・室田ほか 2007：64］．

　この点について明確な説明を与えたのは，槌田敦による開放定常系理論である．彼は地球のシステムは開かれた系であり，大気圏内の水の循環と大気の対流とが地球系内で増加したエントロピーを系外に捨てる役割を担っていることを定量的に明らかにした［槌田 1982：135-69］．このエントロピー増大の法則から生まれた開放定常系理論は，エントロピー学会を中心にして更に議論が続け

られていった．そして，水や大気の循環や土壌における生態学的循環といった物質循環が維持されるような経済活動を行うことこそ，人間社会が将来への展望を開くことのできる唯一の方策だと主張したのである［Tamanoi, Tsuchida and Murota 1984：292］．エントロピー増大の法則に端を発する一連の議論に対して，経済活動や経済政策への指針を提供したことは，日本で展開されたエントロピー経済学や物質循環論，地域主義の大きな功績である［三俣　2008：261］．

（2）地域主義と貨幣

　玉野井芳郎，増田四郎，古島敏雄，河野健二，鶴見和子を発起人とし，1976年から始まった「地域主義研究集談会」が，日本における地域主義の研究の先駆けである［清成 1990：284］．1980年まで続くこの集談会の参加者からいくつかの地域通貨導入の提案がなされている．

　集談会の中心的参加者の1人である経営学者の清成忠男は，地域主義を推進するためには，他地域に従属せず，他地域の経済循環にまき込まれながらも自立的な地位を確保する，そのために独自の地域的特性を有する産業を確立するという経済の「地域化」を展開させなくてはならないとした［ibid. 1978：52-55］．その際，経済の「地域化」を進めるに当たっては，金融の「地域化」，すなわち通貨発行権の「地域化」もしくは通貨発行権はそのままにして域内資金循環の活性化をも進めなければならないとしている．前者の通貨発行権の「地域化」とは，国内をいくつかの地域に分け，各地域にそれぞれ発券銀行を設ける方法である．この案は，1976年出版のハイエクの『貨幣発行自由化論』(*Denationalisation of Money*) を参照したと思われ，通貨競合を促すという点では，地域主義的な提案というよりもリバタリアニズム的な提案である．清成よりもっと地域主義に沿った提案をしたのが，同じく集談会の参加者であった経済学者の中村尚司である．中村は「共同体と近代国家」（『国家論研究』12, 1977年）において，共同体や共同体の連合体によって設立されるコミュニティ銀行が，2種類の貨幣，特定のコミュニティ内だけで流通する貨幣と広域にわたって企業とコミュニティ間で流通する貨幣を発行することを提案した［ibid. 1978：54］．

　地域主義研究集談会の代表発起人である玉野井は，開かれた地域主義の重要性を強く唱えている．開かれた地域主義とは，「一定地域の住民＝生活者が風土的個性を背景に，その地域の共同体にたいして一体感を持ち，経済的自立性

をふまえて，みずからの政治的，行政的自律性と文化的独自性を追求すること」[玉野井 1979：119] である．ここでの経済的自立性とは，閉鎖的な経済自給を指すのではなく，アウトプットではなくインプットの自給性を強調している．特に簡単に市場化を容認すべきではない土地と水と労働について地域単位での自立性を確保し，そのかぎりで市場経済の制御を考えようというものである．

玉野井も，中村などの議論を受けて，通貨発行権の分散化や「内部貨幣（特殊目的貨幣）」と「外部貨幣（全目的貨幣）」の区分を提起している [ibid. 1979：266-70]．内部貨幣は，流通範囲をなるべく狭くして，交換手段に特化して使用されるようにすべきだとする．この内部と外部の区分は，19世紀末にシュルツ (Heinrich von Schurtz) が提起したのが系統的な区分の始まりとされる [丸山 2013：40]．その後，それに刺激を受けて社会学者であり経済学者であるウェーバー (Max Weber) が，対内的支払義務に起源をもつ「内部貨幣」と対外的交換手段にその起源をもつ「外部貨幣」という区別を引き出し，ポランニーに議論が引き継がれていく．玉野井は，現在の日本では外部貨幣に淘汰されてしまった内部貨幣の再生が，「生きた系」を基礎とした地域の市場の確立において重要ではないかと考えた．

地域主義研究集談会は1980年に終了し，また玉野井は1985年に死去したため，玉野井の地域通貨に関する議論はこれ以上深まることはなかったが，エントロピー学会に関わる学者たちによってさらに議論が進められていくことになった．

（3）エントロピー経済学と貨幣

エントロピー学会は，熱力学第二法則をキーワードにして，物理学者（槌田敦，藤田裕幸，河宮信郎ら）と経済学者（玉野井芳郎，中村尚司，室田武ら）を中心にして1983年に発足した．彼らは，地域主義の議論の流れを受けつつ，環境と社会の危機の構造の解明と，オルタナティブな社会と技術のあり方を模索した [多辺田 1999：52]．エントロピー経済学では地域経済循環の重要性を説くのだが，その理由はボーダレスな資本と商品の移動が，地域で成立していた物資と経済の循環を破壊し，地域の処理能力を超えてエントロピーを増大させ，地域と共生する社会関係を壊すからである．低エントロピー維持装置である自然環境を守り育てる社会関係こそが地域社会の根幹である．屋上屋を架すような技

術的対応に頼るのではなく，地域経済の自立化（経済循環の回復）によって経済の流れを地域の環境を破壊しない物質循環に戻していくことが肝要である．これを具体化するための手法の1つとして地域通貨の導入が唱えられている．経済学者の多辺田政弘はその参照となる事例として，米軍占領下で独自に発効されていた沖縄のB円［ibid. 1999 : 56-60］と，先述のヤップ島の石貨［ibid. 1990 : 36-40］をあげている．多辺田は，地域通貨については，その導入が直接的に経済循環をもたらすというよりも，地域社会の関係性の再構築のために必要と捉えている．

エントロピー学会に関わる学者で地域通貨について論じたのは，多辺田以外にも，玉野井の晩年の主たる共同研究者であった中村尚司，玉野井の弟子である丸山真人，地域主義集談会にもエントロピー学会にも深く関わった室田武などをあげることができる．中村は，前項で述べた通り，1977年頃から地域通貨について論じ始めている．彼は，元来「信用」は，人びとの「信頼関係」から成り立つものであり，信用の本来の機能としての「人びとの相互扶助の慣行」の重要性を説いている．そして信用が商品化されると利子が発生し，地域に生活の本拠をおく人びとの相互扶助を崩壊させ，信用市場が発達していく．このような方向とは異なる方向を目指した中村は，再び地域の生活者の視点で金融を捉え直し，法定貨幣とは違うオルタナティブな通貨の発行を提案している［中村 1993 : 83］．すなわち，地域通貨の導入による「信用の地域化」による地域経済の自立化の可能性を探っているが，中村は，一方では既存の金融システム，たとえば日本の信用組合やそれ相当の金融機関を有効に使用できれば，資金の地域内循環を生み出せるのではないかとも指摘している．社会関係を切り捨てることによってグローバル化した大規模な金融資本に依存せず，「信用」を再び人間の信頼関係を基盤にした地域に埋め戻すことが，地域の自立にとって重要なことである．そこで，そのための手段として，中村は地域通貨の重要性を見いだしたのであった．

玉野井・中村の議論の流れは，現在では主に丸山真人が引き継いでいる．丸山は，経済学者のポランニーの議論を下地にしながら，地域通貨についてまとめている．そもそもポランニーの主要な関心は，貨幣使用に関する意味論の形式的な一般化にあるのではなく，貨幣シンボルに意味を与える社会的実体を解明することにあった［丸山 2013 : 38］．ポランニーのいう社会とは，市場と非市場の両方を含む広義の社会であり，贈与交換や相互扶助などを現す「互酬」

や，権力による富の集中・分配を現す「再分配」，そして市場での取引を現す「商品交換」を組み合わせることによって経済活動を統合する構造を持った社会である［ポランニー 2003：373-374］．ポランニーは，古代ギリシャやダホメ王国などを事例にして，市場システムが社会の周辺に位置している限りにおいて，人間の経済は基本的に互酬と再分配によって統合されると考えた［丸山 2013：38］．そのため，近代以前の社会では，共同体間の交換という外部市場では外部市場専用の貨幣，共同体内の市場では内部市場専用の貨幣，そして非市場領域において交換目的以外の共同体内貨幣が存在したのである．19世紀，地域市場が国民市場，そして世界市場に統合されていく過程で，貨幣もまた外部市場専用の貨幣に統合されていった．丸山は，このようなポランニーの議論を受け，現代の地域通貨について次のようにまとめている．つまり地域通貨とは，経済のグローバル化によって切り捨てられていく地域経済を立て直し，失業者を含む社会的弱者に安定した生活の場を提供しようとする目的で発行され，地域経済を地域社会の中にしっかりと埋め込み，猛威を振るうグローバル経済の影響を最小限に食い止めることも可能なものである［ibid. 2013：42-43］．また，商品交換関係を突き抜けて，これまでになかったような新しい人間関係創造する試みであるとともに，人間の経済を生命系の営みとして再度生きている自然の中に埋め戻す可能性のあるものとも捉えている［ibid. 1990：53］．具体的には，非市場領域での互酬関係に限定されるものや，自治体が発行して行政サービスの一助としたり，というように，さまざまな用いられ方が可能であるとする．

　一方，室田は，地域通貨の議論はもともと提起していなかったが，次節で詳しく取り上げる化学者であり経済学者でもあるソディ（Frederick Soddy）には初期の段階で関心を示し，エントロピー増大の法則と貨幣の関係性について取り上げている．たとえば，1979年の『エネルギーとエントロピーの経済学』において，ソディのエネルギーと経済の関係についての議論を引用しつつ，現代の経済システムの破局構造を説明しようとしている［室田 1979：27-36］．すなわち，富の概念を貨幣や信用などの制度と結びつけてのみ論じ，それが生命の基礎をなすという側面を無視してきたことを取り上げ，過大な経済活動がエントロピー増大をもたらし，破滅への道に向かってしまうとした．ソディはこの現状について，いくつか脱却する方法，主に貨幣・信用システムの改革を提起しているが，1979年の時点では室田はその点については触れていない．1998年の

「郵貯から考える環境通貨制への転化試論」(『アエラムック　新経済学が分かる』朝日新聞社)において,初めて地域通貨を本格的に取り上げている.

室田は地域通貨に関心を示す理由の1つとして,従来の環境経済学や環境行政においては,さまざまな環境問題解決のための政策として,直接規制,炭素税の提案に代表されるような環境税,汚染物排出権市場,国際間での共同実施の提案に代表されるような国際政治的手段などが議論されてきたが,金融論や通貨論の方面から環境問題への対応を検討はほとんどなされてこなかったことをあげている [ibid. 2004：53].そして,地域通貨に対して,伝統的に貨幣が持つとされる決済手段,価値尺度,価値貯蔵手段の3機能ではなく,特に価値創造手段の機能を持たせることが重要だとしている.ここでの価値とは,エコロジカルな価値であり,環境破壊や汚染ではなく,その保全に資するという意味で生物多様性価値である [ibid. 2013：86-87].これは,日本の江戸時代は並行通貨制で,米・金貨・銀貨・銅貨(銭)の4種の貨幣が流通していた実情から,水田に根ざし,米を通貨の1つとしていた日本経済のあり方がエコロジカルであったということを参照した提起である.有機的に水田稲作を継続できているということは,その地域において経済活動とエコロジカルな環境保全が両立していたという歴史を踏まえている.室田は,環境保全型の地域社会の再生を図るという方向に舵を切るために,地域通貨,特に地域の農作物を担保としたものの流通を唱えたのであった.

前記で見てきたように,日本での今の地域通貨に通ずる思想には,地域の自立というのが重要なキーワードになっており,その背景にはエントロピー増大の法則という自然界の法則を社会科学に適用して議論してきたエントロピー経済学が存在しているといえる.次節では,エントロピー増大の法則という自然科学の法則を社会科学に適用し,貨幣改革について論じた先駆者であり,エントロピー経済学の創始者の一人とも言ってよいソディについて取り上げる.

3　エネルギーと貨幣

(1) 太陽エネルギーと枯渇性資源

ソディは,オックスフォード大学で化学を専攻した後,ラザフォード (Ernest Rutherford) と共に,1902年,放射性元素は放射線を放出しながら別の元素に変化するという画期的な考え方を発表した.そして,1903年に放射性元

素の壊変説を実証，1912年には同位元素の概念を発表している．これらの業績が評価され，1921年，ラザフォードと共にノーベル化学賞を受賞したのであった．このように化学者として成功を収めたソディであったが，オックスフォード大学教授に就任した1919年頃から経済学，特に価値と富の分配，その根幹にある貨幣に関する研究に没頭するようになる．

ソディは，経済学の主流を占めていた古典派や新古典派経済学は，おおよそ自らの理論をニュートン力学にならい形作られていることに真っ先に着目している．ただし新古典派経済学は，暗黙のうちに，統計的均衡モデルの中に熱力学の第一法則に属するエネルギー保存というエネルギー運動の側面を吸収はしているとした [Seccareccia 1997：126]．そのため，ソディは，さらに自然科学の法則を取り込み，熱力学の第二法則の採用を考慮したのであった．

社会システムとエネルギーの問題に関わり，経済生活におけるエントロピー増大の法則の適用を唱えた先駆者であるソディは，太陽エネルギーをすべての基盤と考え，人間社会を中心においた自然界のエネルギーフローを図4-1のように示している．左から右へと太陽エネルギーを起点に人間社会にまで行き着くという図であるが，その逆方向に人類は働きかけ，その供給を管理し，より発生源，すなわち太陽エネルギーに近いところへのアプローチを行おうとし

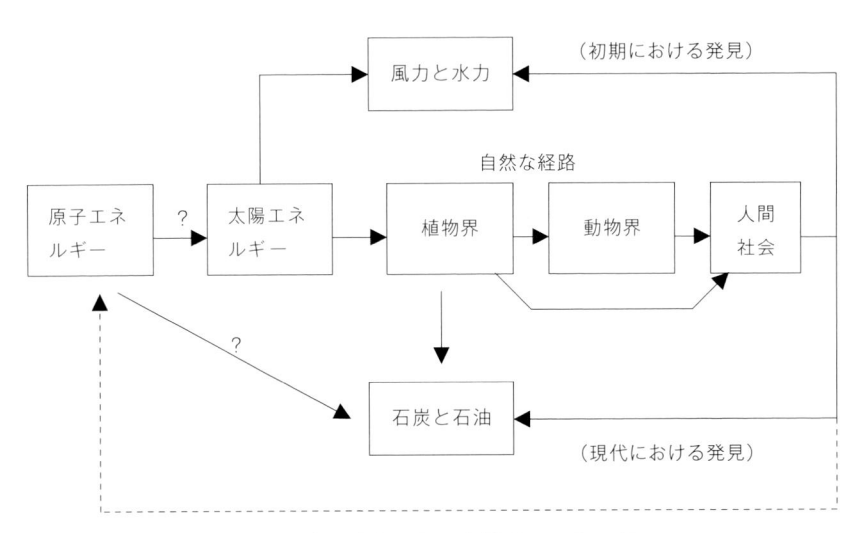

図4-1　人間社会を中心に見た自然界のエネルギーフロー

(注)　？：将来の発見．
(出所) Soddy [1933：48] より翻訳作成．

てきた．ソディは，太陽エネルギー → 植物界 → 動物界 → 人間社会という連鎖に注目し，「生命は，その物理的側面から見れば，有用なエネルギーを求める闘いである」と考えたのである．ソディによる基本的な経済学への疑問は，「どのようにして人間は生きているのか」ということであり，彼の答えは「太陽光によってである」というものであった［Daly 1980：473-474］．太陽光の下に生きているという制約に服さなければならないルールは，現代であろうと古生代であろうと，熱力学の第一と第二の法則によって規定されている．

　現代でも過去でも経済の基幹は鉱業と農業である［Georgescu-Roegen 1971：邦訳 379］が，鉱業は私たちが住む地球の地殻に含まれるさまざまな低エントロピー，たとえば太陽光に起因している石炭や石油，のストックを取り出すものである．一方で，農業は主として太陽光および水によって成立し，相対的に見れば低エントロピー状態を保っているものである．低エントロピーの源泉としては太陽光と地球自身の蓄えの2つしかない．ただ，この2つの源泉は，所在と性質に大きな相違がある．私たちが利用できる現在の太陽エネルギーは，直接的そして即座に物質に変換できなく，私たちの都合でその利用を左右することには限界がある．地球に賦存している低エントロピーの資本を取り崩すことによってのみ現代的な経済システムを維持し，発展させていくことができ，利益を上げることができる．今降り注ぐ太陽エネルギーのみでは，すでに経済社会を現状で維持することもかなわない可能性が非常に高い．

（2）経済社会における富（Wealth）について

　ソディによれば，経済社会における富とは「人間の利用できる物質やエネルギーの形態」のことである．そして富には，無生物のメカニズムに従う物質とエネルギーという物理的な側面と，知恵と意思によって決定される用途に従う利用という目的論的な側面があるとする．経済学の根本的な誤りは，富という物質面での規模と負債という純粋な数字もしくは想像上の量とを混同して議論をしていることであると指摘した．そして，富，物質的な側面と，負債，数的な側面を明らかに別なものとして捉える上で，富は次のように熱力学の観点から2つに分類できると説明している．

　第Ⅰ種の富とは，その生産を通してエネルギーの一部を貯め込むものであり，「腐敗し，劣化し，可燃性で……食糧，燃料，爆発物，肥料やその他

の同類の物質を含み，廃物と廃エネルギーへの全面的な転換を経てのみ富の資格が与えられる」ものである．そして，第Ⅱ種の富とは，「腐敗しやすいというよりも不変的なもの……衣料，家およびその設備や家具，もっと一般的な財物として，道具，工場，道路，自動車，船舶および富の生産や供給のために必要な他の付属物を含んだものである」である［Soddy 1933：116-117］．

そして，この2種類の富を次のような等式にソディは示した［ibid. 1933：118-119］．

第Ⅰ種の富
（1）原材料＋有用なエネルギー＝第Ⅰ種の富　　　　　　　　　　　　（生産）
（2）第Ⅰ種の富＝活力エネルギー＋廃エネルギーと廃物　　　　　　　（消費）
第Ⅱ種の富
（3）原材料＋有用なエネルギー＝第Ⅱ種の富＋廃エネルギー
　　　　　　　　　　　　　　　　　　　　　　　　　　　（生産すなわち消費）

ただこの場合において，消費面では等式が成立していない．なぜならエネルギーの劣化はすでに最終段階に行き着いており，その意味では第Ⅱ種の富はもはや「消費されている」からである．すなわち，ソディも例示しているように，第Ⅰ種の富とはたとえば農作物のようなものであるし，第Ⅱ種の富とはプラスチックのように生産物がそのまま廃物であるようなものである［室田 1979：34］．そして，これらの等式においては，人間の経済活動における生産と消費の本質が，熱力学の第一法則と第二法則に沿うエネルギーと物質の形態変化の過程として，明確に把握されているのである．そして富（Wealth）と対置している負債，ソディは「見せかけの富」（Virtual Wealth）と言い換えて次のように定義した．見せかけの富とは，実在するものではなく，それは，想像上のマイナスの量，つまり財政上の赤字であり負債であり，自然や熱力学法則に則るものでは決してない．しかし，それは，富を参照する量となるのである［Soddy 1933：139］．

それでは私たちが真に参照すべき真の富とは，具体的にはどのようにして生み出されているのであろうか．『デカルト学派の経済学』において，ソディはそれをはっきりと示している［ibid. 1922：28-29］．つまり，前項で詳細にふれた

が,「真の富」は太陽から来るエネルギーフローのみから生じ, それは経済過程では消費されるだけのものである. 生命そのものも, ゆりかごから墓場まで継続的な消費主体であり, 我々が太陽に負っている純粋なエネルギーフローを消費するだけである. 富は, 貯蓄することができず, 結果として生じるように, 消費としてであれ, 将来の富を生産するための資本支出としてであれ, 使わなければならない. この富の一部が資本財を形成するのだが, 基本的には, 資本支出がたとえそれが富のフローを増やすためのものであり, 無限ではない一定の自然期間に明らかにその目的を果たすとしても, それは他のものと同じく消費されるだけのものとなる. そして, 太陽エネルギーから生じる最初の資本を植物とし, 人間の経済活動にあてはめて言い直せば, それは農業のことであり, 農業によって生存目的に利用可能なエネルギーへ唯一, 直接的にせよ, 間接的にせよ転換することが可能であるとしている.

　見せかけの富と真の富の大きな相違は, Soddy [1933：70] によれば, 見せかけの富, 負債は, 物理学よりも数学の法則に従っており, 熱力学の法則に従う真の富とは違い, 時間の経過と共に腐敗せず, 生命のプロセスの中で消費されることもない. 見せかけの富である負債は複利の法則に従うであろうが, 実際の将来の太陽光からのエネルギー収入, 負債という先取特権とは違う実質の将来所得は, 複利で成長することは全く不可能である. しかしながら, 見せかけの富へ転換されたとき, 真の富は「不滅の形態を取り入れ腐敗しやすい形態を捨てる」[ibid. 1931：28]. これは, 熱力学の第二法則を免れ, 自然の法則をかわす方法として存在している.

　富の一部である資本もまた,「物理的にはある対象に具体化されたエネルギー」の様態であって, エントロピー法則に支配され連続的減耗の法則に従っているため, 本来的に蓄積することはできない [Martinez-Alier 1990：邦訳 219] はずであるが, この資本が一端, 金融資本となると実に大きな変化を果たす. つまり Seccareccia [1988：邦訳 3-4] が言うには,「物理的世界のあらゆるものはエントロピー法則から時間の影響を受けねばならず, この自然の力の重要性を否定しようとするものは, 遅かれ早かれ発現するであろう構造的不均衡を生み出すほかない. したがって, 経済危機の起源は貨幣的なものでしかあり得ない. なぜなら, 生産のレベルに存在する諸関係とは対照的に唯一, 貨幣的諸関係が体制の抜け穴を通してこの法則の影響から逃れ出る傾向を持っているからである」ということであり, 金融資本としての貨幣は, 腐らないだけでなくそ

の反対に，複利や単利で日々成長していくという特徴を持っているのである．このように真の富と見せかけの富は，対置はしているが，決して対称的ではないところに問題の根源がある．

（3）ソディの貨幣論

　ソディにとって貨幣とは，富ではなく，富に対する社会的に合意を得た請求権であり，実質的な価値すなわち真の富からなる財と引き換えに人びとが受け入れるものに過ぎない．だが実体経済と貨幣経済を対照的に観察すると，実質的な財の循環を媒介する情報システムに過ぎない貨幣システムが，実際の富の配分を決定し，私たちの生活を支える財やサービスを生み出すシステムを規定していることに気付かされる．伝統的経済学の貨幣観は，実物分析，つまり貨幣の背後に財相互の関係からなる実物的世界を想定し，この世界を分析することで経済現象を明らかにしようとするという慣習に基づき，貨幣を財と見なすものである［Seccareccia 1997：126］．貨幣を個々人が保有しようとするストックとしての財と見なす概念は，新古典派経済学の貨幣理論の背景をなお形作っているが，ソディは貨幣を財と見なすこの支配的な考え方を早々と完全に放棄したのであった．

　富そのものではなく，富の請求権である貨幣であるが，現実には保有している貨幣をすべて真の富と交換するのは不可能である．なぜなら，基本的にはすべての真の富はすでに誰かによって所有されているからであり，最終的には貨幣を保有することを終えなければならない．見せかけの富は，実物の価値としては存在しておらず，それゆえ「見せかけ」と呼ぶのである．しかし，人びとは，現時点では容易に真の富と交換できるため，まるで見せかけの富が実在しているかのように振る舞ってしまう．貨幣が，実際には負債にもかかわらず，まるで富そのものかのように扱われて資産と勘定されており，需要に沿って富を供給する社会の債務となっているのである．貨幣は商品価値をもって循環する商品そのものでない限り，見せかけの富という現象が貨幣経済内で発生し，前項で述べた通り，真の富ではなく，社会の中の見せかけの富の量に個々人の総体の行動が影響を受けるのである．そして，見せかけの富と真の富を実際に純粋に交換できる唯一の主体は，貨幣発行者である［Daly and Cobb 1994：421］．貨幣を使用するか貸し付けるかして経済の輪に最初に入れた主体は，貨幣と交換で真の富を受け取ることができる．通常は後ほど他人の真の富に対し支払わ

れる貨幣を得るためには，一定の真の富を放棄しなければならない．構造上，見せかけの富に等しい真の富の量は，貨幣発行者へ移転されているのである．

また，見せかけの富とは貨幣そのものというよりもシニョリッジ (seigniorage：貨幣発行益) のようなものとも言える．貨幣価値と受け取る貨幣の商品価値，つまり製造コストには差異がある．信用貨幣の出現で，トークンの商品価値はゼロとなり，シニョリッジもしくは見せかけの富は，発行された貨幣というすべての貨幣的価値となる．不換紙幣の発行者は最初に経済の輪にそれを投入するのであるが，彼がシニョリッジという特権を保持している．そして，歴史的には王室が持っていたこのような特権を奪ったのは，法的に相続した近代国家ではなく，私的な銀行システムであり，そのシステムは「交換媒介から利子を生み出す負債へと貨幣の目的を崩壊させた」[Soddy 1933：296] とソディは強く銀行システムを批判している．

ソディは，単に金融資本家が不労所得として利子を稼ぐ，また人間労働から利潤を導くために資本を「生産的」に使用するのをためらっている，もしくはしていない，ということを非難しているだけではない．たとえ，貨幣を生産的に投資したとしても，枯渇性資源を略奪するのではない限り，利子を獲得することは不可能だ，と主張したのである．負債をベースとした経済や金融システムの中では，負債，見せかけの富とは，人的資本，つまり人間労働と時間の充当か，もしくは市場で売却することによる自然資本の転換によってのみ真に返済されうる．このような認識を持っていたソディは，人間とエコロジーに多大に負担をかけうる銀行システムならびにその負債に付随する利子に対して大きな疑問を呈した [ibid. 1931：24-25]．

負債，つまり銀行貸付や公債と並行して貨幣は産み出されるのであるが，部分準備制度や複利制度を通して膨れあがったこの負債は，常に社会や家計の生活資本への請求権を持っている．彼らの手にある真の富の力や所有権を再分配させる機能が貨幣には備わっている．そして，成長の限界がない数字である負債と限界がある真の富の間の摩擦のあるシステム，つまり物質的な富に対する請求権が物質的な財のストックよりも急速に増加していくシステムでは，物質世界におけるエントロピー増大の法則の存在を打ち消し続けることはできない．そのため，必然的に，貨幣経済の特徴とも言える負債デフレーションや負債の不履行といった行為が発生し [Daly 1980：475-476；Soddy 1922：30]，物質世界に対しての貨幣的関係の定期的な再調整が行われることになる．ソディが主

張したのは，自然界の法則，熱力学の法則に結びついた，そして天然資源を含む社会の真の富と結びついた貨幣の創造である．すなわち第1に，長期間にわたる複利成長を含有した貨幣の半永久的な成長に制約を設けること，第2に，無から貨幣を作り出し，その後破壊するという錬金術的な手法に制約を設けることである．ソディの貨幣改革案はシニョリッジや見せかけの富の所有権への影響力を国家へ，そして社会へ戻すものとして提起されている[4]．

おわりに

ソディの貨幣論がエントロピー経済学の学者に広く知られるようになったのは，1980年に書かれた経済学者デイリー (Herman Daly) の論文 "The Economic Thought of Frederick Soddy" である．デイリーは，ジョージェスク＝レーゲンの弟子であり，日本のエントロピー経済学と同じく熱力学の経済学であるエコロジー経済学の代表的な研究者である．彼は，経済のプロセスは，物質的な同等性の中でエントロピー的である，すなわち富は開放的なシステムであり，スループットの中で維持されるシステム，つまり低エントロピーの物質エネルギーの消費に始まり，環境に対して汚染された高エントロピーの物質エネルギーと等しい量のリターンで終わるというシステムであるとした [Daly 1980：482]．エントロピー増大の法則の応用，孤立系において蓄積されたあらゆる物質的な富は物理法則に従って必然的に消え去るという概念は，貨幣思想の領域において重要な視点である．エントロピー的現象は不可逆的であるのだが，伝統的経済学においてこれを取り込めなかったことは致命的な弱点となった．

物質世界ではエントロピー増大の法則ゆえにすべてが時間の影響を受けることになり，一部の例外を除き蓄積することはできず，それに反して蓄積された物質的な富のストックを維持するためには，低エントロピーの追加的な投入という更新力が求められる．しかし，この自然の力に真っ向から逆らっているものが存在する，すなわちこの世界の貨幣的な諸関係がそれである．日本のエントロピー経済学の学者たちは，この関係の一部を打破し，地域社会に経済を埋め戻すために地域通貨という特殊目的貨幣の導入を唱え，ソディは貨幣と真の富の非対称性の除去を行うために商業銀行に対して100％準備を求めることを唱えたのであった．ただ，両者とも貨幣改革を目指すという方向性は似ていても，両者の地域社会に対する認識と政府の位置づけは大きく異なっている．エ

ントロピー経済学においては,「政府（公）」と「市場（私）」によって,低エントロピー維持装置でもある「地域社会（共）」が圧殺されたという問題意識が掲げられており,ソディのように政府が善意のプレイヤーとは捉えていない.たとえば,室田は次のように述べている.

> 本来「共」的に治めるのが最も柔軟性に富むものを,「公」的な管理に委ねることで,「公」のうちに「共」の要素も含まれるから安心しなさい,という宣伝が大々的に展開されたわけである.しかし,今日はっきりしていることは,「公」は「私」の組織化にほかならないということ,「公共性」に「共」の要素はほとんど含まれていないこと,しばしば「公共性」はむきだしの権力そのものを意味すること,等々である.……近代化の諸過程は,「公」と「私」の世界の拡大強化によって,「共」の世界を圧殺する過程であった［室田 1979 : 193］.

またポランニーの言葉を借りれば,「公」である政府が地域市場を淘汰し,「私」であるグローバルな市場が形成されていった結果,経済が社会から突出し肥大化し「共」的世界が解体されていった.顔の見える信頼関係を通じての生産と消費の共同コントロール,そのための所有権の制限・個人的権利の一定の制限などの私的欲望制御の自動調整装置を内包していたのが,「共」的世界である［多辺田 1990 : 86-87］.もともとの「共」的世界をそのまま再構築する必要は全くないが,社会から突出した経済を再び社会の中に埋め込む手法を考える上では,際限なく膨れあがる「見せかけの富」に対する貨幣制度面からの変革を私たちは念頭におくことは重要である.エントロピー増大の法則と時間の経過の不可逆性を回避しようとする貨幣システムの存在から生まれる非対称性の問題を解決する手法としては,ソディの100％準備制度の導入は考慮に値するが,銀行システムを大きく改変することになり,「公」への信頼が揺らぐ中ではなおさら実現性には疑問符がつく.一方,地域通貨については,すでに世界各地で導入され,その多くは小規模ながらも地域社会に根付いた形ともなっている.ただ,現在の地域通貨が,エントロピー経済学の学者たちが唱えるような機能を十全に発揮しているとは言い難い[5].しかし,直線的な時間概念である現状の貨幣や金融関係とは対照的な思想を背景に持つ地域通貨の取り組みは,実体経済と結びつき,実質的な信用を再建して,新たな価値を地域の経済社会にもたらす可能性は十分にあると考える.

注

1）日本の地域通貨の展開の詳細については西部編［2013］を参照のこと．
2）ヤップ島の石貨についての詳細は，牛島［1978］や，多辺田［1990］などに書かれている．
3）1930年代の欧米で導入された地域通貨はゲゼルの議論を参照してデザインされているものが多く，現在の地域通貨においても参照しているものは少なくない．そのゲゼルは，孤立系におけるエントロピー増大の法則を意識したかのような貨幣論を展開しているが，直接的にエネルギー問題と関連づける記述は見当たらない．その他の地域通貨に関連する思想については，泉・中里［2013］や西部編［2013］などを参照のこと．
4）本章ではその詳細を取り上げることはできないが，おおよそ彼の提案は，①商業銀行に対する100％支払準備の適用，②一定の物価指数を維持する政策，の大きく2つに分けることができる．ただし，彼の案を導入すれば，貨幣の世界での商業銀行の貨幣創造能力を奪うことで利子所得を除去できるであろうが，その一方で貨幣の保有者は相変わらずエントロピー増大の法則からまもられており，そしてそれを正当化する理由は何処にも見あたらず，真の富と対応させるには十分な措置とは言い難い．
5）日本の地域通貨において一番規模が大きいのは，約2500人の参加者と15年の稼働歴がある地域通貨ピーナッツである．千葉市のJR西千葉駅を中心に取り組まれている．そのピーナッツでも1日平均7.12回の取引であり，地域社会に循環を構築できるほどの取引量はない．詳しくは，泉・中里［2013］を参照のこと．

参 考 文 献

〈邦文献〉

泉留維・三俣学・室田武・和田喜彦［2007］『環境と公害──経済至上主義から命を育む経済へ──』日本評論社．
泉留維・中里裕美［2013］「地域通貨は地域社会にどのような繋がりをもたらすのか」『専修経済学論集』47(3).
牛島巌［1978］『ヤップ島の社会と交換』弘文堂．
清成忠男［1978］「地域主義と金融」，玉野井芳郎・清成忠男・中村尚司編『地域主義──新しい思潮への理論と実践の試み──』学陽書房．
──［1990］「産業主義から地域主義へ」，玉野井芳郎（鶴見和子・新崎盛暉編）『玉野井芳郎著作集③　地域主義からの出発』学陽書房．
多辺田政弘［1990］『コモンズの経済学』学陽書房．
──［1999］「地域社会に経済を埋め戻すということ──『琉球エンポリアム仮説』から地域通貨論へ──」『環境社会学研究』5．
玉野井芳郎［1979］『地域主義の思想』農山漁村文化協会．
槌田敦［1982］『資源物理学入門』日本放送出版協会．
中村尚司［1977］「共同体と近代国家」『国家論研究』12.
──［1993］『地域自立の経済学』日本評論社．
西部忠編［2013］『福祉 + α ③　地域通貨』ミネルヴァ書房．

ポランニー，K. [2003]『経済の文明史』(玉野井芳郎・平野健一郎編訳)，筑摩書房．
丸山真人 [1990]「地域通貨論の再検討」『国際学研究』6．
―― [2013]「経済人類学と地域通貨」，西部忠編『福祉+α③　地域通貨』ミネルヴァ書房．
三俣延子 [2008]「都市と農村がはぐくむ物質循環」『經濟學論叢』(同志社大学)，60(2)．
室田武 [1979]『エネルギーとエントロピーの経済学』東洋経済新報社．
―― [2004]『地域・並行通貨の経済学』東洋経済新報社．
―― [2013]「地域通貨とエコロジー」，西部忠編『福祉+α③　地域通貨』ミネルヴァ書房．

〈欧文献〉
Daly, H. [1980] "The Economic Thought of Frederick Soddy," *History of Political Economy*, 12(4).
Daly, H. and J. Cobb [1994] *For the Common Good: Redirecting the Economy Toward Community, the Environment, and a Sustainable Future* (2nd ed.), Boston: Beacon Press.
Georgescu-Roegen, N. [1971] *The Entropy Law and the Economic Process*, Mass.: Harvard University Press (高橋正立・神里公訳『エントロピー法則と経済過程』みすず書房，1993年).
Martinez-Alier, J. [1990] *Ecological Economics: Energy, Environment and Society*, Oxford; Cambridge: Blackwell. (工藤秀明訳『増補改訂新版　エコロジー経済学――もうひとつの経済学の歴史――』新評論，1990年).
Seccareccia, M. [1988] "Système monétaire et loi d'entropie," *Economies et sociétés*, 22 (森野栄一訳「貨幣システムとエントロピーの法則」『自由経済研究』9，1997年).
―― [1997] "Early Twentieth-Century Heterodox Monetary Thought," in Cohen, J. A., H. Hagemann and J. Smithin eds., *Money, Financial Institutions and Macroeconomics*, Boston: Kluwer Academic Publishers.
Soddy, F. [1922] *Cartesian Economics: The Bearing of Physical Science upon State Stewardship*, London: Hendersons.
―― [1931] *Money versus Man*, London: Elkin Mathews & Marrot.
―― [1933] [First Edition 1926] *Wealth, Virtual Wealth and Debt* (2nd ed.), New York: E. P. Dutton & Co..
Tamanoi, Y., A. Tsuchida and T. Murota [1984] "Towards an entropic theory of economy and ecology," *Economie Appliquée*, 37(2) (耕人舎グループ訳「永続する豊かさの条件」，『シュマッハーの学校』ダイヤモンド社，1985年).

第5章

近世琉球列島の海洋資源管理の様相
―― 蔡温の資源管理と「海方切」――

はじめに

　琉球列島の自然資源利用と管理の歴史を調べていくと，非常に大きな変革期であった近世の蔡温（さいおん）の時代にたどり着く．蔡温よりも約半世紀前，日本では熊沢蕃山（ばんざん）が活躍しており，この両者に共通点は多い．沖縄学の父こと伊波普猷は，「彼（蔡温）は実に熊沢蕃山に似通ったひとである」［伊波 1961：192］と述べている．蔡温も蕃山同様に陽明学の徒であったと言われている．両者とも実理・実践を重んじる「技術者」的な性格が強く，特に人間生活と森林との関係性を重視し，林政に重きを置いた．さらに，物質循環を諸政策の要と捉えていた．この点に早くから注目し，その意義を問うてきたのは，室田武らエントロピー学派の研究者たちである．室田は，現代の環境問題の主因を物質循環の切断ないし停滞と捉え，その回復の途を模索するなかで，熊沢蕃山，釋淨因（しゃくじょういん）ら近世期の地域実践とその背後にある水土思想に着目した［室田 1991；室田・槌田 1989］．沖縄で，同じように蔡温の実践に着目したのは宇井純であった［宇井 1991］．室田や宇井が指向したのは，小さな地域の中に持続可能性を担保する物質循環を回復させることであり，その実例を歴史の中に見いだした．ただし，蔡温と蕃山が向き合う風土ないし水土は大きく異なるため，その内容は同一ではない．この違いこそ，沖縄で蔡温の時代を究明する大きな意義である．

　蔡温（1682-1761：具志頭親方文若（ぐしちゃんおやかたぶんじゃく））が活躍した18世紀初頭，琉球列島は深刻な自然資源の劣化という問題に直面しており，資源管理が喫緊の政策課題となっていた．蔡温は，多岐にわたる資源管理政策を展開しており，筆者はこれまで制度と技術の両面からこれを検討・整理してきた［三輪 2011］．蔡温の陸域における資源管理政策については，多くの史料が残されているため，ある程度

までこれらを整理していくことは可能であったが，海域の資源管理に関する問題は棚上げせざるを得なかった．最大の問題は，蔡温自身が漁撈活動を重視しておらず，具体的な施策を展開した形跡が見えてこなかった点にある．

しかしながら，乾隆検地を経て作成されたとされる「薩摩藩調整図」には，間切ごとの「山方切」と「海方切」の境界線が描かれている［琉球国絵図史料編集員会 1992：135-42］．「山方切」は，後述する杣山分割政策によって定められた，当時の間切や村が管理する山林の区域である．これと対を成す「海方切」が海域の資源管理に関係していた可能性は極めて高いと思われるが，一般的な沿岸集落の漁業実態に関する研究は「低調」［豊見山 2006：174］であり，海方切はあまり多くのことはわかっていない．しかしながら，村の自治的な取り決めとされる内法や宮古地域などの事例を通じて，蔡温の資源管理とこの「海方切」を関係づけて検討することは，限定的な地域事例という条件付きながら可能である．

本章では，次節にて蔡温の資源管理政策の根幹をなす領国内の境界画定事業と，これに連動して実施された杣山分割制度について概観し，第2節では，「海方切」とはいかなる制度であったのか，①地域社会の慣習，②為政者の認識，③設置の目的の検討から明らかにする．第3節では，①蔡温の資源管理政策の要諦である「抱護」・「地面格護」から海方切の具体的な施策の意味を検討し，宮古地域の②「海垣」の造成・維持管理の過程，③「魚垣」の所有関係から，海方切と海垣の関係を検討する．最後に，近世の海域の資源管理政策を整理する．

1 蔡温の資源管理政策

資源劣化が進行する琉球王国の経営に乗り出した蔡温は，徹底的な資源管理政策を推進することになる．その根幹ともいえる事業が国内の境界画定作業であった．まず，陸域の様子を概観しておこう．

(1) 乾隆（元文）検地　国土の測量と方切

1737年から1750年の14年間に及ぶ乾隆検地は国家的大事業であった．大和社会における太閤検地は領国内の2割にも満たない農地に対して実施されたものであるが，蔡温による乾隆検地は，農地のみならず，川筋や原野，山林にいた

る領国内の主要な土地に対して非常に周密な測量が実施されている．その結果は「竿入帳(さおいれちょう)」として記録され，2653冊の竿入帳が存在したという[2]．現在，その多くの資料は消失してしまっているが，『伊平屋島杣山竿入帳』(1746) などからその様子を知ることができる[3]．乾隆検地は，『大支配方申渡条々』(1737) の公布によって始まるが，その2項目に次のように記されている．

> 一，諸間切，諸島，山野の差し分けこれなく候間，この度見分けとげ山敷・野敷差し分け針竿仕付け置き申すべきこと（後略）［田里 2005：484］．

その結果によれば，領国内の杣山の総面積は9万5204.6町歩，内国頭地方が47％，石垣島・西表島などからなる八重山地方が44％となっている［仲吉1904：3］．これに連動する形で，後の時代まで大きな影響を与えることとなった杣山分割が行われた．

（2）杣山分割政策（山方切）

1737年に公布された『山奉行所規模帳(きもちょう)』(1737)[4]において，次のような指示が行われた．

> 一，此中大材木御用之砌は，恩納・名護・羽地，三ケ間切，金武・久志・本部，三ケ間切，今帰仁，大宜味・国頭，三ケ間切宛組合にて，取調候故，何れも模合山之筋に相心得，樹木大切に不存……向後一ケ間切宛，各山持切にして，御用木取調候模に申付候，此旨堅相守各山大切に可相心得旨可申渡事［崎浜 1984：226-227，傍点引用者］．

境界が明確でない「模合山之筋(もあい)」＝オープン・アクセスに近い状態の山林利用が，無計画な林道の切開けや長期間の山中への滞在を許し，樹木を粗略に扱う原因となっていると観ていた蔡温は，山林の間切ごとの分割管理を指示している．広大な面積を擁する北部の間切では，その管理に遺漏が認められるとして，更に分割して間切内各村の管理区を定めていった［仲吉 1904：22］．その結果，現在の読谷村・うるま市より北の森林資源が豊富な地域では，村（現在の字）が，それより南の地域では主に間切が管理組織となって，集落内の森林を管理・利用してきた．このようなムラ単位の管理が，現在の共同体管理の枠組みを与え，後代まで集落と森林との強い紐帯，愛護の観念が継受されていく契

機となったものもあろう.

　琉球列島の山野利用は，従来「間切模合山」や「村々模合持山」など，複数の間切や村による共同所持・利用であったが，杣山分割政策によって，一村だけで所持・利用する「一村所持」「一村所持一村構利用」などの「近世的林野利用」への「近世的再編成」［仲間 1990：126］が行われた．「一村所持」は，1つのムラ＝共同体が排他的に山林を所有し，利用する形態であり，現在の入会権で説明するところの「共有の性質を有する入会権」に相当する．「構利用」とは，「ある村所持の山に，他村が御用木を仕立てて管理している状態」［同：126］であり，一村構利用と数村構利用の2つの型がある．これは，「共有の性質を有しない入会権」に相当し，「所持」と「利用」が切り分けられている．この構利用は，王府の用木調達に目的を限定した上で，各村々の林野利用・管理の不均衡を調整するために，杣山分割政策以後に新たに設けられた仕組みであった．

　この杣山分割は，管理主体の明確化と，その主体となるムラが収益及び管理を行う林野の境界を画定する「山方切」であり，現在の沖縄の入会慣行の土台を形作る重要な契機であった．

2　海方切とは何か

　山方切＝杣山分割のような陸域の資源管理制度が，海域においても成立し，機能していたのか．管見のかぎりこれまであまり多くのことはわかっていない．しかしながら，サンゴ礁・イノーが発達した沿岸地域では，古来より海洋資源に依拠した生活様式があり，王府の勧農政策が強化されてもなお，沿岸住民と海との関わりは絶えることがなかった［豊見山 2006：176-178］．当時の地先の海に関する共同体の慣習と王府の政策との関係からこの点を検討してみたい．

（1）海方切の慣習と地先住民の認識

　沖縄県の吏員であった仲吉朝助は，明治漁業法制定後，沖縄県にこれを適用する段階において，沖縄県に「漁場処分意見」(1903) を提出している．ここで「本県各間切島は古来其地先海を自己の所有の如く心得て殆ど之を占有し他所轄人民は相当の報償を払うにあらざれば漁業を営むことを許さざるは一般の慣

例なり」，「置県前に於ける地先海と間切，島の関係以上の如くなりしを以て各間切，島が各々其海方切を厳守して他の入漁を拒むに至りしは寧ろ当然の行為なりと謂うべし」［沖縄県農林水産行政史編集委員会 1983：513-514］として，間切や島（シマ＝部落）が各地先の海を独占的に使用していた王府時代からの「慣例」が明治後期においても継続している状況を示している．この各間切や島が「自己の所有の如く」地先の海面を占有してきた根拠が「海方切」にあったという点に注目したい．

「海方切」は，1719年に設定されたといわれているが，正確なところはわからない．一般的に「1719（尚敬7）年に王府が定めた沿海村落の占有する海面で，村海または部落海ともいう」［沖縄大百科事典刊行事務局 1983：317］と説明される．前述のとおり，乾隆検地後の「薩摩藩調整図」に記載されていることから，蔡温の活躍した時代に確立した制度と考えられる．その具体的な取り決め内容を，玉城間切の各村内法（村レベルに適用される法）にみてみよう．

　「第三十二条　海方切内に於て他間切の者は漁業致候者舟網道具等引揚科金壱円以上弐円以下申付以後此所に於て漁業不致段証文差出せ候て其舟網道具は差帰し候事」
　「第三十三条　他間切の者当海に於て鮪貝類又は鬼甕取得候者は捕付直に其の本住の村役場番所へ引渡科金四十銭徴収候事」［玉城村史編集委員会 2006：432］．

海方切内において，他間切の者が漁業をしたならば，舟・網・道具などを引き揚げ，科金1円以上2円以下を申し付け，以後，ここで漁業をしない旨の証文を差し出させて，その舟・網・道具は差し帰すこと（32条）．他間切の者がこの海において，鮪貝類または鬼甕〔海亀〕をとった者は捕え付け，直にその本住の村役場番所へ引き渡し，科金四十銭を徴収すること（33条）との内容である．同様の内容は，「沖縄県旧慣地方制度」の「島尻，中頭，国頭，離島」の内法の項にも記されている［琉球政府 1968：134］（ただし「鬼甕」の禁止はない）．本部間切の各村内法では，海方切という用語は使われていないものの，「各村地界限リ沖干瀬内区域ト被定置候海中」より他の間切の者が魚や貝類，海藻を採った場合の科金などが定められ，兼城間切の各村内法では，3つの村が1年ごとに「所持」する形態を採るなど，独自の地先の海域管理が定められている．

□本部間切各村内法
第百五条　各村地界限リ沖干瀬内区域ト被定置候海中ヨリ他村他間切之者魚ヲ採捕又ハ貝類其外海藻取ル者ハ壱度ニ付科銭拾貫文宛申付自然其科銭不納スル者ハ証文ヲ入サセ其村役場番所ヘ引渡シ科銭徴収方依頼候事［琉球政府 1965：457］

□兼城間切各村内法
第廿九条　当村海ハ南中西海ヲ三ツニ分ケ西村仲村新島村壱ケ年廻リヲ以テ所持シカツ魚寄集ルトキハ各所持海ヨリ収獲スルモノトス若自分所持海外ヨリ取獲スルモノ所得高ノ魚代価壱倍程科銭徴収候［琉球政府 1965：268］

　このような内法は，一部は近代社会の影響を受けていると考えられるものの，沿海利用や海産物については，内法という間切や村レベルのいわば自治的な慣習に任されており，王府時代の沿岸利用並びに沖縄県設置後の沿海資源利用の一端をみることができる．
　玉城間切の奥武村は，かねてより王府や地頭に海雑物を納める慣行があり，「奥武村日誌」には，「当村は，海雑物の御用を勤めてきているので，海の守護は特別に念を入れなくてはならないと，以前から海番人を立て，きびしく監視してきた．『方切』内を荒らすような行為があったならば，そのまま許しておくわけにはいかない」［沖縄県農林水産行政史編集委員会 1983：514, 意訳］，との記述が残されており，地先漁場に対する集落レベルの強い管理意識をうかがうことができる．

（2）海方切の政策と王府側の認識
　王府側の対応・認識をみると，帳当座は，「海方切差し分け下され候ついては，地方同然の事候ゆえ，御取り揚げこれ無く候」［沖縄県農林水産行政史編集委員会 1983：514］と集落の地先に対する占有を擁護している．「地方同然」，陸上の土地同様のものと認識されている点は興味深い．さらに，糸満漁民と沿岸集落との関係及び王府の方針をみるうえで琉球資料37（吝文）に収められた「糸満村之事」は重要な示唆を与えてくれる［那覇市企画部文化振興課 1991：312］．糸満村は農地が狭いため，「漁猟」にて生計をたてており，諸浦・島々での漁撈活動を許可してほしい旨の願い出が去る丑年に出された．これに対して，糸満村の役人に許可証を発行させ，漁民は漁撈を行う村の役人に「裏書

き」を書かせて持ち帰るという管理方法を採って許可してきた．

「ただし，地先の海面には，村々の『方切』が設定されているので，よそ者は律儀（実直）に対応し，勝手なふるまいをしないようにと命じてきた．ところが，最近では糸満漁民の勝手な行為が目立つため，各地から漁撈行為の停止を求める訴えが出されている．そのような事情から諸浦や島々での糸満漁民の活動を一切停止するのが筋であるが，彼らは『他借方』（借金）で渡世する他ない．そのため，とりあえず全面停止にはせず，今後は以前に布達した通り律儀に対応すべきこと，さらに村々に対して漁撈活動への礼物をそれ相応に納め，和談の上で漁を行うようにすべきこととする．もし，それでも粗忽な行為が止まず地元の村々から訴えがあった場合には，即座に漁撈活動を停止するものとする」［豊見山 2006：180-181］．

以上から，王府は条件付きで糸満漁民の漁撈活動を容認してはいるものの，海方切を根拠とする地先住民に対して大きな配慮が払われていたことがうかがえる．糸満と奥武の漁場をめぐる争いにおいても，海方切をもって地先集落の権限を保護する裁定が下されており，王府は，「『方切』（海方切）は琉球国全体にかかる『御法様』（重要な法）……」［豊見山 2006：189］と認識していた．

（3）海方切の設置目的
　以上のように，海方切は実質的に日本社会の「一村専用漁場」に近い地先集落の排他的漁場管理の性格を有していた．しかしながら，その設置の目的が当初から沿岸集落の地先に対する支配権（一種の共同漁業権）の保護にあったかは，検討を要する．
　仲吉朝助によれば，「抑も琉球政庁は清の康熙五十八年に海方切なるものを定めて沿海地方に対して其所管すべき海面の区域を示指したり……．而して所管海方切に関して地先間切，村が施設したる事項の主なるものは左の如し」として，①「浦廻（うらまわり）」という吏員の配置と「寄物（よりもの）」の報告，②海方切内の海面を航行する船舶の保護（引船差出），③官庁及び地頭に対する海雑物（うみぞうもの）（採取した漁獲物）納付，をあげている［沖縄県農林水産行政史編集委員会 1983：514］．つまり，この3点の義務を間切・島・村に負担させるための区域として海方切は設置され，その見返り・代償としてその方切内の漁場に対する占有が許されてきた，との指摘である．

「漁場処分意見」における仲吉の主張は，「一般の間切，島の海方切は海事事務の区域に過ぎずして昔時漁業権の原因たりし事実消滅したるを以て単に海方切の存在する理由のみを以て漁業権を主張するを得ず」[ibid. 2006 : 514] として，間切や村，島の海方切という慣習に基づく漁業権を否定することにある．この見解の是非はさておき，ここでは，海方切が単に前記3点の「海事事務の区域」にすぎなかった，という点について検討しておきたい．

3　海方切と海垣

　海方切が，先述のとおり王国内の境界画定作業と前後して成立しているという時代背景を考えると，山方切と同様，資源の共同体管理というこの時代の大きな変革と全く無縁であったとは考えにくい．歴史家の豊見山和行は，那覇港内の漁場紛争の事例から，「(乾隆検地は) 陸地の測量だけでなく，海面に対しても間切境界を明確にする作業を実施していたのである．海方切を明確にし，法的に『方切帳』『絵図帳』によって修正・認定していた点に，この検地の特徴があると言えよう」[豊見山 2006 : 190] と指摘している．豊見山の指摘どおり，乾隆検地と海方切が連動していたことは間違いないと思われるが，問題はこの境界画定によって，王府は地域社会に何を管理させようとしていたのか，海方切における具体的な資源管理の対象は何か，という点である．

　仲吉の指摘にある，浦廻による「寄物」の監視・報告は，その1つであろう．たとえば竜涎香は「龍糞」「鯨糞」などと呼ばれ，極めて貴重な資源であり，史料にも多く登場する．しかし，王府が海方切を設置して地域社会に管理させようとした対象が「寄物」だけだったとは考えにくい．改めて，蔡温の「抱護」思想と「地面格護」の技術から海方切について検討してみたい．

(1) 蔡温の「抱護」と「地面格護」
　杣山管理の一貫した思想的基盤となる「抱護」は，『杣山法式帳』において，以下のように説明されている．

　　一，左右高山にて，其間底地之平に有之候所は，澗地と申候．亦嶺地之前に向居候高山は，対峙と申候．嶺地之後に有之候高山は，祖山と申候．左右山之高く同様にして相向候は相対峙と申候．亦山気之不洩

様，諸山之相囲候を抱護と申候．亦抱護左右之手先にて，衣裳之領を打合候様に入違候所を，抱護之閇と申候事［崎浜 1984：213．傍点引用者］．

　すなわち，「気」が生じ，充満する谷筋を取り囲む山々が「抱護」であり，その出口部が「抱護の閇」である．現在でも各地の防風林が「ホーグ」ないし「ポーグ」と呼ばれているのはこの名残である．そして，杣山の衰微する原因は，その盛衰の気脈である抱護閉口を伐採や火入れによって開いてしまい，山気が漏れているためだとして，その管理の徹底を指示している．

　抱護の目的は「気」を漏らさないことにある．したがって，林地の湿度や温度の調整，栄養分の流出抑制等を含意していたものと推測されるが，同時に台風と冬季の北風という琉球列島特有の気象条件のもとで，風と潮の対策が営林上の要諦と認識されていたことも重要である．抱護は，内の気を漏らさないための囲いであると同時に，外の害から内を守るための囲いでもあるという両義性を持っている点に留意しておきたい．

　抱護を形成する理想的な地形が存在しない場合には，植林によってこれを補うことができるとされた．抱護の思想は，屋敷や畑，集落，島そのものの保全にも援用され，それらを囲繞する抱護林が整備された[10]．仲間勇栄は多良間島の「抱護」の由来を次のように説明している．

「多良間島の村抱護（抱護林という呼び方は明治以降）は，1742年に，当時の宮古平良の頭職であった白川氏恵通が，首里王府の三司官・蔡温に命じられて造成した，と伝えられている．そのときに各島々・村々に風水思想にもとづいて，村垣，海垣などの抱護林，御嶽林などが仕立てられている．海垣＝潮垣と称して，海岸域にアダンなどが植えられたのも，このころである」［仲間 2003：12］．

　この抱護が在地社会においてどのように受容され，実現してきたのか，内法を通じてみておきたい．

　　羽地間切各村内法
　第26条　村抱護並屋敷囲明間の処は成合の樹木植付させ候様下知方の事
　第27条　潮垣明間の処は土用の節アダン植付方入念させ候事
　［琉球政府 1965：420］

同様の規定は，今帰仁間切各村内法では同じ26-27条［同436］，本部間切各村内法では24-25条［同451］に置かれ，伊江島各村内法第22条［同462］には独自の規定が定められている。[11]

次に，「地面格護」についてみておこう．地面格護は土壌保全といった意味であるが，蔡温の『農務帳』(1734)の冒頭に記されている．そこには次のような条項がある．

> 一，海辺にアダン植付，風波を防ぎ，作物の痛無之様に可仕置事［崎浜 1984：197］．

この海辺へのアダン植付けの指示は，後の「海垣」の造成・維持管理が政策として施行される根拠となっていた可能性が高い．地面格護の条項は，「イフ(滓泥)を田畑に戻す」指示など，一貫して土壌や栄養分を下流に流さず陸域に留める技法の指示となっているが，この項目のように「風波を防ぐ」といった側面も有しており，抱護思想との深い共通性をみることができる．以上から，蔡温の資源管理政策の要諦である抱護や地面格護の一環として，「海垣」または「潮垣」の整備が重視されてきたことがわかる．次に宮古・伊良部島の事例から，この「海垣」が整備された過程を概観してみよう．

(2) 海垣と海方切

『富川親方農務規模帳』(1873)などの蔡温以後に出された農務関係の文書は，蔡温の『農務帳』の内容が引き継がれつつ，地域の風土・実情にあわせてカスタマイズされたものとなっている．蔡温の『農務帳』の冒頭は，「地面格護」すなわち土壌保全の方策が指示されており，「地割」についての指示からはじまる．一方，富川親方版では，宮古島などの琉球石灰岩土壌で，山地がなく河川が発達していない低島地域の地理的特異性への対応として，暴風対策としての「垣」に関する次のような指示が冒頭に置かれている．

> 土壌保全(地面格護)のこと
> 宮古島は平坦な島であるため，大風の時は四方から風が吹き渡り，作物の被害がはなはだ多いのだが，その保全対策がなされていない．海垣・畠垣・山野の垣など隙間が多く，また開墾し作物を植えている所もあり，甚だ良くない．右のような場所は早々に閉じるよう，樹木やアダンなどを植

え付けて風波を防ぎ作物が傷まないよう心がけよ［稲村 1977：256, 意訳］.

ここで, 風害対策として指示されている「海垣・畠垣・山野の垣」とは, 前記のとおり樹木によって島の海岸線, 畠, 山野境界を囲む植栽のことである. これがどのように形成され, 維持されてきたかを知る重要な手がかりが, これより約1世紀さかのぼる『与世山親方宮古島規模帳』(1767) に記されている. この148-150条に, 次のような伊良部島の「海垣」の管理が指示されている.

148 一. 佐和田村北の白鳥崎というところに有る潮吹目については, 北風や大風の時に潮が高く吹き上がり, 農作物の被害が大きい. この潮吹目を塞げば近くの耕作できずに放置している場所も畠作ができ, 将来のためでもあるから, 急ぎここを塞がせるよう申し渡すべき事.

149 一. この白鳥崎の北辺の海岸際は「海垣」が無くなっている. 本来はアダンの生い茂る所を焼失し, またその他アダン山の耕作できない所まで焼いたままにしていることは非常に宜しくない. アダンは御用物等にもなるので, 海垣は急ぎアダンを植え付け, その他の場所も見合わせて植え付けて繁茂させ, 今後はその保全を入念にするよう堅く申し渡すべき事.

150 一. 伊良部島の海垣は, 5ヶ村の共有 (惣構) となっているため境界が無く管理されていない. また, 池間島の池間・前里村もこの地で耕作しているため, 以下のように (構の) 区画を定める. 各所轄の海垣の保全を入念にするよう申し渡すべき事.
　　一. まきや泊よりさらか泊迄三千三百拾壱間　　伊良部村
　　一. さらか泊より下地東崎迄三千弐百八拾八間　　仲地村
　　一. 下地東崎より不か浜迄弐千七百三拾弐間　　国仲村
　　一. 不か浜より佐和田村前船家迄三千弐百七拾壱間　　長浜村
　　一. 佐和田村前船家より竹平迄三千三百三拾壱間　　佐和田村
　　一. 竹平より鯖沖迄千四百五拾四間　　前里村
　　一. 鯖沖よりまきや泊迄千四百三拾三間　　池間村

［平良市市史編さん委員会 1981：626, 意訳］

伊良部島の「海垣」が (焼明けなどにより) 消失しているため, 急ぎアダンを

植え付け，今後入念に保全するようにとの指示である．150条では池間の池間・前里村を含む7カ村に，海岸線を区分けして所管区域を定め，伊良部・下地島を囲繞する「海垣」を入念に保全＝「格護」するよう申しつけている．「海垣」はすなわち防風・防潮林のことで，特に「アダン」による防風・防潮林造成・保全となっている．この格護する構区域の割当てこそ，海方切の区画を示しているとは考えられないだろうか．

『与世山親方宮古島規模帳』は，蔡温の一連の改革が各地域社会へ及ぶ初期段階の重要な令達である．当時，蔡温が構想していた資源管理政策との関係から，海垣を造成・維持する仕組みとして海方切が設置された，あるいは以前から成立していたこの制度が利用されたという可能性は排除できない．

(3) 魚垣の所有と海方切

この区域割当に関して，同じ伊良部島の「魚垣」の所有に関する事例は大きな示唆を与えてくれる．沖縄では一般的に「ウオガキ」「ナガキ」「カキ」などと称される「魚垣」は，人類学用語では「石干見」と呼ばれ，半円形ないし馬蹄形に積まれた石垣の内部に干潮時に取り残された魚類等を採捕するシンプルな定置漁具（石製の梁の一種）である．この半世紀で，国内の石干見の多くは放棄され，消滅の途を辿ってきた．その中で，沖縄県宮古島市の伊良部島と下地島の間に広がる佐和田の浜に，今なお奇跡的に利用・維持されている石干見が現存している．

地元伊良部島の長浜地区では「カツ」と呼ぶ（以後，現地の呼び方に倣い「カツ」と表記する）．カツには「ヌシ」と呼ばれる所有者がおり，このカツのヌシは長浜地区に居住するTさん（80歳）とそのご家族である．Tさんのカツは「ツドゥリャー・ヌ・カツ」と呼ばれており，佐和田の浜に発達した珊瑚礁に囲まれたイノーの西端に位置している．

この佐和田の浜には，元々7基のカツがあったと言われている（1962年米軍撮影の航空写真ではさらに多くの痕跡が確認できる）．これらのカツは，いずれも長浜地区の住民が所有している．隣接する佐和田地区は，漁で生計を立ててきた人も多く，この佐和田の浜へのアクセスは長浜地区よりも近いにもかかわらず，カツを所有していない．一般的に，カツは農民の漁法であり，専門的に漁業を営む漁民は船を使って沖合で漁を行うため，カツを使用しない．そのため，農業集落である長浜地区がカツを所有している，との説明が行われているが，そ

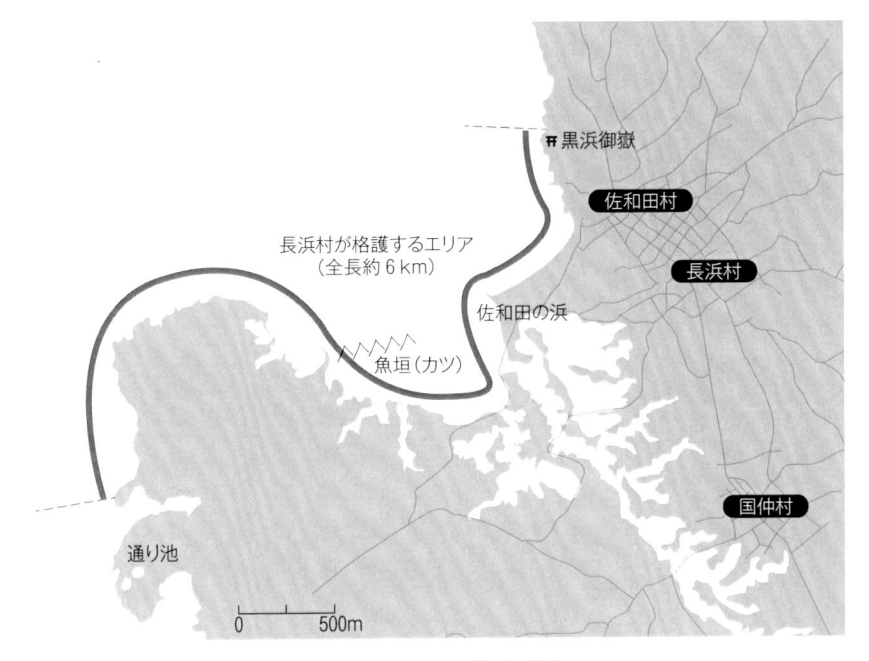

図5-1 カツと集落配置図
（出所）国土地理院の電子国土Webシステムの地図データを基に作成.

の事実関係は明らかではない．

　カツを歴史的な文脈で捉えるならば，王府時代に海雑物，あるいは役人の「所望」に応じるため，村々は常に魚介類を確保しておく必要があった．その1つの方策が魚垣だったという可能性が有力である．定置漁具としてのみならず一種の「生け簀」として魚垣が使用されていたとも考えられる．

　仮に，魚垣の設置が海方切によって保障された村落の海面利用権利の1つであり，その対価として，海雑物の安定的な供出や寄物の監視，そして海垣の維持管理といった義務を負っていたと仮定すれば，なぜ，佐和田の浜のカツは，長浜地区住民だけが所有しているのか（佐和田地区住民はなぜ誰1人この権利を有していないのか），という疑問に対して1つの回答が与えられる．かつて長浜村に割り当てられた海垣を格護するエリアは「ほか浜より佐和田村前船家迄　三千弐百七拾一間」である．この地名が現在のどこにあたるか特定出来ていないが，「佐和田村前船家」を黒浜御嶽付近とすれば，海岸沿いに3271間＝約6km下地島方面に移動すると，佐和田の浜を越え，通り池付近が「ほか浜」とな

る.すなわち,佐和田の浜は長浜村の海方切の区域となり,海方切の区画＝地先の海産物に対する占有権を行使できる区域であると同時に,海垣の格護割当区域,という仮説を補強することになる.

おわりに

為政者と住民双方にとって耕作地(あるいは屋敷や集落)の保全上,防風・防潮林の維持管理は極めて重要な施策であった(当然ながら琉球列島内においても島ごとに高島と低島といった地理的な特性があるため,その重要度には差が出ている).沖縄本島北部の沿岸村落の内法や宮古島の規模帳などからは,沿岸村落はアダンの植栽によって海垣・潮垣を維持管理してきた事実が明らかとなった(ここでは「村抱護」や「屋敷抱護」にならい,「浜抱護」と呼ぶ).農務帳(1734)の記述などからも,この海垣が,蔡温の資源管理政策の一環であったことに疑問の余地はない.そして,山方切同様,その保全管理(格護)を在地の社会組織に担わせる仕組みが必要であった.

沿岸村落には,浦廻(寄物報告),引船差出,海雑物の納付といった義務が課せられていた.本章は,これらの海事事務に加え,「浜抱護」すなわち海垣の維持管理を沿岸村落が担う所管区分として,海方切は設置,あるいは利用された,という仮説を提示するものである.現段階では,限定的な地域事例と歴史的状況からの推論にすぎず,今後より多くの検証が必要であるが,次の2つの理由から,蔡温の時代の海域の資源管理政策の一環として海方切を捉え直す議論が必要であると考えている.

1つは,住民の権利にかかわる問題である.山方切を契機とする慣習が,今日の入会権の歴史的根拠となっているように,海方切は,いわゆる「地先権」の慣習となっており,共同漁業権の問題とかかわる重要な側面を有している.仮に海垣の管理が地先住民の義務の1つであれば,仲吉朝助の主張に一石を投じることとなる.

もう1つは,琉球列島の物質循環モデルの提示という意義である.

非常に粗略な要約が許されるならば,蔡温の資源管理政策は,海域への物質(土壌・栄養分)流下をいかに緩やかに陸域に留めるか,という点に集約される.その中で産み出された「抱護」の思想は,山方切・海方切による共同体管理体制の整備と,土壌「格護」や河川の「水道の法」といった技術へと結実し

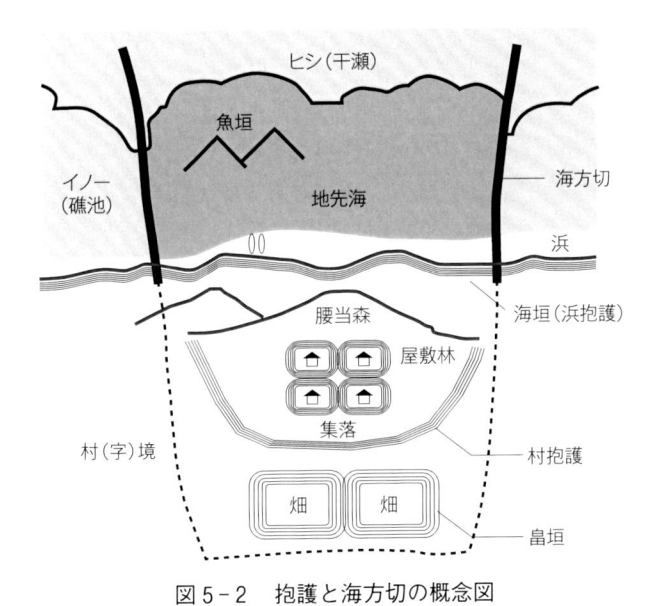

図5-2 抱護と海方切の概念図
(出所) 上田 [2006：199]「地先海のモデル」図を基に作成.

ていった．浜抱護＝海垣は陸と海を繋ぐ重要な結節点である．

　陸域の栄養が海域に流れ込むことによって豊かな漁場が育まれ，そのフィードバックによって陸域もまた潤うという温帯の循環システムと，琉球列島のような熱帯・亜熱帯地域におけるそれを同列に考えることはできない．宮古島北方の八重干瀬に象徴される豊かなサンゴ礁は，一定の水温・光量・塩分濃度があれば陸域からの栄養供給がない貧栄養状態において豊かな生態系を維持している［田中 2012］．そのため，沿岸海域の生態系を良好に保つためには，可能な限り海域に土壌を流さず，富栄養化させないよう，陸域に有機物を留めおくコントロールが必要となる．蔡温によって体系化された資源管理技術は，地面格護や人為的に抱護を構築することでこの要求を満たしていた．勧農政策を強力に推進した蔡温が，海洋環境の保全を意識していたかは不明だが，結果的にこれらの資源管理が，陸域（森林と耕作地）の保全策であったと同時に，有効なサンゴ礁生態系保全策となっていた．

　今日でも，多良間島には見事な海垣や村抱護，屋敷・畑の垣が残されている．これらは単に残されたのではなく，絶え間なく植林を続けてきた地域住民の積極的な努力の結果である．このような「抱護の共同体管理」は，琉球列島

の物質循環モデルを構成する重要な要素であり，現在の環境問題を考える上で重要な示唆を与えてくれる．

補足　蔡温（1682-1761：具志頭親方文若）の事跡

　蔡温（1682-1761：具志頭親方文若）は，薩摩の琉球侵攻から73年後，久米三十六姓の末裔として久米村（現在の那覇市久米）に生まれる．その才能は早くから認められ，1708年，27歳の蔡温は通事役として福州の琉球館に赴任する．ここで習得した「（風水）地理」が後の治山治水の実学及国家経営の思想の礎を築いたとされているが，蔡温自信は，『自叙伝』の中で，「湖広の隠者」と運命的な出会いを果たし，「人間実理実用の道」を伝授されたとするエピソードに多くの紙面を割いている．

　1726年，蔡温の統率で琉球史上初めて国王が北部山岳地帯を巡視．随員は総勢300人を超え王城を空にしたといわれる規模であった．1728年，47歳で三司官となる．

　1734年，琉球の土地制度改革の先触れとなる『農務帳』を公布，翌1735年には大雨被害の報告を受けて，国内最大の穀倉地帯である羽地大川の改修事業に着手する．延べ10万人以上が動員［崎浜1984：305］されたこの国家的大事業を，蔡温は後の検地のための竿入れの測量技術，決川の法による土木技術，杣山管理における地形の見方等の訓練に活用した．3カ月でこの大事業を終えると，各間切の杣山の経理，すなわち山奉行を各地区に配置して杣山管理体制の確立に着手する．

　翌1736年11月から物奉行・高奉行などの高官，尚敬王の弟の北谷王子，後の乾隆検地を担う識名親方等を率いて杣山巡視に出発する．5カ月間におよぶ巡視を終えて1737年3月に首里に戻ると，直ちに『杣山法式帳』及び『山奉行所規模帳』を公布している．この二文書が杣山制度の基盤となる．9月には向後14年間にわたって実施される乾隆検地を『大御支配方へ申渡条々』の公布によってスタートさせる．

　琉球王国正史『球陽』の編纂等を終え，再び物奉行安里親方等を率いて杣山巡視を実施するのは1747年8月，蔡温66歳の時である．9月には『杣山法式仕次』及び『樹木播植方法』を公布，5カ月間にわたる杣山巡視を行った後，『就杣山惣計条々』が公布される．1750年には識名親方を中心に実施されていた検地が完了，翌1751年には『山奉行所公事帳』，『山奉行所規模仕次帳』が公布される．これらの文書は，後に明治期の官僚が『林政八書』として復刻させ，沖縄の林政の指針とされた．翌1752年，尚敬王の死去に伴い三司官の役職を辞する．

注

1）『大支配方申渡条々』は，1737年9月に蔡温ら評定所から大支配奉行宛に出された文書であるが，その目的を冒頭に次のように記している．

　　一，御当国御検地のほど久しくまかりなり農夫とも地面忘却いたしまかりあり候につきてこの節検地の儀，慶長検地帳面をもっていちいち地面引当て糺し候てはとてもまかりなりまじく候間，当国開きおき候現地面の表，竿入れ百姓地・地頭地・オエカ地・請地・仕明地，平等に配当仕るべきこと［田里 2005：484］．

2）竿入帳は,「田畑竿入帳」「山野針竿帳」「田畑屋敷山野針竿帳」「惣方切並宿道針竿帳」「印土手帳」等の種類があった［琉球政府 1968：212］.
3）田里［2000］において『伊平屋島竿入帳』の詳細な資料をみることができる.
4）『杣山法式帳』と同じく,評定所の識名親方・具志頭親方（蔡温）・伊江親方・北谷王より山奉行に宛てられた行政文書.
5）民法263条に規定される共有入会権.
6）民法294条に規定される地役入会権.
7）多くの論文や研究書で「海方切は1719年の開始」と記されているが,1903年仲吉朝助「漁場処分意見」がその最初と思われ,これをもとに後世の研究者は「海方切は1719年の開始」説を展開してきた.しかし,同書には史料の根拠は示されていない.
8）「琉球資料」は京都大学文学部博物館所蔵の全173巻からなる資料.
9）年代不詳であるが,豊見山和行は,18世紀から19世紀半ばにかけての文書と推定している［豊見山 2006：180］.
10）抱護に関する風水からの論考として,都築［1997］,目崎［1990］などに詳しい.
11）沖縄島周辺では「潮垣」,先島では「海垣」と呼ばれていたようであるが,この使い分けに関しては今後の研究を要する.
12）多良間村塩川集落の記録『字塩川沿革誌』（pp.124-59）には1917-91年までの74年間におよぶ森林資源に関する記録が記されている.「はしがき」には「……耕作によくない所には造林を計劃され,之が実施は字民の奉仕により着々と進捗し,他村に見られない立派な山林が随所に見られるやうになり,此のお陰で防潮防風は勿論,経済的に恵まれ,島民を守ってゐる……」［多良間村史編集委員会 2005：124］と記されている.字の記録のうち,森林資源に関する内容が全体の25.8％を占めることからも,その積極的な植林の状況がうかがえる.

参 考 文 献

伊波普猷［1961］『伊波普猷選集』上巻,沖縄タイムス社.
稲村賢敷［1977］『宮古島旧記並史歌集解』至言社.
宇井純［1991］『谷中村から水俣・三里塚へ』社会評論社.
上田不二夫［2006］「海の利用と漁業権」,新崎盛暉・比嘉政夫・家中茂編『地域の自立シマの力（下）』コモンズ.
沖縄大百科事典刊行事務局編［1983］『沖縄大百科事典』第1巻,沖縄タイムス社.
沖縄県農林水産行政史編集委員会編［1983］『沖縄県農林水産行政史』第17巻,農林統計協会.
佐渡山正吉［2000］「イノーの民俗」『宮古研究』8.
崎浜秀明［1984］『蔡温全集』本邦書籍.
田里修［2000］「伊平屋島杣山竿入帳」『沖縄大学紀要』17.
──［2005］「乾隆大御支配と杣山処分」『科学研究費補助金研究成果報告書：沖縄における近代法の形成と現代における法的諸問題（代表：田里修）』.
田中泰章［2012］「造礁サンゴの栄養塩利用と生態生理学的影響」『海の研究（Oceanography

in Japan)』21(4).
玉城村史編集委員会［2006］『玉城村史』第8巻, 玉城村.
多良間村史編集委員会編［2005］「字塩川沿革誌（1951）」『多良間村史』第3巻・資料編2, 多良間村.
豊見山和行［2006］「漁撈・海運・商活動――海面利用をめぐる海人と陸人の琉球史――」, 新崎盛暉・比嘉政夫・家中茂編『地域の自立　シマの力（下）』コモンズ.
都築晶子［1997］「蔡温の造林法について――風水と技術――」『東洋史苑』（龍谷大学東洋史学研究会), 48・49.
仲間勇栄［1990］「杣山と村落共同体」琉球新報社編『新琉球史（近世編)』下, 琉球新報社.
――［2003］「宮古島の森の現在と過去」宮古の自然と文化を考える会『宮古の自然と文化――永続的に繁栄する美しい島々――』新星出版.
仲吉朝助［1904］『杣山制度論』比嘉春潮文庫（沖縄県立図書館所蔵).
――［1983］〔1903］「漁場処分意見」, 沖縄県農林水産行政史編集委員会編『沖縄県農林水産行政史』第17巻, 農林統計協会.
那覇市企画文化振興課編［1991］『那覇市史　資料編』第1巻11（琉球史料下), 那覇市役所.
平良市史編さん委員会［1981］『平良市史』第3巻資料編1, 平良市役所.
三輪大介［2011］「近世の琉球王国の環境劣化と社会的対応――蔡温の資源管理政策――」, 安渓遊地・当山昌直編『奄美沖縄　環境史史料集成』南方新社.
室田武［1991］『水土の経済学――エコロジカル・ライフの思想――』福武書店.
室田武・槌田敦［1989］「開放定常系と生命系――江戸時代の水土思想からみた現代エントロピー論――」, 鶴見和子・川田侃編『内発的発展論』東京大学出版会.
目崎茂和［1990］「風水・風土・水土」窪徳忠編『沖縄の風水』平河出版社.
琉球国絵図史料編集委員会［1992］『琉球国絵図史料集　第一集――正保国絵図及び関連史料』沖縄県教育委員会.
琉球政府［1965］『沖縄県史』第14巻　資料編. 4　雑纂　1, 琉球政府.
――［1968］『沖縄県史』第21巻資料編11（旧慣調査資料), 琉球政府.

第Ⅲ部　コモンズの再生・創造

―― 現実と理論の相克 ――

(撮影：三俣　学)

第6章

海を創る，森を創る
──漁民の森づくりと地域管理──

はじめに

　すべての経済活動は，自然資源から切り離して存在できない．財や交換価値は自然資源を利用することから生まれる．しかしながら，現代の先進国における生活では，自然資源と経済活動のつながりが希薄に感じられることがある．グローバル経済は，原料から製品・サービスが消費者の手元に届くまでの一連の工程，すなわちサプライチェーンが地域を超え，国境を超えてつながることを可能にした．このため，社会―経済系と自然―生態系のスケールのギャップが生じている．

　農林水産業は自然と強くかかわって成立する産業である．しかし，たとえば現代の漁業では，魚は食料として捕獲されているのではなく，換金商品として漁獲されている [Berkes 1985]．世界的に見て，水産物の漁獲量のうち6割以上が輸出向けである一方，世界の漁業対象資源は85％がすでに過剰利用状態にあるとされている [FAO 2012]．これはグローバルなフードチェーンを支える原料として，野生生物である天然魚が濫用されているということでもある．グローバル経済の下では，生産と消費の距離が遠く，消費者が生産者や生産地に対して思いを馳せることは難しい．またグローバル化の進展は，国内事業者の国外進出だけではなく，国内市場の国際化をもたらす．国内市場に他国の産物が自由に流れ込むことから，小規模な生産者は国内や地域内の市場においてすら，効率的な大規模事業者との競合から逃れることができない．

　このようなグローバル経済のあり方に早くから警鐘を鳴らしていたのがエントロピー学派とよばれる経済学者たちである [多辺田 1990]．グローバル経済では，先進国と途上国の格差の問題，強制労働や児童労働などの社会的倫理的問

題など，社会システムに関する問題を多くはらむが，それに加えて，生産と消費の距離が遠ざかり地域の生態系内でサプライチェーンが完結しないことも大きな問題である．たとえば，モロッコのタコ漁業は日本の輸入により拡大した漁業であり，主たる輸入国である日本の需要量が増大すると，資源量が減少することが知られている［Yagi, Ariji and Takahara et.al 2008］．農林水産業は自然を利用する産業であるが，自然を作り出す産業でもある．しかし，農林水産物がグローバル経済の下で単純に商品として取り扱われるようになると，地域内部での農林水産業の衰退が生じ，外部性が損なわれる．現在では，このような問題は農林水産業が持つ多面的機能という形で表現され広く啓発されているが［農林水産省］，早くから生態系の視点を織り込んでグローバル経済の持つ危険性を指摘してきたエントロピー学派の諸説は極めて先駆的であったといえるだろう．

　サプライチェーンのグローバル化が進む中で，農林水産事業者は自らのなりわいと生態系の関係性についてどのように考えているのだろうか．実は日本では漁民の森運動という形で，流域をめぐる生態系の調和を求める動きが顕在化している．そこで，本章ではこのような活動を紹介しその意義について考察を進めたい．

1　漁民の森運動

　漁民の森運動とは，漁民やその団体（漁業協同組合，漁業協同組合連合会を含む），あるいは，漁民と連携した環境団体などが，当該の漁民が漁業を営む沿岸域に流れ込む河川の流域において，植樹を行ったり，下刈りや間伐などの森林管理を行ったりする運動である．1980年代後半に北海道と宮城県で同時的に独立した同種の運動が始まっている［畠山 1994；柳沼 1999］．現在では広く日本の社会一般に認知されており，多くの運動事例を見いだすことができる［海と渚環境美化推進機構 2011］．

　この運動は，日本の農林水産や自然資源利用を考える上で，非常に重要な運動であると筆者は考える．なぜそのように考えるかについて説明したい．

　漁業は営まれる海域によって，沿岸漁業・沖合漁業・遠洋漁業の3種類に区分されるが，特に沿岸域の生態系は流れ込む河川に強い影響を受けて成立している．そのため，沿岸域を漁場とする場合，河川は漁業に強い影響を与える要

素といえる．なかでも，サケ・マスなどの生活史の一部において河川を利用する資源，産卵場や生育場として河口域を利用する資源，海藻類・貝類など固着性の資源を対象とする漁業にとって，河川がもたらす影響は大きい．

だが従来，漁民が川を遡ってその上流部になにかを訴えかけることは少なかった．もちろん，ダムや河口堰の建設など，河川生態を大きく変え，漁業の基盤を揺るがすような問題が生じたときに漁民が行動することはあった［松橋 2008］．しかしそれは，ダムや河口堰に対する反対運動や訴訟という形で現れるのが主であり，いずれも，河川や上流域で起こった出来事への対抗措置として行われていた．つまり，漁民は，河川流域での出来事の結果を受け止めて反応する存在であった．仕方がないと受容する，反対運動を起こすといういずれの行動においても，まず河川流域でなにかが起こり，それに応答する形で漁民の動きが生まれていた．

それに対して，漁民の森運動では，漁民自身が運動の主体として，河川やその上流に位置する森林で植樹を行っている．ここでは漁民は沿岸にいて上流域の帰結を受け止めるという存在から一歩踏み出し，河川やその上流域で自らがアクターとして存在している．

漁民がこのように運動することにはどういう意味があるだろうか．一義的にはもちろん，植樹により森林が形成され，沿岸の森林環境が改善し，より安定した河川生態系が実現することで沿岸資源が豊かになり，なりわいである漁業に正の効果をもたらすことが期待されるだろう．しかし，このような物質的な効果に加えて，漁民が主体となることで，3つの社会的な効果が期待できると考えられる．

まず1つめは，河川管理や流域の森林管理の利害関係者として漁民が自らの存在をアピールしうる点である．これは，利害関係の場に，漁民というアクターを新たに位置づける行為ということもできる．河川は開かれた資源であるため，その受益圏を排除的に設定することは難しく，河川をめぐる利害関係は，流域全体で広く開かれた形で成立する．一方，流域の森林管理とは，流域に対する森林の正の外部性（あるいは多面的機能）を期待して行われる．森林は河川と異なり所有できる財であるが，流域に対する調節機能はやはり排除的に管理できるものではなく，その受益圏は広く流域全体に開かれている．

もちろん植樹をしていなくとも，漁民は流域管理において重要な利害関係者である．しかし，井上真［2004］が「かかわり主義」として示すように，広く

開かれた利害関係がある場合，意見調整の場では「当該関係者がどのような主体的関わりをもっているか」が場の進行に影響をおよぼすことがある．そのため，植樹により自ら一歩を踏み出す漁民は，単なる漁民よりも議論の場でより大きな影響をもつ利害関係者となり得ることが期待できる．また植樹を行うことにより，上流部の利害関係者と何らかの関係性を構築することもできる．そのため，ある特定の利害関係セクターの代表としての漁民ではなく，顔の見える存在として意見調整の場に参加することも可能となる．

次に2つめの効果として共感の効果がある．従来，漁民は反対運動という形で流域の変化に応答してきた．反対運動とは論点となる行為に反対や異議を申し立てるものであり，その行為を支持する者との対立は避けられない．それに比べて，植樹運動では明確な対立を生じることが少ない．そのため，地域内外の関係者にとって，共感しやすい運動であるといえる．また日本では緑化運動という形で，長らく植樹は国家的なキャンペーンとして営まれてきており，環境愛護活動の代表的存在ともいえる．木を植える行為自体が，広く共感を受けやすく他者に批判・否定されにくいという性質をもつのだ．

最後に3つめの効果として，森林から沿岸までの生態系を一体に保全するという価値の可視化と普及である．森林と河川，沿岸がつながって一体的な生態系を形成し，円滑な物質循環が促進されることは自然科学的にはよく知られた知見である．しかし，多くの一般市民は，そのようなつながりに注意を払うことがなかった．ところが，漁民の森運動が始まり，広くそのような活動が普及する中で，このつながりに対する大衆の興味関心が非常に高められた．今では白書などの政府刊行物でも広くこのような概念が提示されている［環境省 2012］．このような普及が可能であったのは，研究者ではなく実際に活動する漁民が主体となったからではないだろうか．

しかしこのような社会的な効果を期待するためには，植樹運動が継続的に取り組まれる必要がある．だが実際には，継続的に取り組むことは難しい状況がある．齋藤［2003］によれば，植樹運動の多くは地盤所有を伴わずに行われている．つまり，運動主体ではない土地所有者に用地の提供を受けて植樹が行われる形である．多くは国有林や公有林が多いようだ．この場合，用地の提供は土地所有者の意向に依存するので，同じ土地で継続的に活動できるとは限らない．植樹後に適切な管理が行われるかどうか，土地利用の意向が変わり伐採・開発されないかどうかなどの点でも必ずしも保証されるわけではない．

全般的にはそのような状況にある中で，いくつかの事例では，漁民団体が地盤を所有し，そこに植樹を行うという形で営まれる植樹がある．この場合，漁民団体は運動主体であるだけではなく，森林所有者でもあるため，より強固な活動基盤を有することができる．同時に，土地／森林を所有することには負担も多く，簡単にできるわけではない．なぜ，漁民団体は土地を所有するのだろうか．そして，そこで植樹を行うことにより，どのような効果が得られているのだろうか．この点について，1つの事例を紹介しながら，考察していきたい．

2　野付漁協の挑戦

　野付漁業協同組合（以下，野付漁協）は北海道野付郡別海町に所在する漁業協同組合である．

　別海町は北海道の根室振興局管内に位置し，オホーツク海に面する人口約1万6000人の町である（図6-1）．町の総面積は1320km^{2}と広大で，そのうち約48％を牧草地が，約39％を林野が占めている．主たる産業は農業と漁業で，2011（平成23）年度の農業生産額は約475億円，漁業生産額は約89億円である［別海町 2012］．農業生産は大半が乳牛飼育によるものであり，漁業生産はサケ・マス類とホタテが中心である．

　町内には別海と野付の2つの漁業協同組合がある．このうち野付漁業協同組合は町の北部に位置する野付半島の根元部分に所在しており，組合員は野付湾やその周辺海域でさまざまな漁業を営んでいる．野付湾は別海町の北からオ

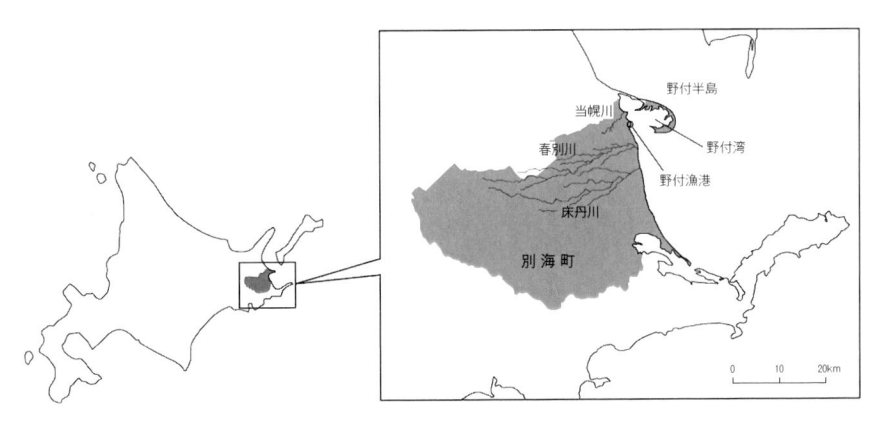

図6-1　別海町の位置及び野付漁港に注ぐ河川

ホーツク海に伸びる野付半島によって形成される湾であるが,湾内にはアマモが生育し,そこを生育場所とするホッカイシマエビの漁業が営まれている.

町の大半は原野を切り開いて開拓された土地であり,別海町の歴史は,酪農開発の歴史でもある.入植の開始は19世紀後半で,このころは東部の漁場開発を目的とした入植が行われていた.20世紀初め頃から,内陸部への入植が始まったが,当初は畑作のための開拓であった.しかし寒冷地のため畑作に適さなかったことから,1920年代頃から酪農開発へと転換が進み,第2次世界大戦後の1956年からは「国営根釧パイロットファーム」により,機械開墾による大規模な開発が行われた.この事業は世界銀行からの融資を受け,国により主導された国家的なプロジェクトであった.本事業やこれに続く「新酪農村事業」により,別海町には国内でも有数の酪農地帯としての産業形成が進んだ［別海町 2003］.

しかし,酪農開発の進展の裏側では河川環境の悪化が進んでいた.牧草地の拡大により河畔林の伐採が進んだことに大きな原因がある.また,別海町管内では火山灰土壌や泥炭層のために水はけが悪かった.そのため排水改良やかんがい,草地造成などの開発が行われたが,それにともなって,土砂や牧畜の糞尿が河川を通じて沿岸に流入することが増え,沿岸環境の悪化が生じたためである.

野付漁協の漁民のインタビューでは,パイロットファーム以降,川の水質汚染が体感して感じられるようになったという声が聞かれた.柳沼［1999］によれば,この当時は道東地区の漁協青年部レベルで抗議活動が盛んに行われ,根釧地区では酪農開発にあたり事前協議の制度が整うようになったとのことである.このような経緯や,野付地区でのインタビューからも,酪農開発を契機として,農民と漁民の間で河川をめぐる環境意識にギャップが生じたことが推察される.

野付漁協では組合として森林を所有し,そこを用地として植樹活動を行ってきた.野付漁協の森林所有と植樹活動の展開について,「土地の取得と植樹活動の開始」,「活動の転換期」,「新しい付加価値の創出」の3段階に分類し,以下,それぞれについて詳述していくことにする.

〈第1段階:土地の取得と植樹活動の開始〉

1989年,互いに独立した2つの出来事が野付漁協で生じる.まず,野付漁協による森林の取得である.この年,野付漁協は,野付湾に流入する河川に隣接

する250 ha の森林を8600万円で取得した．当該地の森林所有者は元々は地区住民であったが，相続により当時の所有者は岩手県盛岡市に在住していた．当時，好景気による土地開発が全国的に盛んであったため，不在地主が河川隣接の土地を所有していることに危機感を覚えた漁協理事会が購入を決意し，漁協自身により交渉が行われたとのことである．ちょうどこのころ，漁獲高が高く漁業が非常に好調であり，1990年には111億円の生産額があった．このような好漁も決定の後押しとなったのではないかと推察される．

しかし，このとき購入した土地にはあまり木が生えていなかった．そのため漁協では，河川環境をよくする目的で，漁業の独自事業として植栽事業に取り組むこととなった．この植栽は，漁協が森林所有者として一般的な造林補助を利用し，別海町森林組合（以下，森林組合）に施業委託するという形で行われている．

同年（1990年），野付漁協婦人部（当時．現在は女性部）が北海道漁協婦人部連絡協議会（道漁婦連，当時）の創立30周年記念行事である「お魚殖やす植樹運動」に，参加団体として取り組みはじめた．婦人部による植樹は，道漁婦連という上部団体の行事の一環として生じたものであり，この段階では漁協による森林取得とは独立した動きであった．当時の婦人部関係者のインタビューによれば，「全道で決まったものの，どうしようどうしようと相談した結果，野付の組合を通じて町長にお願いして，町有林で植樹を始めた」とのことである．なお，柳沼［1999］では道漁婦連の活動自体があえてこのようなあり方をとっていたことが示されている．用地や資金などを準備しないことで，それらにとらわれることなく，できる範囲での実践を促し，それによって息の長い活動となることを期待しての方針である．そのため，野付漁協婦人部だけでなく，全道で同様に市町村有林や国有林，従来からの漁協所有林への植樹などに取り組みが広がっている．

〈第2段階：活動の転換期〉

独自の活動として営まれていた婦人部による植樹と漁協所有林の造林だが，1994年に活動の転換期が訪れる．漁協所有林の中に「婦人部の森」と名付けられた一角ができ，婦人部はそこで植樹活動を行うようになるのである．ここに至るまでの5年間，婦人部は町有林を主にフィールドとして植樹に取り組んでいた．また，一時期は，植樹だけでなく，下刈りや枝打ちなどの保育作業にも取り組みを広げていた．しかし，保育作業がサケ定置網漁の盛期と重なること

や，植樹に比べて高度な技能を必要とすることなどから，保育作業への関与は次第になくなったという．「婦人部の森」ができたことについて，漁協の植栽事業担当者は「婦人部が熱心に活動していたから」だという．道漁婦連における植樹活動は1993年に『林業白書』に初めて掲載されたことからも，このころまでに，婦人部の活動に社会的な認知が高まりつつあったのではないだろうか．一方，婦人部関係者によれば，「漁協が婦人部の活動をうまく取り込んだという印象」とのことである．いずれにせよ，ここで婦人部の植樹運動と漁協の森林管理が結びつき，漁協の活動の一環として婦人部の植樹が位置づけられたことになる．なお，「婦人部の森」ができた後にも，婦人部はそこだけで植樹を行っているわけではない．別海町漁協婦人部と連携しての植樹運動は，同年より「別海町植樹祭」という形で，町と漁協に加えて農協，環境団体，小中学校をも巻き込んだ形で開催されるようになった．別海町漁協所有林の側から見ても，毎年の漁協所有林における植栽規模が5-15haであるのに対し，「婦人部の森」の植栽規模は0.2-0.5haとごくわずかである．したがって，「婦人部の森」はあくまで両者にとって活動の一部にすぎず，「婦人部の森」の設定により両者の活動がそこに収斂したわけではないことを付け加えたい．

1994年はまた，森林管理上も1つの契機となった年であった．同年までは造林補助を利用して植栽できる針葉樹（グイマツ，カラマツ）が中心であったが，北海道の「魚を育む森づくり対策事業」により広葉樹の植樹においても補助を受けることができるようになった．そのためこの年から植栽樹種には，カツラ，ハルニレ，ミズナラ，ケヤマハンノキ，シラカバ，エンジュなどが加わっている．

〈第3段階：新しい付加価値〉

野付漁協と婦人部の植樹の取り組みは，地域外の事業者との連携により，新たな展開を見せることになった．

パルシステム（旧首都圏コープ事業連合）は首都圏の生活協同組合の連合会である．首都圏1都9県の各都道府県域で活動する9つの生活協同組合により構成され，産直と環境にこだわった事業展開を行っている．パルシステムでは産直を「農産物・食料の流通・加工をめぐる矛盾を体験的に明らかにする社会的な実践運動」と位置づけ，消費者と生産者が交流し互いに支え合うことで，安全で豊かな食を実現することを活動の方針としている．このような思想を持つ事業体として，パルシステムは野付漁協の植樹活動に大いに共感することになっ

た．

　パルシステムでの聞き取り調査によれば，オリジナルブランドの商品開発に取り組む中で野付漁協の活動を知り，植樹の取り組みに関心を持ったという．パルシステムの職員研修という形で始まったこの交流は，その後，商品開発や組合員の交流事業へと拡大していった．2000年にはパルシステムが傘下の生協組合員に対して募金をよびかけ，植樹基金として野付漁協に提供した．翌2001年には野付漁協，北海道漁連，パルシステムの3者で「海を守るふーどの森づくり基本協定」を調印して協議会を結成し，植樹活動を支える構造が形成された［首都圏コープ事業連合 2005］．協議会の形成は植樹活動に関する経費の負担を支えるものである．しかし，パルシステムとの連携が野付漁協にもたらした成果はそれだけではない．

　まず，「流域環境の向上を目指す漁民による生産物」という付加価値のついた野付産水産物を原料とする商品の創出である．野付産のホタテやサケが，パルシステムのオリジナル商品として採用されたが，現在でもその商品説明には漁協による植樹活動が必ず取り上げられている．次に，首都圏の消費者との交流の創出である．パルシステム組合員が野付地区を訪れ植樹に参加する植樹ツアーや，野付漁協婦人部員が首都圏を訪れ魚の料理教室を開催するといった交流の取り組みが生まれている．つまり植樹活動の結果，木を植える漁民としての新たな付加価値が加わり，他の産地との差別化に成功したのである．これは，野付漁協の植樹活動が一過性のイベント的な活動に終わらず，継続的に取り組まれてきたからこそ生まれた結果だと考えられる．

　植樹活動をめぐる展開が広がる中で，2002年に野付漁協は2回目の山林取得（170ha）を行った．当時の土地所有者は函館の不動産会社で，1500万円で取得している．このときの取得には森林組合がその仲介を務めた．これは，この頃までに，森林組合との連携による植樹が進み，森林所有者としての漁協の存在感が，一定程度，共有されていたことの証ともいえる．新たに取得した土地にはパルシステムの植樹ツアーのための用地も設けられた．

3　共的存在による地域管理

　以上のような野付漁協の事例は，現代の農林水産業や地域のあり方に対して，いくつかの示唆を与える．まず生態系のつながりと物質循環の重要性を当

事者らが理解したことである．植樹活動を展開していく中で，野付漁協や婦人部の関係者は自ら学習し研鑽を積んできた．さまざまな勉強会に参加し，森林組合からアドバイスを受けた．この過程において，研究者や上部団体である道漁婦連の果たした役割は大きい．学習の結果，彼らは独自の森林管理哲学を構築するようになった．漁協婦人部は「漁業のために木を植えている」と言い，漁協の植樹担当者は「経済林としてではなく河川を守り栄養を与える存在になるような森林をつくりたい．植えた木は風倒木になってもいい」と話す．生態系保全型の森づくりというキーワードは近年こそ社会的に広まっているが，野付漁協は1990年頃から漁業の視点から海とのつながりを求める森づくりを志向してきた点で先進的である．また，伐採収益を期待せずに森林管理を行う野付漁協の姿勢は，経済活動として目的を単純化させてきた現代の林業に対するアンチテーゼとしても見ることができる．森や海は単なる産業基盤ではなく，豊かな価値を人間の生活に提供する存在であることがここでは表現されている．

　野付漁協を含めた漁民の森運動の高まりを受けて，現在，森林が河川や海洋に及ぼす影響に関する自然科学的な研究が複数，実施されている．徐々に研究成果が蓄積されつつあるが，陸域から沿岸域への流入の機構や沿岸域の生物生産への関与や人間由来の物質の管理などは把握が難しく，いまだ研究の途上である［京都大学フィールド科学教育センター編 2007；山下・田中編 2008］．このような研究が進展し因果関係が解明されることは植樹に取り組む漁民にとっても関心が高い．だが，単純に森林が沿岸域生態系に有する機能を定量化するような結果はふたたび森の持つ価値を一面的に表現することにつながりかねない．自然科学的な裏付けによって，森や海の持つ豊かさ——単純化された機能的側面にとどまらない価値の表現がなされることを期待したい．

　次に，野付漁協の事例は共同体のもつ力を改めて考えさせる．野付漁協がこのような活動を続けてこられた理由として，筆者は漁業協同組合のもつ共同性を指摘したい．漁業協同組合は水産業協同組合法にもとづく協同組合であるが，その成立の過程から漁村共同体の色合いを濃く残している［田中 2002］．漁業協同組合の機能は地域によって異なるが，野付地区では主たる漁業がサケ定置網や地蒔式ホタテ養殖といった漁業権漁業であり，漁場の利用調整は漁協がもつ中核的な役割である．野付漁協では昭和40年代に漁業秩序の崩壊により資源量の減少が生じ禁漁せざるを得なかった経験などから，漁船漁業とサケ定置網漁業の経営を完全共同化した経緯がある．一方，野付漁協では経済事業もさ

かんに行われている．組合員のために燃油や資材を販売する購買事業や，漁獲物の販売を取り扱う販売事業に加え，加工場や直売所を保有して産地加工や直販といった事業も手がけている．また信用事業では貯金運動を行って漁家経営の安定化を図るほか，不慮の災害にあった組合員に貸し付けするための基金の造成なども実施している［野付漁業協同組合 2000］．

つまり野付漁協は，漁民の権利調整や意見調整から経済事業までを一貫して手がける地域会社的な存在なのである．聞き取りによれば，漁協理事会の決議は全会一致が原則であり，全会一致に至るまで話し合いが繰り返されるとのことである．そのため，森林を取得するといった決断も地域の決断として受容されている．このような共同体のあり方は，宮本常一が描いた日本の地域のあり方を彷彿とさせる［宮本 1984］と同時に，室田［1979］が述べる柔軟性に富む「共」的存在による地域管理の事例であるとみることできる．もちろんここでいう柔軟性とは，自然の変化と社会の変化の双方に対する柔軟性である．彼らは原理主義的に環境または産業（経済）を追求するのではなく，両者をともに自らの管理の範疇に収めている．他に主たる産業がない一方で豊富な水産資源に恵まれた野付地区の社会経済的条件は広く全国に一般化できるものではないかもしれないが，現代においても「共」的存在がこのような地域経営を行いうるという点は，今後，日本の沿岸漁村が目指す方向として1つの目標を与えるのではないか．

また，冒頭に見たように別海町の開拓の歴史は国により主導されたものである．したがって酪農開発による沿岸環境の悪化は，国にこそその責任を追求すべきともいえる．しかし，野付漁協は自らの資金により森林を取得し植樹の活動を行ってきた．国という公的存在の決定にただ肯うのではなく，共同体として自ら主体的に活動し，環境を改変しようとする姿がここにはある．また同漁協が継続的に他の漁協や農協，森林組合，町といった多様な主体と連携し活動を広げていくことによって，住民の流域環境保全に対する関心や意識を育むことにも成功している．つまり，野付漁協の事例は，共同体の自己決定とそれにもとづく共から公への対抗の姿を描いているのである．

最後に，新しい経済・産業活動のあり方を見出すことができるだろう．野付漁協では植樹活動を通じて，「木を植える漁民」としての新たな付加価値を獲得することができた．漁民による地域環境の保全活動が，パルシステムとの連携により，経済的なインセンティブにつながっている．近年，国の内外を問わ

ず，"グリーン"な商品を求める消費者の数が増えており，規模の拡大や効率性の追求ではなく，環境や生態系の保全，調和に取り組むことが生産者としての価値の増大につながるようになった．これを実現するためには，野付漁協におけるパルシステムのように，産物に付随する情報を仲介する主体が必要である．エコラベルのように環境配慮をマークとして製品に表示する取り組みも広まりつつある［農林水産省 2010］．グリーン商品による新たな市場は，従来の経済システムと矛盾するものではないことから，企業や機関にとっても適応しやすい［山本・山口 2001］．環境と調和した漁業活動は今後，十分に経済的価値を創出する可能性がある．

おわりに

　本章では北海道別海町の野付漁協において，漁民が沿岸域の環境保全を目的に，生態系の調和を求めて植樹活動を行う事例を紹介した．またそのような活動の背景に，活動を支える地域社会の連帯や公へのしなやかな抵抗，新たな経済価値の獲得があることを述べてきた．
　農林水産業は地域の基幹産業として雇用を創出し生産を生み出す存在であるが，同時に，地域の自然環境・生態系を利用する存在でもある．規模の拡大や効率性の追求による農林水産業の生産性向上は，地域の自然環境や生態系の破壊とともに進展するとされることが多かった．しかし，野付漁協の事例からは，生態系と調和し地域社会と調和しつつ，経済性をもつような産業として漁業が成立しうる可能性が示されている．地域の生態系と調和し，その基盤の上に経済性を持って展開するという環境保全型農林水産業のあり方は，今後，日本の農林水産業の目指すべき方向性の1つとして位置付けることができるだろう．

参 考 文 献
井上真［2004］『コモンズの思想を求めて』岩波書店．
海と渚環境美化推進機構［2011］『平成22　年度漁場環境・生物多様性保全にかかる植樹活動等森づくり調査報告』(http://www.umitonagisa.or.jp/pdf/mori22.pdf, 2014年1月22日閲覧)．
環境省［2012］『平成24年版　環境白書』(https：//www.env.go.jp/policy/hakusyo/h24/index.html, 2014年1月22日閲覧)．

京都大学フィールド科学教育センター編［2007］『森里海連環学』京都大学学術出版会.
齋藤和彦［2003］「漁民の森づくり活動の展開について」, 山本信次編『森林ボランティア論』日本林業調査会.
首都圏コープ事業連合［2005］『パルシステム　産直データブック』（http://www.pal.or.jp/sanchoku/databook/index.html, 2014年1月22日閲覧）.
田中克哲［2002］『最新・漁業権読本』まな出版.
多辺田政弘［1990］『コモンズの経済学』学陽書房
農林水産省大臣官房環境バイオマス政策課［2010］『生きものマークガイドブック』（http://www.maff.go.jp/j/kanbo/kankyo/seisaku/s_ikimono/guidebook/pdf/all.pdf, 2014年1月22日閲覧）
農林水産省農村振興局農村政策課農村整備総合調整室『21世紀への提言　Solution　農業・農村の多面的機能を見直そう』（http://www.maff.go.jp/j/nousin/noukan/nougyo_kinou/index.html, 2014年1月22日閲覧）.
野付漁業協同組合［2000］『星霜五十年――野付漁協創立五十周年記念誌――』.
畠山重篤［1994］『森は海の恋人』北斗出版.
FAO（Food and Agricultural Organization of the United Nations）［2012］The State of World Fisheries and Aquaculture 2012（http://www.fao.org/docrep/016/i2727e/i2727e.pdf, 2014年1月22日閲覧）
Berkes, F.［1985］"Fishermen and" the Tragedy of the Commons," *Environmental Conservation*, 12(3).
別海町［2003］『別海町三十年史』.
別海町総務部総合政策課［2012］『別海町統計資料』.
松橋隆司［2008］『宝の海を取り戻せ――諫早湾干拓と有明海の未来――』新日本出版社.
宮本常一［1984］『忘れられた日本人』岩波書店.
室田武［1979］『エネルギーとエントロピーの経済学』東洋経済新報社.
Yagi, N., M. Ariji, A. Takahara and Y. Senda［2008］"An Application of Bioeconomics Model to Examine Sustainability of Fishery Resources in the Global Market: A Case of Octopus Resource in Morocco," *Fishery Science*, 74(8).
柳沼武彦［1999］『森はすべて魚つき林』北斗出版.
山下洋・田中克編［2008］『水産学シリーズ157　森川海のつながりと河口・沿岸域の生物生産』恒星社厚生閣.
山本良一・山口光恒監修［2001］『環境ラベル――一般原則＆タイプⅠ, Ⅱ, Ⅲ――』産業環境管理協会.

第7章

フットパスの創造とツーリズム
──熊本県美里町の地域づくりと生業の可能性──

はじめに

　日本の農村部は多くの二次的自然環境を有する地域である．長年にわたり，住民は薪などの燃料，キノコや山菜，イノシシや野ウサギなどの食料，それに茅や粘土などの建材など，さまざまな生活物資を身近な里山から入手してきた．そして，これらの地域資源は，資源の特性や地域性を鑑みさまざまな加工がなされてきた．一例を挙げれば，薪は炭となり，キノコや山菜は長期間保存がきくように乾燥させたり，漬物にしたりしていたのである．また，熊などの野生動物の毛皮は暖を取るための衣服に加工したり，粘土質の赤土が採れるような地域では赤瓦や赤い土壁の家が存在したりする．つまり，地域特有の景観や地域文化というものは，少なからず身近に存在する自然環境によって規定され，それを生活物資としてより便利に，そして有効に活用するために加工していく術や工夫が地域に特有の「地域性」というものを生み出している．長きにわたる人間と自然とのかかわり，そして世代を越えて継承されてきた生業が，「地域」という独自の空間を形成しているのである．

　しかし，農村部を中心に多くの地域社会では，過疎高齢化問題が顕在化しつつある．そのため里山において，生業活動の一環として人為的攪乱を続けていくための人材が絶対的に不足しているというのが現状である．特に二次的自然環境の象徴的存在でもある人工林は，枝打ちや間伐，下草刈りが行われず薄暗い里山が形成されることで生物多様性も損なわれている．また，耕作放棄地も増え，棚田として使用できない区画が増加したり，水田でしか生息できない動植物の減少が生じたり，さらには除草を行わないことによる害虫の大量発生など，地域の自然環境に及ぼす影響は極めて大きい．したがって，現在，特に農

村部においては，過疎高齢化に伴う生業を行うための労働力人口の減少が大きな課題となっている．生業として農林業を営む住民が減り，集落内での普請作業や結などの共同作業が滞る傾向にある．また，祭事や地域内の行事も高齢化した住民には重荷となっている．その結果，地域環境の質的悪化や地域文化の衰退という問題も生じている．現代社会においては，かつてのように里山から生活物資を入手しなければ生活できないわけでもないし，生業の衰退から集落民全員で普請作業や結などの共同作業を行う意義も薄らいでいるのである．

　本章で問題としたいのは，このような日々の生活に里山とのかかわりなどが必要なくなった社会においても，環境問題の顕在化や地域社会の衰退という社会的要請に呼応して，地域環境資源の管理や地域文化の継承をしなければならないという社会的役割が存在するということである．かつては必要であったために行ってきた活動が，生活に必要でなくなった現在においても活動を続けなければならないという事態になっている．このような現状に対し，地域社会がいかなる対応をし，これらの課題を克服していくのか，その解決に向けた取組みの一端を本章では考察してみたいと思う．

1　地域資源を生かす観光への転換

（1）地域資源の価値の低下と再構築

　全国的に過疎高齢化が急速に進行しているのは地方の農山漁村部である．このような地域では高齢化に伴い伝統的な農的営みは，体力の衰えや健康不安から，自分たちが食べるための家庭菜園やコメ作りなどの収益性のある産業としての農業に収斂していく傾向がある．かつての日本における伝統的な生活様式に比べると，里山から住民に直接的にもたらされるメリットは，限りなく少なくなっているのは紛れもない事実である．その際，地域資源に対する住民の認識や価値づけには大きな変化が生じていたといえる．文化人類学者の内堀基光［2007］は，このような現象を「資源の循環過程」と表現している．資源の循環過程とは，「あるものが資源でないものから，資源となり──これが資源化である──，その資源としての価値の最盛期には，資源として人々の獲得競争の対象となり，そしていつかは資源であることをやめる」［内堀 2007：25］というものである．同様に生態人類学者の秋道智彌［2007：15］も，資源の特性という観点から「資源の価値や意義は歴史的に不変とはかぎらずに変化することが

ある」ということを示唆している．このように資源の循環過程を当然の帰結として考えるのであれば，里山の資源価値というは，里山の木材利用や動植物の狩猟採取目的の利用という観点からすると，すでに資源としての価値を失いつつある．したがってこの資源価値の遁減による過少利用の問題をいかに解消するのかが，里山の抱える現代的な課題なのである．そのような中，内堀は資源価値の向上させるための現代的な一例として，「熱帯雨林の一部がエコツーリズムのための観光資源として利用される資源化」について言及している．「エコツーリズムの導入によって，森林はこれまでと同様に日常生活の食料，資材を供給する資源であり続けるとしても，彼らはまた観光客のガイドとして働くようにもなり，森林の存在を現金収入のための間接の資源として認識するようになる．当然のようにそこにある森林，ことさらに資源と意識されていない森林から，価値ある資源に転じるわけである」［内堀 2007：24］（傍点は引用者）と分析し，当然のようにそこにある「モノ」が「資源」として認識されるようになる過程について説明している．

(2) 日常の生活空間を見せる観光のあり方

地域の環境資源を持続的に利用し管理し続けていくためには，そのインセンティブとなる資源価値の向上を目指す必要がある．その際，内堀が一例として挙げた事例は大きな手がかりとなるだろう．つまり，地域住民が価値あるものとして認識していない，もしくはすでに価値がないと認識されてしまっている地域に埋没した環境資源を，再度意識的に資源化していくことが望まれる．地域性が表出する「ありのまま」の生活空間を，生かす術を検討しなくてはならない．

一方で，社会的な潮流として，「自然環境や歴史文化を対象とし，それらを体験し，学ぶとともに，対象となる地域の自然環境や歴史文化の保全に責任を持つ観光」とされるエコツーリズムが環境省によって推奨され，2008年4月1日には「エコツーリズム推進法」が施行されている．本法律の特徴としては，動植物の生息地などのいわゆる自然環境だけではなく，それらの自然環境と密接に関係する風俗慣習などの伝統的な生活文化も自然観光資源として定義している点である（第2条1項）．つまり，単に地域に生息する動植物を観察するだけではなく，その地域においてどのような生活が営まれ，住民が自然をどのような形で利用・管理してきたために形成された景観であるのかという背景をも

理解することが望まれているのである.

　また，エコツーリズムと類似するものとして，農家民泊や体験農業などの農的営みを体験する点に重きが置かれている，体験型・滞在型のグリーンツーリズムも注目を集めている．グリーンツーリズムは農林水産省によって推奨されており，都市と農村の交流事業を促進させる狙いがある．つまり，エコツーリズムは地域環境を保全する，健全に保つことを第一義的な目的としているのに対し，グリーンツーリズムは都市と農村の交流を活発にすることによって農林水産業の六次産業化を視野に入れて活性化することを第一義的な目的としているという差異がある．このグリーンツーリズムを促進させるために，1994年に「農山漁村滞在型余暇活動のための基盤整備の促進に関する法律」(通称：農山漁村余暇法，グリーンツーリズム法，以下余暇法と記す) が制定され，その後，農林漁業体験民宿業者の登録制度の一層の活用を図ることなどを目的として，2005年6月に法律が改正され，同年12月に施行されている．

　農家民泊は，農林漁業体験民宿業とされ，施設を設けて人を宿泊させ「農村滞在型余暇活動」に必要な役務を提供する営業と法的には位置付けられている (余暇法)．元来，民宿は旅館業法の「簡易宿所」に該当する．簡易宿所には，客室の延床面積が，33m^{2}以上であることが義務付けられている (旅館業法施行令1条3項)．しかし，一般的な農家の住宅が，必ずしも33m^{2}以上の広さを有しているとは限らない．そのため，余暇法によって農業従事者 (農家)，もしくは農林漁業者又はその組織する団体が行うものが事業者である場合は，33m^{2}以下でも営業が可能ということを定めたのである (余暇法第2条5項)．この事業を進んで活用した地域として有名なのが，長野県の南端に位置する過疎の町である飯田市である．飯田市では1999年から本格的に「体験教育旅行」として都会の中学・高校の修学旅行を受け入れ，農家民泊を行うことで援農ボランティア制度として確立させ，都市と農村の交流を活発にしようと取組みを始めた．その後，飯田市のグリーンツーリズム事業は継続・拡大され，2003年には南信州グリーンツーリズム特区の認定を受け，どぶろくの製造・販売や農家民泊を事業化した．このようにグリーンツーリズムの積極的な導入によって，飯田市はこれまでに7億円の経済波及効果を生み出したと試算されているという［島田・NTTデータ 2006：42］．

（3）フットパスの日英比較

　都市住民が農山漁村部に求めるニーズを的確にとらえ，交流人口の増加，生業の再生，地域環境資源の再評価などにつなげようとする取組みがある．それが近年，全国的に広がりを見せているフットパスである．フットパスは，「イギリスを発祥とする"森林や田園地帯，古い街並みなど地域に昔からあるありのままの風景を楽しみながら歩くこと【Foot】ができる小径（こみち）【Path】"のことです」と定義されている［日本フットパス協会HP］．法社会学者の平松紘［2002：35］によれば，フットパスとは「公衆（誰でも）がレクリエーションのために『歩く権利』をもつ自然歩道を意味します」とされ，「自然の土地が私有であっても『誰でもがその自然を享有できる権利』を持っているという意味」［平松2002：41］であって，「アクセス権」とも称される．しかし，いくら歩く者に公的な権利が付与されているからといって，むやみに道を荒らすことは許されない．フットパスの精神として元来フットパスは家畜の食む放牧地上を人間が歩けるようにすることから発生したものなので，人間と家畜との共生を心がけることが重要となる．羊を追いかけたり，家畜を驚かしたり，糞が汚い臭いという苦情や不満を述べるなどの言動は，フットパスの精神を理解していない行為であるとされる．フットパスを歩くというレクリエーションを行う際には，「『静かに，散らかさず』アクセスすることがアクセスする人の義務」［平松2002：41］になる．

　この精神は日本のフットパスにも踏襲されており，フットパスの普及を行う日本フットパス協会では，「フットパスは，その地域の『昔からあるありのままの風景』を楽しむ道です．その風景は，自然にできあがたものではなく，地域の方々の長年にわたる自然への働きかけや，風土に根ざした伝統的な生活スタイル，土地への愛着などの結果として生み出され，維持・管理されてきたものです．そのため，地元の方々への感謝の気持ちを持って行動し，道を外れての田畑・樹林・屋敷などへの立ち入りや，ゴミの放置，動植物・山菜・農作物の採取などの行為は，絶対に行わないでください」［日本フットパス協会HP］との注意喚起がウォーカーに対してなされている．

　一方，日英間でフットパスにおける大きな相違点も存在する．フットパスはイギリスが発祥であるが，中でもイングランドとウェールズがその先進地である．1932年に「歩く権利法」（Right of Way Act）が制定され，これによって私的な地役権としてではなく，公衆に開かれた公的な権利として歩く権利が法的に

認められたのである［平松 1995：408］．これは中世イギリスにおいて，コモンズの囲い込みが行われたことを契機として，市民が近郊の自然環境へアクセスできなくなってしまったことに起因している．ここで簡単ではあるが，高校の世界史でも取り上げられる農業革命について言及しておく．イギリスにおいては，歴史的に2度大きな囲い込みが行われた時期が存在するが，特に2度目の18世紀の農業革命時に行われた囲い込みが大きく影響している．それ以前のイギリスでは三圃式農法[2)]が主流であり，一定規模の休遊地があったため，そこを通行することが可能であった．しかし，三圃式農法からノーフォーク農法[3)]に変化する際，家畜を放牧すると地力を回復するために栽培するクローバーを食べてしまうため，柵を設置して侵入を防ぐという手法がとられた．それによって囲い込みが進展し，土地の排他的な利用が促進されたのである．集約的な農法による土地の囲い込みと排他的な利用によって，市民が自然環境にアクセスできる機会はますます制限されていくこととなったのである．そのため，市民は自然環境へアクセスできるように市民が強く抵抗し，その帰結として，慣習に基づくアクセス権の確立が法的に認められるに至ったのである．1845年に修正された「一般囲込み法」(the General Inclosure Act) には，国会の定める囲込み委員の権限として，「住民および近隣の人びとの運動およびレクリエーションの目的のための割当地」を留保することができるものとした［戒能 2010：519］．これによって，コモンズは，単に私権の対象ではなく，公衆が自由に立入れるところの公共的空間として保全され利用されるべきとする観念が生じた［戒能 2010：520］のである．さらに2000年には「カントリーサイド・歩く権利法」(Countryside and Right of Way Act) が制定され，牧草地や畑以外の荒蕪地や森林地など，日本でいう里山的なエリアにまで公的な権利としてアクセスできるようになったのである．

このように，イギリスにおいては土地や自然環境の持つ公共的な性質を鑑み，人びとが自然を享受するためのアクセス権として，パブリックフットパスが導入されてきたのである．一方，日本においては日本的農村部の原風景である里山や棚田のような自然環境を1つの観光資源として用い，さまざまな体験や交流をすることで地域活性化に繋げようとする意図のもと，フットパスは拡大を続けている．したがって，日本におけるフットパスの取組みは，アクセス権や自然享受権の確立という目的ではなく，エコツーリズムやグリーンツーリズムの一種であるという認識が強い．

一方，近年イギリスにおいても，フットパスの観光的側面が強調され地域活性化のツールとして利用されることが増えてきた．2007年にイングランドのヘブデンブリッジ（Hebden Bridge）において，Walkers are Welcome（WaW）network の取組みが始まった．当時のヘブデンブリッジは，客の減少によって地元商店は閉店に追い込まれることが多く，いかにして人びとを呼び込むかという点が課題であった．その取組みの1つとして，もともと存在するフットパスを地元の人びとの手で整備し直し，休憩スペースや飲食スペースを設け，ウォーカーのニーズに応えることで地元を活性化しようとしたのである．この取組みは多くの人びとを呼び込む結果となり，まちを挙げてウォーカーの皆さんを歓迎しますという意思を表明するために，WaW network というシステムを構築したのである．現在，WaW は全英的な取組みとなって拡大し，英国ウォーカーズ・アー・ウェルカムタウン（WaW）協会が設立されるに至っている．

2　「観光」のツールとして広がるフットパス

(1) これまでの「観光」戦略とフットパスとの違い

そもそも観光の原点とは，「日常から差異化された非日常の体験」であるとされる [Urry 1990：邦訳 21]．しかし，観光が商品化され市場を通じた供給が中心となれば，観光によって提供される商品は均質化され，同じようなツアーとなり観光客はその消費者と化してしまう．つまり，異なる地域へ観光に行っても，類似する非日常的な体験が用意されるようになってしまうのである．たとえば，「アジアの島々に対する幻想は欧米人が作り上げた『オリエンタリズム』にもとづいている．しかし，実際のアジアの島々には，『オリエンタリズム』とは無縁の生活が存在しているのである．どんなに洗練されたものでも『観光の文脈』は地元住民の生業から発する『生活の文脈』を無視しがちである」[須藤 2012：46] と指摘されている．これまでの観光は，観光客のその地に対するイメージを具現化させた「創られた」ものであったのである．これは必ずしもその地域の生業や文化などに即しているわけではなく，反対に須藤の指摘するように「洗練された観光」であればあるほど，その地域の生活感というものは排除されていくこととなる．

現在でも過疎高齢化が進む地方都市や農村漁村部においては，地域活性化の

ための方策として観光に力を入れようとする地域が多い．そのような危機感を持って観光戦略を打ち出す際，陥りがちな手法がある．それは，短期間で多くの集客を求めるため，地域の特性や資源を十分に分析しないことが多いという点である．まず，①他の地域で話題になっているような歴史性を有する史蹟などの観光スポットづくりや温泉施設などの建設など，新たな観光スポットを作ったり，見つけ出したりする作業を行う．そして，②その観光スポットをインターネットや観光協会等を通じて宣伝する．観光マップの作成など大々的な取組みをすることで，最初は真新しさもあり観光客が集まるが，それは一時的なものとなってしまう．このような観光戦略が，一部の地域でしか成功しないのは，以下の4つの要因からではないかと推察される．〈1〉観光スポットが小粒であること，〈2〉通過型観光となってしまう，〈3〉特定の活動団体のみで活動している，〈4〉再訪性が乏しい，ということが，調査を重ねることでわかってきた．

　このようなこれまでの「観光」戦略と一線を画しているのが，前述のフットパスである．フットパスによる地域振興策の特徴としては，以下の7点に集約されるであろう．①日常生活に密着したありのままの生活空間を見せる．②新たな観光スポットを一から作り出すわけではないので，コストがかからない．そのため，フットパスを導入しようとする際のハードルは極めて低い．③フットパスでは，郷土料理や地元産品の提供による，地域住民による「おもてなし」[4]や交流が必須である．これが単なる遊歩道を整備したり，散歩したりするのとは大きく異なる点である．④四季折々の風景や人びととの交流が楽しく，行くたびに異なった出会いが可能であるため，再訪性を期待できる．⑤歩くため，滞在時間が長く，また現地での消費も促される．また，地域を歩いて回遊するため，のどが渇いたり空腹を助長したりすることによって，地域内での飲食を誘発する効果もある．⑥フットパス客は歩くために来るので，もとより期待値が低い．そのため，地域での「おもてなし」や思いがけない出会いは付加価値となり，高い満足度が得られる．最後に⑦地域社会のファンになってくれるという効果もある．地域住民を巻き込みつつ，交流をすることでその地域の郷土史を知ったり，郷土料理を調理してくれた地域の方々とともに食したりすることで，その地域で採れる食材（植生）やその調理法など，生活に関するさまざまな地域文化を体験することができるのである．

（2）熊本県美里町におけるフットパスの取組みとその効果

　日本においてフットパスが導入されたのは1995年前後であり，東京都町田市のNPO法人みどりのゆび（事務局長：神谷由紀子）と，北海道の環境市民団体のエコネットワーク（代表：小川巖）が同時発生的にフットパスコースを作りはじめている．九州におけるフットパスの取組みが本格的に始まったのは，2011年に熊本県の中央部にある下益城郡美里町（図7-1）においてである．その導入のきっかけを作ったのが，特定非営利活動法人美里NPOホールディングスの理事長である濱田孝正である．彼は，とある雑誌でフットパスを知り，同年北海道黒松内町で開催された全国フットパスシンポジウムに参加したことが，フットパスづくりの契機となった．同時期に，美里町では町の活性化を目指し，さまざまな取組みが行われていた．2011年から正式に「美里町地域振興協議会」ではフットパスコースづくりやフットパスマップづくり，そのための地域調査を行い，「美里町商工会」ではフットパスモニターイベントの開催や美里町に訪れるウォーカーに買ってもらえる特産品の開発や美里ブランドの認定制度を整備した．また，「美里町雇用促進協議会」においてはフットパスガイ

図7-1　美里町の場所と美里フットパスコース

（出所）美里フットパス協会提供．

写真7-1　公民館で行われた縁側カフェ（2013年11月10日）
（筆者撮影）．

ドの養成講座やおもてなし研修講座など，フットパス事業のソフト面を充実させるための活動を行った．フットパスマップやフットパスガイド，「縁側カフェ」（写真7-1）などのおもてなし活動は全て有料で行うことが，日本版フットパスの特徴の1つである．通常，観光マップは役所や観光協会に行けば無料で配布されているし，ガイドもボランティアガイドとして地域のリタイアされた方々が無償で行っている地域が多い．しかし，これらの活動を有料化することによって，活動の継続性を担保し，農作業の閑散期などに副業として協力してくれる住民の協力が得られるというメリットがある．

　日本におけるフットパスの第一人者の1人でもある小川巌［2005：41-42］は，フットパスによる地域活性化の効果として以下の4点を挙げている．その内容は平野・泉［2012］に整理され的確にまとめられている．それは，「①共同作業によるフットパス作りに伴う人的交流の促進，②長距離（30km以上）フットパスにおける訪問者の宿泊による経済効果，③ルートの始点・終点・休憩地点等における地元の食事・飲み物・土産物を用いた街道商法の発展，④訪問者の増加に伴う地元の『見られる』感の増大がもたらす意識改革」［平野・泉 2012：128］である．フットパスによるこれらの効果は結果として，地域の生業を再生させる効果があった．つまり，フットパスコースとなっている付近の畦道や田畑，川沿いなどは，フットパス客の増加に伴い，除草や掃除などの手入れが活発になったという．これは前述の④の効果であり，フットパス客との交流によって日頃あたりまえとされてきた景観や生業が多くの人に褒めてもらえる，評価してもらえることに喜びを感じ，衰退しつつあった生業活動が

活発になってきたのである．

　美里式フットパスの特徴としては，コースの整備・管理は地域の方々がやるものという方針を打ち出している点である．これはフットパスの理念の1つである「ありのまま」を見せるということなので，慣習として行ってきた集落の共同作業はこれまで通り地域の方々にお任せするということなのである．したがって，区役（地域によっては出役）を定期的に行うことで，必然的にフットパスコースは維持されているのである．高齢化に伴って活動が鈍っていた集落内での共同作業も，フットパスによって活性化してきたのである．これが①の効果である．また，フットパスづくりを民間主導で行っている点も特徴の1つである．フットパスコースをつくる際，美里町では地域の人と一緒になってコースづくりを行った．行政的に各集落の長（区長）に連絡をし，町内全域にまんべんなくコースを整備するという平等主義的な考え方は一切なかったという．つまり，コースづくりをしていく中で，集落内を見知らぬ人がウォーカーの恰好をして，頻繁に自分たちの生活空間を歩き回る行為は住民からすると違和感がある．そのため，気になって「何しているのですか？」と話しかけてくれる住民が多いのである．そこでフットパスづくりをしている旨の話をし，その話に興味を持って協力者となってくれる人が多い地域からフットパスコースづくりを行ったのである．地域の団体や組織に話を持っていき，協力を仰ぐとどうしても「お願いする側」と「協力してあげる側」という構図となってしまう．そうではなく，フットパスコースをつくる同じ仲間として活動していくには，このような美里方式が望ましい．

　このような手法で作り上げたフットパスコースは現在，美里町内に18コース整備されている（図7-1はその一部）．美里町においてフットパスコースづくりの中心人物であり，また名物ガイドとして活躍されている井澤るり子は，自分たちのことを「『ものずき』の『かんなし』の集団である」と表現する[5]．つまり，みんなで仲間となって一緒に楽しむことを一番重要視している集団であったということである．楽しいから活動が継続できるし，楽しそうだから協力者も増えていくのである．地域の女性高齢者が中心となってフットパス客をもてなす「縁側カフェ」も，このような経緯から始まった．縁側カフェを行う女性高齢者からは，フットパスが「ババ（おばあさん）の出る幕を作ってくれた」と喜びの声をあげている．フットパス客との交流によって，あたりまえの生活空間や行為，地域資源が思いもよらず高く評価され，これまでやってきた活動に

自信を持てるようになるのと同時に，忘れ去られていた地域資源に関しても，新たな価値の再発見が住民の間で生じている．フットパス客の増加によって，美里町では2013年4月に「美里フットパス協会」を設立した．美里フットパスの立役者である，井澤るり子が協会の運営委員長に就任し，そして濱田孝正が事務局長となり，町内のフットパス事業に関する業務はもとより，九州全土に美里式のフットパスづくりの手法を広げる活動を行っている．

（3）九州におけるフットパスの動向

美里町の成功を受けて九州全土でフットパスが広まってきている．2013年12月現在，九州内には，計10地域でフットパスの取組みが開始されている（図7-2）．「熊本県美里町」を先頭に，「熊本県宇城地域」「熊本県緑川地域」「熊本県菊池市」「宮崎県五ヶ瀬町」「宮崎県延岡市」「宮崎県綾町」「鹿児島県姶良市」「長崎県小値賀町」「福岡県岡垣町」である．さらに，フットパスコースを策定中の地域（福岡県中間市・福岡県みやこ町・熊本県阿蘇地域・その他）も含めると

図7-2 九州内のフットパス

（出所）美里フットパス協会提供.

九州全土でフットパスが受け入れられつつあることがわかる．これは九州が未だ高速道路や新幹線路線から一歩奥まった地域に入ると，管理不足は否めないが魅力的な地域の環境資源が豊富に残されている証であり，郷土色豊かな文化や歴史，生活空間が色濃く継承されてきていることの現れではないだろうか．

　フットパスが九州全土で取組みが広がっている背景には，冒頭で触れたように「観光」というものに求めるニーズが近年大幅に変化しているからなのかもしれない．職業柄，転勤族である九州農政局土地改良技術事務所所長の中島久宜は，美里町へのワーキングホリデーの最中に歩いたフットパスについて，以下のようにヨソ者の視点から美里フットパスを評価している．これからの旅は，「有名な観光スポットを見るだけでなく，目的地へ至る旅程のあらゆる場面で自分の五感を通じて得られる様々な発見や出会いを楽しむことが旅の目的になってきている」［中島 2013：15］と観光客のニーズの変化を指摘したうえで，「美里町のフットパスは（そのニーズに）見事に応えていると思います．人里は，そこに住む人がいて丹精を込めて手入れしていただいているからこそ美しいのですが，人の生活の場でもあるので，外部の者が無制限に踏み込んで行って良いものではありません．美里フットパスは，住んでいる人たちが，外部の人に，『ここまでは入ってきても良いのですよー！』と道標やパンフレットで呼びかけてくれている，たいへんありがたい取り組みです」［中島 2013：16］．手入れの行き届いた棚田や畑の風景，集落の家並みなど日々の生活空間には，地域文化の魅力があふれている，とても魅力的な地域資源である（**写真7-2**）．このような生活空間は，慣習的な共同作業（普請）や区役（出役）と呼

写真7-2　小崎棚田コース（2013年7月26日）
（筆者撮影）．

ばれる活動によって維持されてきた．集落が高齢化し自家消費用の作物しか生産しないということで，農的な営み（生業）が大幅に縮小する中で，このような慣習的な共同作業も衰退しつつある．その結果，手入れがされない里山が増加したり，耕作放棄地が増加したりするようになってきている．このような地域環境の質的悪化は，地域内の物質循環を阻害するだけでなく，生物多様性にとっても悪影響を与えているのが現状である．

　九州内におけるフットパスは，その多くが美里方式を参考にしており，美里フットパス協会と情報交換を密に行っている．この美里方式のフットパスづくりの手法を，フットパスに関心を持っている九州内のさまざまな地域に対して広め，地域間交流や情報共有を盛んにすることによって，粗悪なフットパスコースの乱立を防ぐための取組みも新たに始まった．現在，2014年4月12日・13日に九州内のフットパス団体が加入する「フットパスネットワーク九州（FNQ）」という組織の設立大会を美里町にて行う計画が進んでいる．さらに，このFNQの下に，「九州フットパス大学」を設置し，民・官・学が一体となってフットパスに関する研究と指導・普及を行うこととなっている．

3　フットパスの「楽しさ」

（1）マイナー・サブシステンスとしてのフットパス

　美里方式のフットパスは，マイナー・サブシステンスとしての要素を十二分に内包している活動である．マイナー・サブシステンスとは，「集団にとって最重要とされている生業活動の陰にありながら，それでもなお脈々と受け継がれている副次的ですらないような経済的意味しか与えられていない生業活動」［松井 1998：248］のことをいう．これまでは，マイナー・サブシステンスの対象として扱われていた分野は，伝統的な狩猟活動，漁撈活動，採取活動などであった．しかし，このような活動の多くは男性が中心となって行われている活動であるように思う．一方で，女性を中心としたマイナー・サブシステンスの在り方も存在するのではないだろうか．

　それがまさに同地域のおもてなし活動の一環として行われている「縁側カフェ」であり，ここで改めてこの取組みに着目してみたい．各地域の郷土料理がふんだんに用意される．派手さはないが，どれも伝統的な製法で作られた手間暇かけた贅沢な料理である．また，その料理のならぶテーブルには，集落

写真7-3　郷土料理のおもてなし（2013年11月10日）
（筆者撮影）．

咲いている花をいけて飾るというおもてなしの心に満ちていた（写真7-3）．

　では再度，松井［1998］に依拠して，マイナー・サブシステンスの特徴を整理してみたい．特徴としては，以下の4点に集約される．①マイナー・サブシステンスは「技術的には未発達であるために，技法の習得が必須であり，このことから成果に個人差が出ることになる」［松井 1998：253］．これはマイナー・サブシステンスの本質的性格に由来するものであり，この個人差こそがマイナー・サブシステンスを行っている人たちの誇りの源泉となるのである．これは郷土料理を作る際にも，その伝統的な調理技法について「○○づくりは，××さんの家のおばあちゃんが上手よ」というような，社会的評価が得られるのである．「マイナー・サブシステンスの上手・名人は，その地方である種の威信を手にすることができる」［松井 1998：254］のである．また②マイナー・サブシステンスは「空間的時間的にきわめて限られた領分を巧みに利用」［松井 1998：253］することで成立しているという点である．つまり，空間的＝地域性と時間的＝季節性とが限定されている営みであることがわかる．この点についても，たとえばある地域では毎年冬になると，各家庭では大根の沢庵（漬物）をつくるが，そこに地域性と季節性が表出してくることがしばしばである．多くの場合，このような漬物を行う主体は各家庭のご婦人方，つまりは女性である．さらに③「この種の生業活動が，捕獲や取得という段階から，消費ないし販売まで，ごく直接的につながっている」［松井 1998：252］という特徴も有する．美里フットパス協会では縁側カフェで提供する料理には，「買ってきたものは出さないでください」というルールを設定している．その

ため，自分たちで栽培した作物や採取してきた食材を，手間暇かけて料理するというのが一般的である．白和えをふるまう際に，「買ってきたものはダメと言われているので，大豆から豆腐を作ったんだよ．何十年ぶりに大豆から作ったけども，久々に作ってみて楽しかった」という声も聞かれた．また，フットパスの地域活性化の効果の1つでもある，街道商法の発展についても，フットパスコースの近隣の住民がフットパス客に自分たちで作ったものを販売しても良いかという問い合わせが美里フットパス協会にはあったという．このような点においても，フットパスはマイナー・サブシステンスの要素を有している活動であるといえる．そして最後に④マイナー・サブシステンスは，経済的な成果はほとんどないことから，一見すると「気晴らしであり，遊びの色彩が濃く，たいていは，一部の人たちだけが行う趣味としての性質を強くもつものとされてきた」［松井 1998：251］．しかし，マイナー・サブシステンスはマイナーといえども，サブシステンスとして位置付けられる．このサブシステンスという用語をあえて日本語で示すのであれば，「人間生活の自立・自存」［Illich 1981：邦訳 267］の諸活動といえる．つまり，決して趣味や遊び，余暇ではないということである．しかし，マイナー・サブシステンスには多々として「楽しさ」が強調される［菅 1998］．それは，マイナー・サブシステンスの活動の中に元来，楽しさというものが内包されている活動であったためであると考えられる．実際にフットパスコースづくりを行う際にも，地域活性化，交流人口の増加などの社会的な目的があったが，実際にコースづくりをしていた方々の主な理由としては，その活動が楽しかったからであるとの意見が非常に多かった．この生活に密着した活動の楽しさこそ，活動の継続性を担保させる重要な要因なのではないだろうか．

（2）生業の再評価とフットパス

　フットパスの第一義的目的は，地域の歴史性や普請作業によって保たれてきた良好な景観，そのようなものを感じながら集落内の道を歩くことである．しかし，単に地域内にコースを作り，マップを作成して歩いてもらうだけでは決してフットパスとはいえない．地域全体でウォーカーを歓迎しているということを，彼らが感じることのできる仕組みが無ければならない．つまり，地域住民との交流（おもてなし）がフットパスをそれならしめるための絶対的に必要な要素なのである．ここが遊歩道や散歩，単なるをウォーキングやトレッキング

と大きく異なる点である．この交流（おもてなし）というのは，イベント時におもてなし料理を提供するというだけではなく，フットパスを歩いていると住民の方から声をかけて迎え入れてくれるという行為も含まれる．現代社会においては，集落内を見知らぬ人が歩いていても，住民側から挨拶したり，声をかけたりすることは稀になってきた．そのような中，美里町では農作業をしている地域の高齢者の方々の方から，「今日はフットパスで歩いているのかい？」「今日は何人くらいで歩いているの？」と話しかけてくることが一般的になりつつある．足を止めて，世間話をすることで日常会話の中からその地域の慣習やルール，習わしなどの地域文化を知ることができるのである．

　美里フットパスは，リピーターが極めて多い．住民によって管理されてきたことによる良好な景観が四季折々の変化を見せてくれるため，また異なった季節に来てみたいという欲求が生じるのはフットパスの特徴の1つであるが，それ以外にも，人に会いに来たという人も多い．20人近い集団で美里町のフットパスを歩いた際，公民館で縁側カフェでもてなしてくれた地域のご婦人方がいた．フットパスを歩き終わり，夕方帰路に着こうとした途中で立ち寄った農産物直売所において，縁側カフェの仕事に精を出していたうちの1人がお客さんとして買い物にやってきたのである．私の顔を見るなり近寄ってきて，「また来てね．おいしい料理を用意して待ってるから」と声をかけてくれたことが筆者には，とても嬉しくなる経験であった．縁側カフェでは多くの参加者がいたこともあり，その方と直接お話ししていないにもかかわらず，このような外来者を大切にする心遣いに大きな驚きを感じた．フットパスガイドも務める美里フットパス協会運営委員長の井澤氏によると，「多くのフットパス客が常連となり，美里に来た際には『帰ってきたよ！！ただいま』と言われることが増えてきた」という．ここにこれまでのマスツーリズム的な「観光」とは異なる，再訪性を生み出すための要因があるのではないだろうか．

　これまで地域社会の分析を試みる際，社会構造分析や地域資源の分析，また慣習などの社会制度分析が中心であった．しかし，その背景となっている，住民意識（思いや感情）の分析に関してはいささか手薄ではなかっただろうか．特にコモンズ（地域の共有資源・共有資源利用制度）を分析する際，経済のグローバル化や過疎高齢化，モータリゼイションの進展による郊外化など社会構造の変化，または社会的・経済的要因に起因する生活様式の変化がその主要な論点として注目されてきた．確かに，社会的・経済的なインセンティブが弱くなって

きたことに由来する活動の減少は大きな一因ではあるだろう．しかし，その一方で過疎高齢化が進み，より便利な効率的な技法や商品が社会に流通するようになったとしても，あえてローテク，つまり昔ながらのやり方にこだわり，人手をかけて伝統的な慣習や技法を好んで行う人びとも美里町では増えてきている．美里町のフットパスには，ありのままを見せる工夫として，あえてローテクを進んで取り入れ，郷土色を前面に打ち出すことによって，多くの人手と手間をかける戦略をとったことが，成功の秘訣だったのかもしれない．フットパスが生み出す交流によって，これまでコメ生産のため利用してきた棚田において，その景観的価値が見出されるにしたがって，見た目にも配慮されるようになってきた．またそれまで放棄されつつあったフットパスコース付近の下草が刈られるようになったり，木や竹林の手入れが行われるようになったりする効果も出てきている．これはフットパス客から，「素晴らしい景観ですね」とか，「いつもきれいにされていて頭が下がります」とか，「また来たいと思います」という外部評価を直接耳にすることによって管理活動が促されている．これは生業や普請作業それにマイナー・サブシステンスにもすべてに言えることであるが，日常生活において当たり前に行ってきた作業を高く評価されることによって，非常に高い満足感を得ることができるためであろう．美里町ではフットパスコースの管理は，これまで通り集落で行われている区役（普請）をやり続けてもらうことで維持されており，美里フットパス協会の人びとや町役場が行うわけではない．

　この点についてはコモンズの管理業務と類似する点があり，コモンズは特定の監視者を設置せずに集落内の利用者による相互監視によって，ローカルルールが遵守されているかどうかを判断していた．フットパスの導入によって，多くの人の目に触れることで「見られる感」による住民の意識変化というものが生じているのである．また，本章においてはマイナー・サブシステンスとして位置付けている縁側カフェの取組みや，それに伴う食材調達のための山菜取りやキノコ狩り，さらには伝統的な調理方法の伝授などにおいても，なぜフットパスの取組みに協力するのかと縁側カフェでおもてなしをする地域住民に問うたところ，その理由は「楽しいから」というものである．フットパス客に喜んでもらえる，仲間と協力して料理ができる，今まで一日中誰とも話さなかった日があったのに，フットパスを通じて全国各地の色々な人と友達になってお話しができる，このような事が非常に楽しいというのである．縁側カフェは地域

のおもてなしの一環で行われるが無料ということではなく，フットパス客の参加費の一部が美里フットパス協会から報酬として支払われている．しかし，この報酬がフットパスに協力する最大の動機づけとはなっておらず，当初は協会側が報酬を受け取ってもらえるように説得していたという．したがって，このような活動は「むしろ活動そのもののもつ魅力自体が目的化され，その目的こそが，生業を始めたり継承したりする原動力たり得るのではないだろうか」［菅 1998：246］と考えられる．生活のためや，換金目的のため，収入を得るために継続されてきたと考えられてきた生業の在り方であるが，その生業が本質的に有する遊戯性については一部でしか認識されてきていない．これは菅［1998］にも言及があるが，決して生業の経済的な意味合いが薄まるにしたがって，それを維持するためのインセンティブが遊戯性に取って代わったという理解は正しくない．生業には本来，本質的に遊戯性が内包されているものであり，その活動自体が楽しみであったと理解するべきなのである．フットパスも同様で，第三者から見た分析では，地域活性化のツールであったり，シルバー人材の活用や生きがいの創出，さらには地域資源の管理のためのツールであったり，弛緩した地域コミュニティの紐帯を強化する仕組みであったりと，多くの社会的・経済的な意義が大義名分としてつけられているが，そのような効果は結果として付随的に表れるものであり，当事者意識としては，「ものずき」の「かんなし」が集まって地域環境資源や郷土文化，歴史性を用いて，生業の本質的に有する遊戯性を楽しんでいるに過ぎないといえるのかもしれない．

おわりに

　本章は，里山の管理など，かつては生活を営むために必要であった活動が，環境問題の顕在化によって，必要でなくなった現在においても活動を続けなければならないという社会的な要請に対し，地域社会はいかに対応していくべきか，ということを論点としている．経済の発展や社会変化によって，これまで資源であったものが資源であることをやめるという「資源の循環過程」を必然のものとして想定すると，現在の状況は当然の帰結であるように思われる．しかし，その地域の環境資源の価値を向上させるための仕組みとして，現在フットパスが全国的に広がりを見せている．日本においてフットパスとは，グリーンツーリズムの一種として認識され，体験型のツーリズムとして地域活性化の

起爆剤と紹介されることが多い．だが，フットパスの最大の目的は，地域内に人を呼び込むこと，つまり交流人口の増加である．交流人口の増加に伴って，地域にお金が落ちるという経済的な効果もフットパスの効果として期待されているが，健康のために歩きに来てもらい，住民の方と立ち話をして，地域内で1円も使わずに帰っていく行為でも，フットパスの本来の目的からすると良いのである．そのため，フットパスを経済的な目的を達成するための観光事業の1つと位置付けることには，大きな危険性がある．

また，同様にフットパスによる地域環境の改善効果，伝統的文化（食文化も含む）を継承させる効果も，副次的効果として認識するべきであって，これらを目的化しそれを達成するためにフットパスを導入するというのは，「目的－手段」関係を取り違えているように感じる．確かに，地元産品を食する「赤牛フットパス」や，つる植物の一種である「かずら」をフットパスウォークの最中に採取し，そのかずらを利用してリース作りをする「かずらフットパス」，それに山菜をウォーキングしながら採取し，昼食で食べるという「山菜フットパス」，さらには竹を利用して竹馬や水鉄砲をつくることをセットとした「竹細工フットパス」等もあるように，地域環境の植生を理解したり，地域の食文化を味わい，また提供する側も郷土の調理技法を継承したりするなどの効果も存在することから，副次的効果を高く評価することは多いに必要であると思われる．しかし，その活動に参加しているフットパス客はその地域の環境を保全するため，地域文化を継承するためという大きな社会的使命を持って集まってくるのではない．これらの活動に内包されている，伝統的な活動の"楽しさ"を満喫するためにフットパスに参加するのである．

したがって，フットパスは地域社会における社会的・経済的・環境的・文化的な意味で大きな意義を有した活動ではあるが，それは副次的なものであって，それを前面に出して目的化するとフットパスづくりは失敗する可能性が高い．全国的にフットパスが広まってきており，英国とは異なる形での日本独自の発展を遂げるフットパスを一時的なブームとして終わらすのではなく，"楽しい"からやっている，続けているというインセンティブのもと，ありのままの生活の中に存在する地域性や郷土色を見せる活動として定着させることができれば，フットパスは持続的な取組みとなるだろう．最後に，美里フットパスの成功の立役者の1人でもある，井澤氏の一言を持って，本章を締めたいと思う．「フットパスは道を繋いでいるのではない．人と人とを繋いでいるんだ

よ」．フットパスの魔法に魅せられた多くの人びとは，この一言の重さを感じずにはいられない．

謝　辞

　本章は，科学研究費補助金「コモンズのオープンアクセス化に伴う新しいコモンズへの展望と課題の克服」（研究代表者：廣川祐司）の研究成果であるとともに，科学研究費補助金「環境政策におけるコモンズの公共性研究」（研究代表者：鈴木龍也）の研究成果でもある．また，美里フットパス協会の井澤るり子運営委員長，ならびに美里NPOホールディングスの濱田孝正理事長には，幾度となく調査にご協力いただき多大な時間と手間をかけて頂いた．本章が執筆できたのは，このお二人のご協力によるところが大きかったことを最後に付記したい．文末において誠に恐縮ではあるが，深く感謝したいと思う．

注
1）それ以外にも，旅館業法施行令によって以下の条件を満たす必要がある．

　1．階層式寝台を有する場合には，上段と下段の間隔は，おおむね1メートル以上であること．
　2．適当な換気，採光，照明，防湿及び排水の設備を有すること．
　3．当該施設に近接して公衆浴場がある等入浴に支障をきたさないと認められる場合を除き，宿泊者の需要を満たすことができる規模の入浴設備を有すること．
　4．宿泊者の需要を満たすことができる適当な規模の洗面設備を有すること．
　5．適当な数の便所を有すること．
　6．その他都道府県が条例で定める構造設備の基準に適合すること．

2）三圃式農法とは，土地を3つに区分し，1つ目を冬穀物，2つ目を夏穀物，3つ目を放牧地（休遊地）にして利用し，3年周期で輪作するという農法である．
3）ノーフォーク農法とは，イングランド東部のノーフォーク地方で開発された農法であり，土地を4区分し，大麦→クローバー→小麦→かぶと4年周期で輪作する農法である．三圃式農法と異なり，休遊地は設けず，クローバーの栽培によって地力の回復と牧草生産を合わせて行うことによって家畜は舎飼いになった．集約的農法が可能となり生産量を飛躍的に高めるとともに囲い込みが促進された．
4）おもてなしとは，地域の住民がフットパス客を歓迎するという行為をとること．特に，フットパス客に対する笑顔と声かけである．熊本県美里町においては，地域で採れたものや郷土料理を公民館や集会所または民家の縁側でフットパス客にふるまう「縁側カフェ」という取組みが非常に好評である．
5）「かんなし（勘無し）」とは，熊本弁で「勘所がわかっていても，意図的にそれを越え

て行動する人」という意味である．つまり，歯止めが効かないような人びとのことを指す．

参考文献

秋道智彌［2007］「資源・生業複合・コモンズ」，秋道智彌編『資源とコモンズ』（資源人類学 第8巻），弘文堂．

Urry, J. [1990] *The Tourist Gaze : Leisure and Travel in Contemporary Societies*, London：Sage（加太宏邦訳『観光のまなざし』法政大学出版，1995年）．

Illich, I. [1981] *Shadow Work*, Boston；London：M. Boyars（玉野井芳郎・栗原彬訳『シャドウ・ワーク——生活のあり方を問う——』岩波書店，2006年）．

内堀基光［2007］「資源をめぐる問題群の構成」，内堀基光編『資源と人間　資源人類学01』弘文堂．

小川巌［2005］「北海道のフットパス最新事情」，『モーリー』12．

戒能通厚［2010］『土地法のパラドックス』日本評論社．

島田晴雄・NTTデータ経営研究所［2006］『成功する！「地方発ビジネス」の進め方』かんき出版．

須藤廣［2012］『ツーリズムとポストモダン社会』明石書店．

菅豊［1998］「深い遊び——マイナー・サブシステンスの伝承論——」，篠原徹編『民俗の技術』朝倉書店．

中島久宜［2012］「美里フットパス」『文集みさと』9．

平野悠一郎・泉留維［2012］「近年の日本のフットパス事業をめぐる関係構造」，『専修人間科学論集』2(2)．

平松紘［2002］『ウォーキング大国イギリス——フットパスを歩きながら自然を楽しむ——』明石書店．

——［1995］『イギリス環境法の基礎研究—コモンズの史的変容とオープンスペースの展開——』敬文堂．

松井健［1998］「マイナー・サブシステンスの世界」，篠原徹編『民俗の技術』朝倉書店．

〈ウェブサイト〉

電子政府総合窓口イーガブ（総務省運営）法令データ提供システム（http://law.e-gov.go.jp/cgi-bin/idxsearch.cgi）において，閲覧した法令

「エコツーリズム推進法」2013年12月13日閲覧．

「農山漁村滞在型余暇活動のための基盤整備の促進に関する法律」2013年12月13日閲覧．

「旅館業法」2013年12月13日閲覧．

日本フットパス協会ホームページ（http://www.japan-footpath.jp/）

第8章

新たに創出される開放型コモンズ
──カナダ・オンタリオ州のブルース・トレイルを事例に──

1 なぜ自然へのアクセスが重要なのか

　環境問題は，人と自然の関係の問題だといえる．その意味で，人と自然の関係は，環境科学において重要なテーマの1つである．全ての経済活動は，直接的または間接的に自然環境に依存している．たとえば，私たちの経済は，地球環境が生み出す物質やエネルギーを利用して生産や消費を行う．エコロジー経済学では，これを自然環境のソース（source）機能という．また，生産や消費などの過程で不要となったものは，廃棄物として，埋め立て，燃焼，洗浄などの形で地中，大気中，水中へと放出される．地中に埋められた自然由来の廃棄物の多くは，土壌中の微生物によって分解され，他の植物に利用される．また，大気中や水中に廃棄された廃棄物は，少量であれば無害な程度まで希釈されることが多い．これを同様に，自然環境のシンク（sink）機能という［Victor 2008］．

　このように，私たちの経済は，資源の供給源としても，廃棄物の捨て場としても地球という有限な自然環境に依存している［Daly and Farley 2004］．この事実は，狩猟採集経済，農耕経済，工業化社会，高度情報化社会などといった経済発展の度合いに関わらず，太古から変わることはない．しかしながら，人口増加や産業革命によって，人間の経済活動が自然に与える影響力は増大しており，経済の規模が地球環境の扶養力を超えることが懸念されるようになってきた．このような懸念をエコロジー経済学の立場から示したのが図8-1である．

　環境容量に余裕がある経済（図8-1（a））では，自然生態系の扶養力に比べて人間の経済活動の規模が小さく，資源供給の面でも廃棄物処理の面でも，人間の経済活動が生態系に与える影響は小さかった．また，人の厚生（welfare）

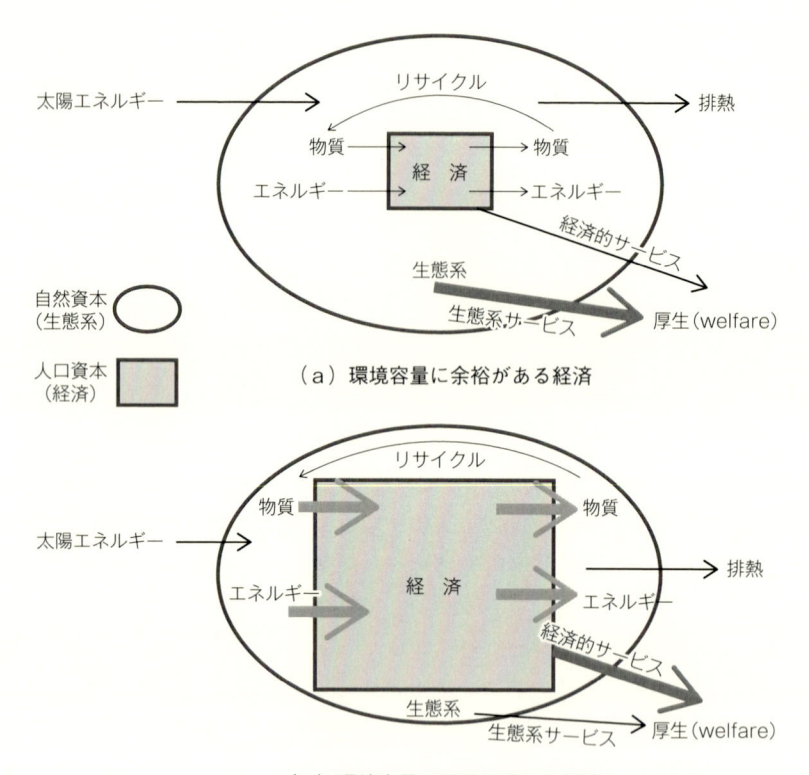

図8-1 経済の環境容量

(a) 環境容量に余裕がある経済
(b) 環境容量の限界に達した経済

(出所) Daly and Farley [2004] を基に筆者作成.

においても自然資本から直接得られる厚生の割合が高かった．人は直接的に自然から生産や生活の糧を得るとともに，また，美しい草花を愛でたり，自然の中で遊んだりすることによって，満足を得てきた．また，自然資源を得るための生業そのものの中に，「楽しみ」の要素が備わっていたのである［菅 2006；齋藤 2001；2005］．

他方，経済規模が拡大した経済（図8-1 (b)）では，環境から大量の物質とエネルギーを経済に投入し，生産と消費が行われた後，それらは最終的に廃棄物として自然界に返される．資源採取の面においても，廃棄物処理の面においても環境に与える負荷は大きく，経済活動の基盤となる自然生態系が破壊されることによって，経済の持続可能性が危うくなる．人びとは，生態系から直接

便益を得るよりも，自然資本を基に蓄積された人工資本からより多くの厚生を得るようになっている．即ち，経済成長と共に，人と自然の関係は，間接的で不可視的なものへと変容していった．

　現代の工業化社会に暮らす私たちは，たとえば，その日に食べる食糧を自分で栽培したり採取したりすることは稀であり，食卓に上がった食糧を誰がどこで，どのように生産したかを意識することも多いとは言えない．複雑な流通機構を経て，私たちの手元に届くため，仮に意識したとしても，知ることは難しい．廃棄についても同様である．かつては，有機廃物は，各自が土に返し肥料として活用するなどし，木材や紙屑は，繰り返し利用した後，最終的には風呂や煮炊き物の燃料として利用した．多くの廃棄物が自分の感知しうる範囲で処理されていたのである．他方，現在の工業化社会では，自分たちが廃棄したものが最終的にどこでどのように処理されるのか，意識することは稀である．

　一般的に，自然との関係がより間接的で不可視的であればあるほど，より私たちは自然へ注意を払うことが少なくなるといわれている．たとえば，かつて豊かな自然が地域の人びとの生活を支えていた千葉県の手賀沼が，現在では水質汚濁の著しい状況に陥った理由を，菅は，次のように述べている．「第2次世界大戦後の手賀沼のドラスティックな環境変化は，一義的に周辺人口の増大にともなう生活排水の流入に起因するものであるが，その流入を容認した背景には，本来，沼と密接に縁をもってきた人びとが，その縁を絶ったことと決して無縁ではない」［菅 2001：118］．即ち，地域の人びとと自然との深い関わりが，強固な持続可能な資源利用の仕組みを作り上げ，自然を保全してきことを指摘している．

　ところが，人と自然の関わりは，近年ますます希薄化している．図8−2は，独立行政法人国立青少年教育振興機構が全国の公立小学校4年生，6年生，および，公立中学校2年生を対象に自然体験について行った調査の結果である．下記の自然体験について，体験をしたことが「何度もある」「少しある」「ほとんどない」という選択肢を示し，回答させている．図8−2では，「ほとんどない」という回答の割合を示している．いずれの項目も，現在30代半ばの筆者には，子供のころ好んでした遊びだけに，この数値には大変驚かされた．また，1998（平成10）年と2009（平成21）年の間でも，かなり急速に自然離れが進んでいることも注目に値する．この調査結果からは，生業を通じた深い関わりどころか，下記のようなごく簡単な自然との関わりすら希薄化していること

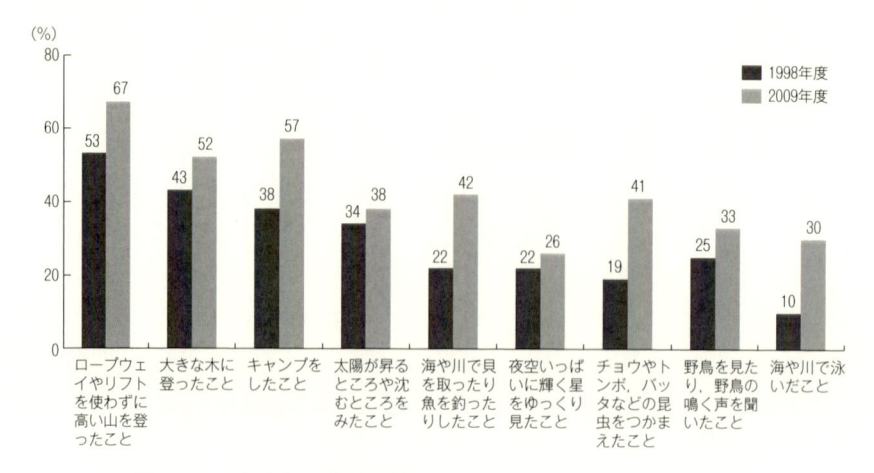

図8-2　青少年の自然体験（「ほとんどしたことがない」の割合）

(出所) 平成23年度版　子ども・若者白書（独立行政法人国立青少年教育振興機構「『青少年の体験活動等と自律に関する実態調査』報告書　平成21年度調査」）．環境省［2012］より作成．

が読み取れる．

　自然にアクセスし，その恵みを享受することは，その関係を再生する第一歩になると考えられる．そして，環境政策の実効性を高める上でも，自然アクセスの機会を保障することは，重要であると考えられている［Sandell 2006；Wurzinger 2006］．

　古来より自然へのアクセスは，時代や対象となる資源，そして地域によって開放の程度は異なるが，特定の個人が排他的に独占することなく，人びとに開放されていることが一般的であった．たとえば日本について，歴史学者の白水智は，稲作中心の歴史観に疑問を呈し，多様な自然資源利用があったことを論じる中で「海に囲まれ山に覆われた日本列島では，多様な自然資源から食物を獲得する活動，いわゆる狩猟・漁撈・採集の活動は弥生時代以降も生活の重要な部分を占める形で近現代に至るまで続けられてきたと考えるのが妥当」［白水 2011：190］と述べている．そして，古代から中世にかけての自然資源ガバナンスでは，律令の令の中（雑令）に，「山川藪沢の利，公私これを共にせよ」という一条文があり，地方の有力者が山野海川を独占するのではなく，一般庶民が自由に利用する権利を認めていたと論じている．

　自然へのアクセスは，一般的に多くの国で認められていた場合が多かった［加藤 2001］．特に，北欧諸国では，古来より万人権という誰もが自然環境を享

受するための権利が存在し，近代化を経た現在でも，その仕組みは存続し，人びとに自然と関わる機会を提供している［嶋田・室田 2010；嶋田・齋藤・三俣 2010］．

　他方，日本では，兵庫県高砂市を中心に，万人が浜に入る権利すなわち入浜権を確立するための運動が全国的に展開したが，1978年には，漁港築造差止請求事件訴訟（長浜海水浴場訴訟）で松山地裁が入浜権を認めない判決を下した．その後も粘り強く入浜権を求める運動は続けられたが，2013年現在では，そのような権利が法的に認められるには至っていない．

　その間，日本の海岸では，石油化学コンビナートなどの巨大な工業地帯として埋め立てが進められた．日本は，長い海岸線を有し，海岸線の総延長は3万2799.02kmにもおよび，その長さは世界第6位という．そのうち，「埋め立てによってできた海岸」「干拓によってできた海岸」「左記以外の土木工事によってできた海岸」からなる人工海岸は，1万821.58kmにもおよび，日本の海岸の総延長の32.99％を占める［環境庁 1998］．高砂の例でもそうだったが，私企業が占有する埋め立て地にある海岸では，一般の人びとによるアクセスが禁じられることが少なくない．このように日本では，工業化に伴って，人と自然の分断が制度的にも進んだといえる．

　また，北米でも自然へのアクセスは制限されたものになっている．地理学の立場から比較研究を行ったMillward［2000］によると，アメリカやカナダでは，フランス，西ドイツ，ベルギー，オランダ，そしてルクセンブルグといった西ヨーロッパの国々と比較して，万人が歩く権利を認められているフットパスは少なく，逆に万人のアクセスが禁じられている土地が多いという[1]．同様に，カナダとノルウェーを基盤とする野外教育（outdoor education）の研究者が，北米の自然へのアクセスは限定的であることを指摘している［Vikander 2007］．

2　開放型コモンズの可能性

　前節でみたように，ある地域では，自然へのアクセスを保障することができ，他の地域ではそれができないという現状がある．そして，人びとが自然にアクセスする機会を保障し，人と自然の深い関わりを保つことが，地域の環境を保全することにつながると考えられていることもすでに前節で確認した．そ

こで，次に私たちが考えなければならないのは，自然へのアクセスを維持する，または，再生する，あるいは新たに創出するにはどうすれば良いのか，という問題である．本章ではこの問題に取り組む．

この問題は，どのように開放型コモンズを維持，再生，あるいは創出するかという問題だと言い換えることができる．ここで，開放型コモンズとは，嶋田・室田［2010］での定義に従い，資源の管理・利用にあたり，地縁を基礎とした厳格なメンバーシップやルールを備えていないコモンズを指すものとする．これと対になる概念が閉鎖型コモンズで，資源の管理・利用にあたり地縁を基にした厳格なメンバーシップとルールを備えるコモンズとする．

日本の入会林野は，この閉鎖型コモンズの典型例であり，狭義の意味でのコモンズは，一般的にこの閉鎖型コモンズを指す．したがって，ここで開放型コモンズと定義しているものは，オープンアクセスに近い性質を有し，従来の狭義のコモンズの定義からは外れるため，これをコモンズと呼ぶべきではないという議論もある．しかし，ここではあえて，これを開放型コモンズという言葉を使ってコモンズ論の俎上に載せたい．

開放型か閉鎖型かは，時々の自然や社会・経済のありようで変化し続けるものであり，かつて開放型であったものが，時間の経過とともに資源への圧力が高まり，徐々に閉鎖型に移行していったり［嶋田・室田 2010］，逆に，閉鎖型であったものが時代と共に開放型に移行していったりする事例が存在する．[2]

また，同じ1つの土地に閉鎖型コモンズと開放型コモンズが重なり合うように併存している場合があるという点にも注目すべきである．たとえば，ある森林の立木の伐採などは，誰がどれだけ伐採できるかなどについて厳格なルールが定められており，メンバー以外の者が伐採することは固く禁じられているが，同じ土地に生えているキノコやベリーの採取は万人に開放されている場合などがその例である［Shimada and Murota 2013］．

このように，実際のコモンズの実態を詳細に，かつ，動態的に捉えると，閉鎖型と開放型のコモンズは，切り離して捉えることができない．むしろ，時代や社会の状況に応じて，閉鎖型と開放型の間を揺れ動くものとしてとらえるべきである．このような視点から，土地の管理・利用が排他的な所有権に基づく私的管理か公的管理に分断されていたカナダにおいて，その二項対立を打ち破る形で，新たに開放型コモンズが創出される過程について議論する．

本章では，この問題について，カナダのオンタリオ州にあるブルース・トレ

イルの設立と発展過程を題材に取り組む．ブルース・トレイルとは，次節で詳細に説明するように，885kmに及ぶ本トレイルと400km枝トレイルからなるカナダ最大規模のトレイルである．この事例は，自然へのアクセスの制限が強い北米の現状を打破し，私有地と公有地に公衆アクセスを創出することに成功した事例として，たいへん興味深い．

　本章を通じて，北米の二者択一の選択肢，すなわち，排他的に私的所有の対象となっている自然か，公有地の自然かというか，という2つの選択肢以外の選択肢を示したい．その選択肢とは，私有地や公有地への万人アクセスという選択肢である．それに加えて，万人アクセスにも多様な形態があるということを，北欧とイギリスとの比較を通じて明らかにしたい．

3　ブルース・トレイルの歴史と現状

(1) ブルース・トレイルとは

　ブルース・トレイルは，ユネスコ生物圏保全地域（UNESCO World Biosphere Reserve）[3]にも指定されているナイアガラ断崖に沿って設けられたカナダで最も長いフットパスの1つである．ここで，ユネスコ生物圏保全地域とは，陸域および沿岸域の生態系であり，持続可能な利用と生物多様性保全の両立を推進するために設けられた地域で，2013年5月現在，117カ国で621カ所が登録されている．ユネスコ世界自然遺産が，自然の保護を主な目的にしているのに対して，ユネスコ生物圏保全地域では，持続可能な利用と生態系保全の調和を目指している点で異なる．

　ナイアガラ断崖は，地理的にも生態的にもカナダでは他に類を見ない自然環境を生み出し，多様な生物の生息地となり，その内の幾つかの種は，オンタリオ州内では他に見ることができない貴重なものであるとされている．300種を超える鳥類，53種の哺乳類，36種の爬虫類と両生類，90種の魚類，100にも及ぶ多様な種からなる植物相がナイアガラ断崖ではみられる［Niagara Escarpment Commission 2005］．ナイアガラ断崖は，オンタリオ州南部の主要な河川の水源でもある．

　この地域の自然環境への人為的な影響は，さまざまな形で表れている．断崖沿いは，鉱業，そして，別荘開発や住宅開発が盛んに行われている．農業も活発に行われており，ナイアガラ半島では果実や穀物が栽培され，ブルース郡で

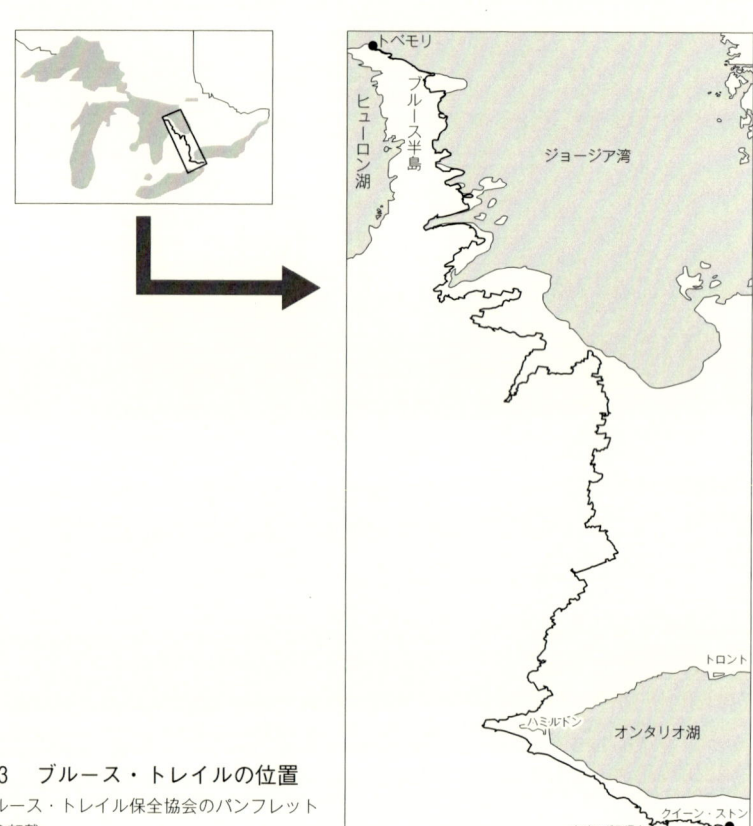

図8-3　ブルース・トレイルの位置
(出所) ブルース・トレイル保全協会のパンフレットから転載.

は肉牛の飼育が行われている．そして，オンタリオ州最大の人口を抱える地域に近接しているため，レクリエーション目的で訪れる旅行者も多い［Niagara Escarpment Commission 2005］．

　このナイアガラ断崖に沿って，ブルース・トレイルは，クイーン・ストン (Queenston) からトベモリ (Tobermory) までをフットパスで結んでいる．それは，885km にも及ぶ本トレイルと400km にも及ぶ枝トレイルから成る（図8-3参照）．後に詳述するように，この長大なトレイルがブルース・トレイル保全協会によって設置され，維持されている．この協会は，ナイアガラ断崖沿いに，万人が通ることのできる歩行道，すなわちパブリック・フットパス (public footpath) を設け，自然環境を保全するための回廊を作ることを使命とする慈善団体である．ブルース・トレイル保全協会は，9つの地域クラブから構

成されており，それぞれの地域クラブが各地域の歩行道の建設・維持管理に責任を持つ．また，各地域クラブは，ハイキングや講習会を企画している．

（2）ブルース・トレイルの歴史

1960年に，レイモンド・ロウズ（Raymond Lowes），フィリップ・ゴウスリン（Philip Gosling），ロバート・マクラーレン（Robert MacLarren），そしてノーマン・ピアソン（Norman Pearson）の4名がブルース・トレイル委員会（Bruce Trail Committee）を設立した．彼らがブルース・トレイルの創設者である．彼らは元々，ハミルトン・ナチュラリスト・クラブ（Hamilton Naturalist Club）やオンタリオ・ナチュラリスト連合（Federation of Ontario Naturalists）といった団体でお互い知り合いであった．

設立者の1人であり，ブルース・トレイル委員会の初代議長，そしてブルース・トレイル協会の初代会長であるピアソン博士は，当時を振り返って次のように述べている［Pearson 2004］．都市化と郊外化の進展により，野外レクリエーションに適した場所は，減少していた．しかし同時に，その都市化と郊外化による人口増加で，野外レクリエーションに対する需要は確実に高まっていた．こうした時代背景を基に，前述の4人がナイアガラ断崖の保全とそれに沿ったトレイル建設の必要性を感じるようになったという．

ピアソン博士は，イングランドからの移民であった．彼は，イングランドのパブリック・フットパス（public footpath）の伝統を知っていただけでなく，402kmにも及ぶペナイン自然歩道（Pennine Way）を踏破したほどの自然歩道愛好家であった．また，2010年に筆者がピアソン博士に行ったインタビューによると，彼はカナダに移住する前に，ノルウェーを訪れ，そこでも野外レクリエーションを楽しみ，北欧の伝統である万人権にふれていたという．そこで彼は，カナダに移住した後で，カナダには，イングランドやノルウェーにあるような自然へのアクセス権が存在しないことに気が付いた．このような経験が，彼にブルース・トレイルを作る必要性を感じさせたのであった．

1963年，ブルース・トレイル協会（Bruce Trail Association）という名称が正式に決定し，ブルース・トレイル委員会は，このブルース・トレイル協会に移行する形で発展的に解散した．ここから，実際のブルース・トレイルの設置が始まったわけであるが，ナイアガラ断崖の周辺の土地の多くが私有地であった．たとえば，ブルース・トレイルが完成した時点で，トレイルを設置した土地の

所有形態は，49％が私有地，23％が既存の道路，28％が公有地という状況であった．即ち，ほぼ半分近くのトレイルが私有地上に設置されたのである．彼らは，どのように土地所有者との交渉を行ったのであろうか．日本に比べて土地の所有規模が大きいとはいえ，本トレイルと枝トレイルを合わせると1200km以上になるトレイルの半分近くが私有地上に存在したことから，交渉をしなければいけない土地所有者の数は，相当な数に上ったことは想像に難くない．

彼らは，全ての土地所有者を個別に訪問し，信頼関係を築き，トレイルを設置するための親切な許可（kind permission）を，直接的な対話での合意（handshake agreement）を通じて得ていくという気の遠くなるような作業を続けていったのである．他方で，彼らは，万人の通行権（public right-of-way）を，繰り返し通行する事実を積み重ねることによって取得することは無いと土地所有者たちに約束した．ブルース・トレイル協会は，土地所有者の親切な許可によって与えられた恩恵を乱用すべきではない，と考えていた．

ブルース・トレイルの創設者たちは，土地所有者たちと良好な関係を築き，その良好な関係を維持することに多大な注意を払ってきた．土地所有者たちは，ブルース・トレイル設置の運動が発展して，自らの土地がより規制の強い州立公園や国立公園に指定されることを懸念していた．事実，当時のカナダでは，ブルース・トレイルの成功に刺激を受けて，各地でトレイルや国立公園の設置が相次いだ．ブルース・トレイル協会がその際に助言をすることもあり，そのことを新聞が報道していた．当然ながら，ブルース・トレイルが設置されている土地の所有者たちの懸念や不信は強まるわけであるが，当時の協会関係者たちは，こうした土地所有者たちの懸念を払拭するための努力を怠らなかった．たとえば，ナイアガラ断崖計画開発法（the Niagara Escarpment Planning and Development Act）に基づいて設置された規制機関であるナイアガラ断崖委員会（Niagara Escarpment Commission）とは，一定の距離を取り，国立公園の設置やより強い土地への規制をブルース・トレイル協会が先導しているわけではないことを土地所有者たちに示した．

また，当時の会長であるウィリアム・キャノンのもとでは，法的な通行権の取得避けるための政策や土地所有者に敬意を示す看板の設置などが行われた．通行権の時効取得を避けるための施策としては，年に一度トレイルの閉鎖が行われることになった．これは，誰もがその土地を自由に通行することができる

という既成事実が積み重なり，それが権利化することを防ぐための措置である。また，各地域クラブは，ブルース・トレイルを通行できるのは，万人に通行する"権利"があるからではなく，土地所有者の親切な通行許可のためであるという旨の広告を地元新聞などに掲載し，ブルース・トレイル協会と土地所有者たちとの特別な関係についての理解を促した［Pearson 2004］。

さらに，土地所有者に敬意を示すための看板の設置では，私有地上にあるトレイルの全ての案内板に次の文言を掲示した。「ブルース・トレイル　ここは私有地です。このトレイルが利用できるのは，偏に土地所有者の寛大な措置によるものです。土地所有者に敬意を表しましょう。焚火は禁止で，ゴミは必ず持ち帰りましょう。樹木や作物を傷つけないでください。狩猟は許可されていません。トレイルからは離れないでください」［Pearson 2004：101］。こうした政策は，現在まで受け継がれており，筆者が2010年にトロント・ブルース・トレイルクラブに所属していた時にも，文言が若干変化していたが，同様の案内板を確認できた（写真8-1）。

1967年には，ブルース・トレイルが公式に開通し，一般の人びとに開放された。1960年にブルース・トレイル委員会が設置されてからわずか7年程度で，私的土地所有制度の強固なカナダでこれほど長いトレイルの開通にこぎつけたわけであるが，彼らはなぜこれほど短期間の間にこの難事業を成し遂げられたのであろうか。創設者の1人であるピアソン博士は，筆者が行ったインタビュー[5]でその理由を次のように述べている。「ブルース・トレイルがこれほどまでに急速な発展を遂げたのは，ブルース・トレイル協会が効果的な分権的組

写真8-1　トレイル内の案内板
(2010年5月8日，筆者撮影)。

織形態をとったからです。協会全体の基本的指針に基づきながらも，各地域の実情に合わせた運営が，各クラブに一定の自治を任せることで可能になりました。これにより，大局的な視点を持ちつつも，各クラブが抱える個々の問題に対して，それぞれ柔軟に対応することができました。各クラブ間では，地理的・自然的条件が異なるため，クラブごとに異なった課題を抱えていましたが，この分権の組織形態は非常に有効でした」。

　ブルース・トレイル協会は，1967年に断崖保全基金（The Escarpment Preservation Fund）を設置した。翌1968年の9月には，3万3000カナダドルが銀行口座にあり，2万1000カナダドルが特に重要で危機にさらされている土地の購入に充てられた。クラブ会員の会費は，年間10カナダドルとされ，その内5カナダドルが断崖保全基金に充てられることが決まった［Pearson 2004］。以来，彼らは，開発の危機に曝されている土地を保全目的で購入してきた。筆者がカナダに滞在し，クラブに所属していた際に行われた年次総会では，2008年度（2008年7月-2009年6月）には，46万3998カナダドルが土地購入に使われたことが報告されていた。

　ここで，ブルース・トレイル保全協会の資金面での運営状況を見ておきたい。図8-4は，ブルース・トレイル保全協会の2008-2009会計年度の収入を示している。収入の総額は，278万9032カナダドルであった。収入の約60％が寄付によるものである。19％が政府からの補助金であり，14％が会費となっている。また，ブルース・トレイル保全協会の本部（写真8-2）では，ハイキングマップを始め，水筒や帽子などのオリジナルグッズの販売も行っており，そうした事業の純利益も9万4371カナダドルあり，収入総額の3％を占めている。支出の総額は，83万5684カナダドルで，総収入から総支出を差し引いた額は，95万3348カナダドルであった。

　議論をブルース・トレイルの歴史に戻すと，公式開通当時，州政府は，ナイアガラ断崖沿いの保全上重要な土地の購入を進めた。さらに，「1970年の5月に，今後8年間にわたってナイアガラ断崖沿いの土地（開発によって生態系破壊の危機に瀕している土地）を購入し，州立公園を設置し，野外レクリエーションの場を提供するという法律が導入された。保全団体は，土地の購入費の75％の補助を受けることができた」［Pearson 2004：116］。この政策は，ブルース・トレイル協会のナイアガラ断崖保全基金による土地買い取り運動を支えた。

　この時期，ブルース・トレイルの認知度は急速に上昇した。たとえば，1970

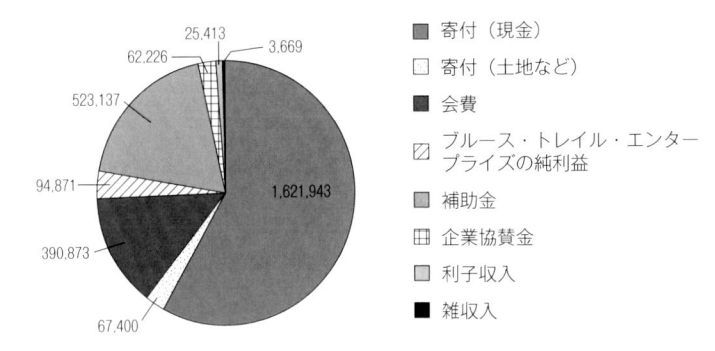

図8-4 ブルース・トレイル保全協会の収入 (2008-2009会計年度)

凡例:
- 寄付（現金）: 1,621,943
- 寄付（土地など）: 3,669
- 会費: 390,873
- ブルース・トレイル・エンタープライズの純利益: 67,400
- 補助金: 523,137
- 企業協賛金: 94,871
- 利子収入: 62,226
- 雑収入: 25,413

(出所) Bruce Trail Conservancy [2010].

写真8-2 ブルース・トレイル保全協会の本部
(2010年7月26日，筆者撮影).

年2月28日にカナダの有力紙の1つであるグローブ・アンド・メイル（Globe and Mail）紙は，次のように報じていた．「ブルース・トレイルの人気スポット，ハルトン郡保全地区のラトルスネイク・ポイント（Rattlesnake Point）付近では，トロントのヤング・ストリートの週末の買い物客で賑わっている時のような混雑具合である」[Pearson 2004：113]．このように，1970年には既に，ブルース・トレイルの認知度も高まり，人気のレクリエーションスポットとなっていた．

公式開通以降，ブルース・トレイル・クラブの会員数は順調に増加し，1978

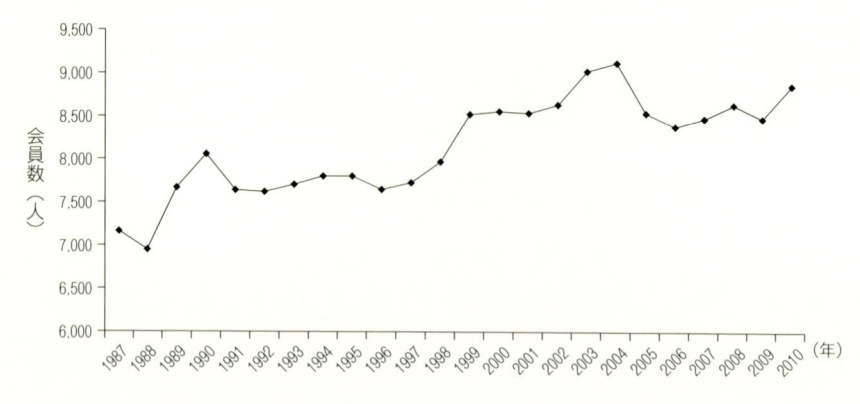

図8-5　ブルース・トレイル・クラブの会員数の推移
(出所) ブルース・トレイル保全協会提供の資料.

年には8000人に達した．2010年に実施したブルース・トレイル保全協会のエグゼクティブ・ディレクターへの電子メールでの書面インタビューでは，過去10年間は，会員数は8500名程度で安定している（図8-5）．ただし，メンバーの入れ替わりは頻繁に起こっており，変動のないメンバーが6500名程度で，毎年，2000名程度の脱退と同様に2000名程度の新規加入があるという．

　2007年に，ブルース・トレイル協会（Bruce Trail Association）は，ブルース・トレイル保全協会（Bruce Trail Conservancy）に組織の名称を変更した．この理由について，協会のエグゼクティブ・ディレクターは，筆者の電子メールでの書面インタビューで次のように説明している．「私たちの組織は，長年にわたりナイアガラ断崖の周辺の自然環境の保全に取り組んできました．しかし，私たちの組織は，"ハイキング・クラブ"として最もよく知れ渡っていて，ほとんどの人がただのハイキング・クラブとしか認識していません．実際に，ブルース・トレイルについて自分はよく知っていると思っている人の多くが，私たちの組織が保全活動を行っていることを知りません．名前の変更は，私たちの組織がこれまで取り組んできた保全活動をよりよく反映させるためです．私たちは，組織としての活動を変えたわけではありません．ただ，私たちの組織が人びとにどう認知されるかという点を変えようとしただけです」．ブルース・トレイル保全協会は，設立当時から，一貫してナイアガラ断崖沿いにトレイルを設置し，人びとに自然を楽しむ機会を提供することで，貴重な自然を保全しようとさまざまな活動を行ってきた．人びとを啓発し，特に保全の必要な地区に

ついては，土地の買収を行ってきた．そうした実態を反映しての名称変更であった．

4 国際比較からみたブルース・トレイルの特徴

カナダ・オンタリオ州で新たに創出された開放型コモンズの事例，ブルース・トレイルにおける自然へのアクセスを理解するため，他国の自然アクセスと比較したい．ここでは，ノルウェーとイングランドを取り上げる．その理由は，以下の通りである．

まずノルウェーは，世界的にみても自然へのアクセスの権利が最も強固な形で認められている．また，イングランドは歴史的にカナダの社会制度に多大な影響を与えており，多くの文化や慣習がカナダに移植されている．したがって，ノルウェーやイギリスの自然アクセス制度とブルース・トレイルのそれを比較することによって，その共通点や相違点が浮き彫りになり，ブルース・トレイルにおける自然アクセス制の特徴が明確になるだけでなく，ブルース・トレイルがいかに創出されたかの理解が深まるからである．

また，ブルース・トレイルの創設者の1人であるピアソン博士は，イングランドからの移民であり，彼がカナダに移住する前に，イングランドやノルウェーの自然アクセス制度に親しみ，強い印象を受けていたことも注目に値する[8]．ブルース・トレイルの創始者たちがこれら先進事例をカナダにそのまま移植したのか，あるいは，全く独自の制度を新たに生み出したのかを知るための手掛かりが，イングランドやノルウェーの自然アクセス制との比較から得られる．すなわち，これらの比較から，新たな自然へのアクセス制度がどのように確立されていったのかを分析する．

第4節では，①自然アクセス制度の目的，②歴史的経緯，③アクセスの根拠，④人びとがアクセスできる範囲と内容，について順次比較を行う．

(1) 自然アクセス制度の目的

最初に，自然アクセス制度の目的から議論したい．ブルース・トレイル設置の目的は，既に述べたように，人びとが環境親和的な形でナイアガラ断崖沿いの自然に触れる機会を確立し，人びとの環境保全意識を高め，ナイアガラ断層を緑の回廊として保全することであった．

ノルウェーでは，土地所有者に損害を与えたり，自然環境を破壊したりすることのない範囲で，他人の所有する土地に自由に立ち入り，自然環境を享受することが万人の権利として認められている［嶋田・室田 2010；嶋田・齋藤・三俣 2010］．この権利は，ノルウェー語で，Allemannsrett といい，その意味するところは，全ての (alle) 人の (mann) 権利 (rett) である．これを自然環境享受権などと訳す場合もあるが，本章ではノルウェー語の原語に忠実に万人権と訳す．これは，古来より続く慣習であるといわれているが，現在まで一般の人びとと政府がこの慣習を守り続けてきた．ノルウェーでは，健全な野外活動は，人びとの福祉 (well-being) を高めるという考えが重視されている．そして，野外活動を行うための万人権を守ることで，野外活動の対象である自然環境そのものを保全するように人びとの意識も高まると考えている［Norwegian ministry of the environment 2005］．

イングランドにおいても，アクセス権を保持する目的は，人びとに野外活動を行う機会を提供することである．このことについてイギリス環境食糧地方省 (Department for Environment, Food and Rural Affairs；Defra) は，次のように述べている．「人々は，カントリーサイドでのアクセスの拡大を求めて100年以上運動を展開してきた．カントリーサイド・歩く権利法2000は，こうした人々の声に対応する形で，全ての人に更なるレクリエーションの機会を提供することを目的に制定されたものである」[9]．これに加え，自然の中でのレクリエーションは，心身の健康増進をもたらす可能性があり，これは，自然アクセス制度を整備する主要な意義の１つである．

このように，ブルース・トレイル，ノルウェー，イングランドのいずれの事例でも，自然アクセス制度を設ける目的は，自然へのアクセスの機会を保障し，野外レクリエーションによって人びとの福祉を向上させるということであった．同時に，日常的に自然から恩恵を受ける機会を提供することにより，環境保全への意識向上を計り，最終的には，地域の自然生態系を保全しようとしている点も３つの事例に共通している．

（２）自然アクセス制度が確立された歴史的経緯

次に，各事例で自然アクセス制度が確立された歴史的経緯についてみていきたい．ブルース・トレイルに関しては，既に第３節で詳述した通り，構想が1960年に生まれ，1967年に公式開通した．ブルース・トレイル保全協会は，協

会が販売する『トレイル・ガイド』などで，ブルース・トレイルがカナダにおける最古で最長の整備されたフットパスであると主張している．これはフットパスの定義にもよるので一概には言えないかもしれないが，少なくともレクリエーション目的のハイキング道という意味では，妥当な主張だと思われる．この意味において，カナダ，そして，ブルース・トレイルにおける自然アクセス制度の歴史は浅いといえる．

　他方，ノルウェーの万人権は，長い伝統に基づくものであり，その起源は，少なくとも中世にまで遡ることができ，1957年には，野外生活法が制定され，万人権に関する体系的な法律が整備された．同様に，イングランドでも自然アクセス制度に関しては長い歴史を持っている．イングランドでは，人びとが大土地所有者との闘争を通じて，アクセスする権利を獲得してきた歴史がある．その歴史は，100年以上にも及ぶというイギリス環境食糧地方省の見解を（1）で紹介したが，カントリーサイドの自然環境への国民のアクセス権拡大を求める運動の中心的役割を果たしたのが1865年創立のコモンズ保全協会である［平松 1999］．

　以上のように歴史的経緯では，長い伝統を持つノルウェーやイングランドと1960年以降にようやく制度作りが始まったカナダのブルース・トレイルとでは大きな違いがあることがわかる．

（3）アクセスの根拠

　ブルース・トレイルにおいては，私有地にフットパスが設定されている場合，それは土地所有者の親切な許可によるものである．即ち，人びとには歩く権利が認められているわけではない．あくまでも，土地所有者の厚意によって，通行が認められているだけである．従って，土地所有者はいつでも人びとのアクセスを拒むことができる．実際，土地所有者の申し立てによってトレイルが閉鎖されることは頻繁にある．その場合は，ルートが変更される．図8-6はそのルート変更を知らせる地図であるが，太線で示してあるのが元々のルートである．地図中の×印が付けられている部分が土地所有者の申し出によって閉鎖された部分であり，「REROUTE」と書かれた濃い黒線が変更後の新しいルートである．このように多くの場合は，一時的に自動車が通行する公道を代理のルートにする．自動車の行きかう車道を歩くため，フットパスとしての魅力は大きく減退する．

ブルース・トレイルは，885kmの本トレイルと400kmの枝トレイルという長いフットパスであるため，このような所有者からの閉鎖の申し出も頻繁に起こる．図8-6は，年に4度発行される会員向けの広報誌からの転載であるが，毎号，このようなルート変更の案内は，2-3ページにわたって掲載されており，変更数は，およそ5-10カ所程度に及ぶ．また，トレイル周辺の土地所有者の中には，公衆のアクセスを快く思わない人も少なくはなく，不法侵入禁止を意味する派手な看板（写真8-3）を横目に，フットパスを歩くというこ

図8-6 土地所有者の申し出によりトレイルが閉鎖されたことを示す地図
(出所) Bruce Trail Conservancy [2009].

写真8-3 土地所有者がアクセス拒否を示すために掲げた看板
(2010年5月9日，筆者撮影).

とも珍しくはない．このように，カナダでは，あくまでも土地所有者の厚意によってアクセスが認められているだけなので，所有者が全ての権限を保持している．

　他方，ノルウェーでは，1957年に成立した野外生活法で，自然へのアクセスが万人権として明確に保障されており，この法律で認められているアクセスであれば，たとえ土地所有者であっても拒否することができない．野外生活法では，土地所有者のこのような行為を禁じている．即ち，自然へのアクセスは，権利として法律で明示的に保障されているのである．

　イングランドでは，ノルウェーと同様に，自然へのアクセスが権利として保障されている．人びとの歩く権利（public right of way）が認められている道は，フットパス（footpaths），乗馬道（bridleways：徒歩，乗馬，自転車での通行が認められている），制限付き脇道（restricted byways：動力付きで無い全ての車両の通行が認められている），脇道（byways：全ての車両の通行が認められている）から成る．これらは，カントリーサイド・歩く権利法2000で規定されている．これに加えて，人びとは，田園公園（Country Parks），コモンズ，タウン・グリーン，ビレッジ・グリーンといった場所へのアクセス権（right of access）を有しており，特にコモンズは2006年コモンズ法によって開発から守られている．タウン・グリーン，あるいは，ビレッジ・グリーンとしての登記は，人びとがその土地を開発から守るために活用される場合がある．登記のためには，その土地がグリーンとして20年以上使用されてきたことが，1つの条件となる．

　このように，アクセスの根拠は，ブルース・トレイルとノルウェーやイングランドでは大きく異なる．前者は，人びとにはアクセスの権利が認められておらず，土地所有者の善意による許可がアクセスの根拠になっているのに対して，後者はアクセスの権利が人びとに認められている．この点について筆者は，2010年にブルース・トレイル保全協会のエグゼクティブ・ディレクターへの電子メールでのインタビューを行った．その際のこちらの質問は次のとおりである．「北欧やイギリスでは，人びとは自然の中を歩いたり，滞在したりすることが権利として認められています．特に北欧では，ベリーやキノコ等の採取まで認められています．ブルース・トレイル保全協会では，"土地所有者の親切な許可"ではなく，人びとの"アクセス権"を獲得しようとしたことは無いのでしょうか」．これに対して，以下のような回答が得られた．「そのようなことは全くありません．ブルース・トレイル保全協会は，土地所有者の親切な

許可によって土地を通行しているのであって，その土地に対して何らかの権利を主張することは断じてありません．もし私たちが，土地所有者の許可なくアクセスする権利を政府から得ようとすれば，土地所有者との信頼関係が失われ，直ちに何百キロというトレイルを失うことになるでしょう．その種の法律がカナダで成立することはあり得ませんし，そのような試みは，ブルース・トレイル保全協会の評判を落とすことにしかなりません．私たちは，土地所有者との信頼関係に基づく合意を基礎にトレイルを保全し，可能な範囲で土地を購入し，トレイルを守っていく方針を変えるつもりはありません」．このように，ブルース・トレイル保全協会は，カナダの強固な土地私有制度を背景に，土地所有者との闘争ではなく，土地所有者との信頼関係の構築と親切な許可という独自のアクセス制度を築いていったといえる．

（4）アクセスの範囲

次にアクセスの範囲についてみていきたい．ブルース・トレイルの場合，トレイル上の通行のみが認められている．私有地においては，トレイルを離れて林野に立ち入ること，また，その土地で何かを採取して持ち帰ること，は禁じられている．他方，ノルウェーでは，野外生活法で定義された非耕地内であれば，基本的には自由にどこにでも立ち入ることができる．また，人びとは歩くだけでなく滞在したり，ベリーやキノコを採取したりすることも認められている．イングランドでは，歩く権利が認められている公道に加えて，特定の土地，すなわち，公園，コモンズ，そしてビレッジ・グリーン，タウン・グリーンへのアクセスが認められている．このように，ノルウェーやイングランドでは，アクセスの範囲が面的広がりを持つのに対して，ブルース・トレイルでは線としてしか認められておらず，活動内容も制限されたものになっている．

5 ブルース・トレイルはどのように創出されたのか

第4節での議論を通じて，ブルース・トレイルの特徴が明らかになった．ブルース・トレイルとノルウェーやイングランドといった自然アクセス先進国には共通する点も見られた．自然アクセス制度の目的は，3つの事例で共通しており，自然にアクセスする機会を提供し，アクセスの対象となっている自然環境を保全しようというものであった．実際に，創設者の1人であるピアソン博

士へのインタビューでは，ノルウェーやイングランドの制度から着想を得たことを認めている．しかし，ブルース・トレイルは，ノルウェーやイングランドといった先進事例の単なる模倣であると理解すべきではない．

　ピアソン博士は，「私たちは，カナダの伝統に基づいて，トレイルを作らなければならなかったのです」と述べている．彼が言うように，ブルース・トレイル保全協会は，彼ら独自の制度を創出したといえるだろう．制度は，文化，歴史，社会，そして自然条件が異なる場所へと，単純に移植できるものではない．イギリスから多くの文化を引き継いでいるカナダでさえもそうである．特に，土地所有制度における違いは重要である．都市計画の専門家でもあるピアソン博士によると，カナダの私的土地所有権は，極めて強いという．この点について，インタビューでピアソン博士は次のように述べている．[11]「私が都市計画の専門家としてイングランドからカナダに移住してきたとき，都市計画という考え方そのものが普及していませんでした．私の最初の仕事は，地方自治体に都市計画の必要性を理解させることでした．しかし，当時の都市計画の仕事は，私的土地所有権が非常に強かったため，大変厳しいものでした．土地所有者達からはほぼ例外なく，"我々は，あなたを必要としない．我々には，国王からの不動産譲渡証書がある．自分の土地では，自分のしたいことであれば何でもできる．二度と表れるな"と言われてしまいました」．

　このような状況では，市民団体がボランティア活動を通じて，私有地上のアクセス権を得ることは不可能であると考えられた．もし彼らが初期段階で，アクセスの"権利"を得ることを目的に活動していれば，多くの土地所有者がそれを脅威だとみなしたであろう．したがって，ブルース・トレイルの創設者たちは，イングランドと同じように土地所有者たちとの闘争によって権利を獲得するという戦略ではなく，彼ら独自の方法を選んだのであった．アクセスを権利化しないことを明確に約束し，土地所有者との信頼関係を築き，彼らから協力を得ることに成功したのであった．

　ブルース・トレイル保全協会の"親切な許可"を土地所有者から得る方式は，幾つかの弱点があるものの，カナダでは成功していると考えられている．ピアソン博士によると，"親切な許可"方式は，トレイル利用者に責任感を持たせることにつながっているという．トレイルが開通したばかりのころは，マナーの悪いトレイル利用者も少なからずいた．トレイルから離れて家屋に近づいたり，焚火をしたり，木を切り倒したりする者もいた．そのような行為が発

覚すると，当時のブルース・トレイル保全協会は直ちにトレイルを閉鎖し，利用者にマナーを守るように促した．利用者がマナーを守らなければ，最終的には土地所有者がアクセスを拒否するという事実は，利用者のマナー向上には有効であったという．

ブルース・トレイルの事例は，土地の私的所有と公的所有の間に，いくつもの選択肢があることを示している．私有地が絶対排他的なものではなく，人びとの野外活動の場という公的な役割を担いうるということである．そして，ナイアガラ断崖へのアクセスが活発化することによって，ナイアガラ断崖周辺の自然環境を保全しようという機運も盛り上がりを見せた．そして，ブルース・トレイルの利用者は，ナイアガラ断崖保全の力強い支持者となっていった[McKibbon, Louis and Shaw 1987]．こうした世論の高まりを受けて，オンタリオ州政府は，ナイアガラ断崖保全計画を1985年に策定した．この計画は，カナダで最初の大規模な環境保全のための土地利用計画となった．

ブルース・トレイルは，ブルース・トレイル保全協会という市民団体によって創設された．彼らは，ノルウェーやイングランドといった自然アクセス制度の先進国から着想を得た．しかし，彼らはそれをそのままカナダに移植することはせず，カナダの状況に応じた彼ら独自の仕組みを創出した．このことが，彼らが非常に長いトレイルを短期間で建設し，その後，継続的に発展させることができた主要な要因であることが，本章で明らかになった．

謝　辞

本研究は，日本学術振興会優秀若手研究者海外派遣事業でカナダのヨーク大学環境学部に客員研究員として1年間滞在した際に実施したものである．受け入れ研究者のパーキンス（Patricia Perkins）教授には，幾度となく貴重な助言を頂いた．また，本文中にも登場するブルース・トレイル協会の初代会長であるピアソン博士，そして，ブルース・トレイル保全協会の役員・事務局スタッフには，インタビューに応じて頂くだけでなく，資料の提供にも快く応じて頂いた．また，トロント・ブルース・トレイルクラブの方々には，ハイキングをしながらブルース・トレイルの生きた姿について教えて頂いた．

最後になったが，室田武先生には，先生がスウェーデンから帰国された直後にノルウェーの万人権とコモンズという研究テーマを頂き，それ以来，自然アクセス制度の研究に取り組んでおり，本研究につながっている．また，私の留学に際

しては，かつて先生が滞在されていたヨーク大学環境学部を留学先としたため，準備の段階で大変お世話になった．この場を借りてお礼申し上げたい．

注
1) Millward［1992］および Millward［2000］は，カナダにおける非都市部のレクリエーション目的のアクセスについて議論している．これらの研究は，カナダを含む自然アクセスに関する国際比較という大変貴重な情報を提供している．しかしながら，これらの研究は，地理学あるいは地形学の関心から行われた研究であり，社会経済的な側面や制度的な側面については十分に触れられていない．
2) この点に関して，平松［1999］は，コモンズがオープンスペース化していく過程を詳細に紹介している．また，嶋田［2008］は，厳格なメンバーシップを設けていた伝統的入会集団が，地域外から転入してきた住民に対して，条件付きでメンバーシップを開放するとともに，権利と義務を明確にしていったコモンズの変容過程を分析している．
3) 日本では，文部科学省が国内呼称として，ユネスコエコパークという言葉をこれにあてている．日本国内の登録地は，1980年に登録された，志賀高原（群馬県，長野県），白山（石川県，岐阜県，富山県，福井県），大台ケ原・大峰山（奈良県，三重県），屋久島（鹿児島県），及び2012年に登録された綾（宮崎県）の5カ所がある．
4) 第3節（2）でその経緯も含めて詳述するが，ブルース・トレイル保全協会（Bruce Trail Conservancy）の元々の名称は，ブルース・トレイル協会（Bruce Trail Association）であり，2007年に名称が変更された．本章では，それが明らかに2007年以前の本団体の活動を指している場合は，ブルース・トレイル協会という名称を使い，それ以外の場合は，現在の名称であるブルース・トレイル保全協会を用いている．
5) 2010年6月10日に，カナダ・オンタリオ州ロンドンで実施した対面式のインタビューによる．
6) 2008年7月1日から2009年6月30日までの期間を意味する．
7) ヤング・ストリートとは，トロントの市街地を南北に貫く主要道路で，市街地では，このヤング・ストリート沿いがカナダ有数の繁華街となっている．
8) 2010年6月10日にオンタリオ州ロンドンで行ったインタビューによる．
9) Defra ウェブサイトより引用．
10) 第4節（3）参照．
11) カナダ・オンタリオ州のロンドンで2010年6月10日に実施．

参 考 文 献
〈邦文献〉
加藤雅信［2001］『「所有権」の誕生』三省堂．
環境省［2012］『平成24年度版環境白書』環境省．
環境庁［1998］『第5回自然環境保全基礎調査——海辺調査　データ編——』環境庁自然保護局．

齋藤暖生 [2001]「森林レクリエーションとしてのキノコ採りの変遷——盛岡市とその周辺地域を事例に——」『東北森林科学会誌』6 (2).

—— [2005]「山菜の採取地としてのエコトーン——兵庫県旧篠山町と岩手県沢内村の事例からの試論——」『国立歴史民俗博物館研究報告』123.

嶋田大作 [2008]「伝統的森林コモンズの現代的変容——京都市右京区山国地区塔の共有林管理を事例に——」『林業経済』61(5).

嶋田大作・室田武 [2010]「開放型コモンズと閉鎖型コモンズにみる重層的資源管理——ノルウェーの万人権と国有地・集落有地・農家共有地コモンズを事例に——」『財政と公共政策』32(2).

嶋田大作・齋藤暖生・三俣学 [2010]「万人権による自然資源利用」,三俣学・菅豊・井上真編『ローカルコモンズの可能性——自治と環境の新たな関係——』ミネルヴァ書房.

白水智 [2011]「前近代日本列島の資源利用をめぐる社会的葛藤」,湯本貴和編『シリーズ日本列島の三万五千年——人と自然の環境史——第1巻　環境史とは何か』文一総合出版.

菅豊 [2001]「コモンズとしての"水辺"——手賀沼の環境誌——」,井上真・宮内泰介編『コモンズの社会学』新曜社.

—— [2006]『川は誰のものか——人と環境の民俗学——』吉川弘文館.

平松紘 [1999]『イギリス緑の庶民物語——もうひとつの自然環境保全史——』明石書店.

〈欧文献〉

Bruce Trail Conservancy [2009] *Bruce Trail Magazine*. 46(4).

—— [2010] *Bruce Trail Magazine*. 47(1).

Daly, H. E. and J. Farley [2004] *Ecological Economics: Principle and Applications*. Washington: Island Press.

McKibbon, G., C. Louis and F. Shaw [1987] "Protecting the Niagara Escarpment," *Journal of Soil and Water Conservation*, 42(2).

Millward, H. [1992] "Public Access in the Canadian Countryside: A Comparative Survey," *The Canadian Geographer*, 36(1).

—— [2000] "Countryside Recreational Access in West Europe and Anglo-America: A Comparison of Supply," The Great Lake Geographer 7(1).

Niagara Escarpment Commission [2005] *The Niagara Escarpment Plan*, Halton Hills: Niagara Escarpment Commission.

Norwegian Ministry of the Environment [2005] *The Government's Environmental Policy and the State of the Environment in Norway* (white paper).

Pearson, N. [2004] *The Making of the Bruce Trail: 1954-2004*. London; Canada: Norman Pearson & Associates limited.

Sandell, K. [2006] "The Right of Public Access: Potential and Challenges for Ecotourism," in S. Gössling and J. Hultman eds., *Ecotourism in Scandinavia: Lessons in Theory and Practice*, eds, Oxfordshire, UK: CABI.

Shimada, D. and T. Murota [2013] "Multilayered Natural Resource Management in

Open and Closed Commons: A Case Study on the Right of Access and the State, Community and Farm Commons in Norway," in T. Murota and K. Takeshita eds., *Local Commons and Democratic Environmental Governance*, Tokyo: United Nations University Press.

Victor, P. E. [2008] *Managing Without Growth: Slower by Design, Not Disaster*. Cheltenham, UK: Edward Elgar.

Vikander, N. [2007] "Feet on Two Continents: Spanning the Atlantic with Friluftsliv？" in B. Henderson and N. Vikander eds., *Nature First: Outdoor Life the Friluftsliv Way*, Toronto, Canada: Natural Heritage Books.

Wurzinger, S. [2006] "Environmental Concern of Swedish Ecotourists: an Environmental-Psychological Perspective," in S. Gössling and J. Hultman eds., *Ecotourism in Scandinavia: Lessons in Theory and Practice*, Oxfordshire, UK: CABI.

〈ウェブサイト〉

Defra. Website. *Why have the CROW act?* (http://www.defra.gov.uk/rural/countryside/crow/about.htm)

第9章

「癒し」でつなぎなおす森と人
──大学演習林からの挑戦──

1　管理から利用へ

　グローバル経済が浸透するなかで日本の農林業は産業として成立することが困難な状況に陥っている．そして，田畑や山林が十分に管理されないことによる，獣害や土砂崩れなどの深刻な問題が頻繁に指摘され，自然環境の管理の必要性が声高に主張されるに至っている．最近は，こうした問題は「管理放棄」という表現から，「過少利用」と表現されることが多くなったが，これは重要な認識の変化であると筆者は考えている．

　ともすると，これまでは利用なき管理が叫ばれていたきらいがあり，その「管理」のためには「公益的機能」の発揮のためであるから，と公金が注ぎ込まれるロジックが幅広く受け入れられるようになっている．しかしながら，すでに国や大部分の自治体の財政が危機的状況にあり，長期的な人口減少も予測される中で，「管理」を公的な措置に依存してしまうことがいかに危ういかは明白である．

　そもそも自然資源管理の議論は，「過剰利用」がもたらす資源枯渇や環境汚染を受けたものであり，「利用」をいかに制御するのか，という点に焦点があてられてきた．コモンズ論における資源管理論も基本的な問題設定は過剰利用の回避にある．過少利用状況において自然環境を管理すべき，という議論をしても，過剰利用を前提としてきたこれまでの管理論はほとんど用をなさない．問題の局面が全く異質なのである．

　とはいえ，言い方を変えれば，「管理」問題はいかに（賢い）「利用」をするか，という問いでもある．これは，過剰利用状況にあっても過少利用状況にあっても通ずるものである．こう考えてくると，利用あっての「管理」問題と

いうことになり，管理問題は本質的には利用問題であるということになる．こうした意味で，前述のような問題を「管理放棄」ではなく「過少利用」ととらえることは，人間社会と自然環境の関係性を，問題の出発点である「利用」に引き戻して考える素地を提供するものとして評価されるべきものだろう．

　いかに自然資源を利用するか，といったとき，利用を制御することに関しては，長年にわたって知見が蓄積され，「処方箋」と呼べるようなものも示されてきた．一方で，利用を促すこと，特に新たな利用方法を見出すことに関しては，いまだきわめて手薄であるといわざるを得ない．資源の「利用」について，その始点に立ち返って考えてみよう．秋道は，資源の重要な特性として，「何が資源であって何が資源でないのかは，文化的あるいは歴史的な条件によって変わる」［秋道 1999：42］文化相対主義的な特性，すなわち，「文化による相対的な価値づけ」（以下では簡単に「文化による価値づけ」と表記する）があると指摘する［秋道 2007：14-15］．この見方に立てば，いま求められているのは，新たに自然に対して「文化による価値づけ」をすることであり，自然と人間の関係性を研究する者は，この課題に対していかに貢献できるか，という局面に立ち至っているのだと言える．

　この課題に取り組むということは，従来の資源管理論で主流であった，「既存」の事例を分析するというアプローチでは不十分であるということを意味している．また，知見が十分に蓄積されたとしても，従来の科学者がやってきたような科学的知見に基づき処方箋を示すというような社会還元の仕方は，科学者と地域住民の価値観のズレから，有効性には大きな疑問符がつくこととなるであろう［宮内 2013：14-28］．研究者自身による実践をより重視し，その実践の中で地域での文化の創造・定着の過程を分析しつつ新たな実践へとフィードバックする順応的ガバナンス［ibid.］，アクションリサーチという研究態度［矢守 2010：11］が重視されることになる．

　筆者は，大学演習林という職場に身を置く中で，まさにこうした課題に取り組むプロジェクトを計画・遂行する機会を得ている．この取り組みが始まってからまだ日は浅いが，本章では，この計画の背景と概要を述べ，プロジェクト計画・遂行に携わる中で見えてきた点について，考察をしてみたい．

2 大学演習林という装置

　本題に入る前に，少しだけ，大学演習林について説明しておきたい．なぜなら，大学演習林は，本章において重要なキーワードの1つである「実践」と大きく関わるからである．

　大学演習林は，大学設置基準第39条によって，林学に関する学科または専攻を設ける大学に設置が義務付けられている．現在，日本全国で26の大学が演習林を設置している［全国大学演習林協議会ウェブサイト］．当初は大学の基本財産という位置づけが強かったが，その後，林学あるいは森林環境一般に関する教育・研究のフィールドとして利用されている［奥山・秋林・大橋 1998］．

　これまで林学で扱ってきた「林業」の主要な部分は育林（silviculture）であり，大学演習林で行われる教育・研究もこれを主な対象としてきた．一部の先進的な林業地を除けば，育林は，多くの地域にとって未経験なものであったが，明治以降の産業近代化の中では，森林地帯で暮らす人びとの経営形態として，最も普遍的なものであり，望ましいとされるものだったであろう．このような中で，大学演習林は，育林の専門家を育成し，試験地を設定してのフィールド研究により育林技術の向上に寄与してきた．いわば，森林を背景として暮らす人びとの営みに，森林に関する新たな「文化による価値づけ」をし，定着させ，改良するための実証・実践の場を提供してきたのが大学演習林であると言える．

　そうした意味では，新たな森林利用の創成ために大学演習林において実証・実践することは，決して目新しいことではない．しかし，これまでは，得られた知見が主に森林行政を介して，政策あるいは普及という形を取り，社会に還元されてきたのに対し，以下で紹介する筆者らによるプロジェクトは，地域社会に直接還元することを目指している点に特徴がある．

3 癒しの森プロジェクト

（1）東京大学富士癒しの森研究所および周辺地域の概要

　筆者が身を置くのは，東京大学演習林の地方演習林の1つ，富士癒しの森研究所である．富士山の北東麓，山梨県山中湖村に立地する（図9-1）．標高お

194　第Ⅲ部　コモンズの再生・創造

図9-1　東京大学富士癒しの森研究所の立地
(出所) 筆者作成.

よそ1000mの高地にあり，首都に近接しながら，東北や北海道にならぶ冷涼な気候の地である．この研究所の前身である富士演習林は，地域住民による土地の寄付，山梨県からの土地の貸与を受け，1925（大正14）年に設立され，保有面積は現在，およそ40haである．その多くが70-90年生のカラマツ林であるが，多くの広葉樹が混交してきている．冷涼な気候を生かし，当初は，高山植物の植物園や寒地性樹種による育林試験が行われてきた．やがて，以下に詳述するように，周辺地域が観光地・リゾート地として発展するにつれ，1970年代より森林の保健休養機能に着目した研究が中心的な研究対象となってきた［東京大学農学部附属演習林 1982］．

　研究所の立地する富士北麓は，高標高のため冷涼であるばかりでなく，火山性の痩せた土壌であり，その農業生産性は極めて低い．かつては，いまほど人口密度は高くなかったが，現在はなかなか人が立ち入らないところまで資源が求められ，広大な山野に強く依存した暮らしがあった．山野はそれそのものが農業生産地として利用されたり（山畑），農地の肥料源，現金収入手段として重要だった馬搬業（駄賃付け）に使う馬の飼料源，養蚕の暖房熱源，木炭生産の原木供給源として，人びとの暮らしを支えていた（写真9-1（a））．

　他の地域同様，ここでも，戦後に育林による森林経営が志向された．しかし間もなく高度経済成長期となると，富士北麓は保養地として脚光を浴び，条件不利な農山村から一大観光地・リゾート地へと劇的に転換した［山本 2002］（写真9-1（b））．このことにより，人びとの暮らしは，農業および林業からほぼ脱却したといってよい．富士北麓において造林樹種として主に選ばれたカラマツは，製材用材としてはあまり高く評価されるものではなく，一般的な木材価

第9章 「癒し」でつなぎなおす森と人　　195

(a) 柴を運ぶ女性（1965年，山中地区，高村不二義氏提供）　　(b) 多くの観光客が立ち寄る観光施設（2013年11月17日，筆者撮影）

写真9-1　研究所周辺地域の変化

格低迷もあり，観光関連産業に主軸を移した人びとにとって，魅力的ではない[1]．したがって，富士北麓に広がる森林の多くは，一時的に育林事業が行われたものの，間もなく放棄されたものであり，ここに住む人びとの暮らしと森林の断絶は，相当の時間経過を経たものとなっている．

(2) 地域社会からの課題の抽出

こうして，周辺地域の多くを占める森林は，長年の放置により過密化し，枯死木も目立ち，保健休養機能を発揮するどころか，近寄るのがためらわれるような状態が実に多い．保健休養空間として森林を利用する場合，立木が一定の密度以下であることが望ましいことがすでに分かっているが［下村 1997：119-22］，本研究所の比較的頻繁に作業を投下している区域ですら，この基準を大幅に上回るものとなってしまっている．森林所有者である地元住民が森林との関係を断絶させ，森林が過密になっているいっぽう，周辺には，森林に囲まれた生活にあこがれて移り住んでいる別荘住民が多く，薪ストーブを導入しながらも薪の調達に困っている，という話がよく聞かれる[2]．もし，森林所有者と別荘住民がうまく連携すれば，別荘住民が森林から薪を得ることによって，結果的に森林の保健休養機能が高まり，観光業を通じて旧来の地域住民にも利益が及ぶ，いわゆる Win-Win の関係が成り立ちうる．演習林の中だけで，森林の保健休養機能を発揮させても意味がない．ここに来て，現実の地域社会の中で保健休養機能に優れた森林を実現しうるかという，きわめて実践的で地域に即

した課題が立ち現れてくることになった．

そこで，研究所周辺の地域社会の中での，保健休養機能に優れた森林を生み出し，維持する自律的な営みの実現を目指して，2011年に新たな研究計画を立てた．この際，富士演習林から，富士癒しの森研究所へと改称した［東京大学大学院農学生命科学研究科附属演習林富士癒しの森研究所 2012］．

（3）「癒し」の定義と「癒しの森」

本研究所の命名からもわかるように，本研究所にとって「癒し」という言葉は，最重要のキーワードになっている．これは「保健休養機能」とほぼ同等の言葉であるが，成果の地域還元を目指すうえで，一般の人びとに意義をより直感的に捉えてもらうための有効な用語であると考えている．

広辞苑で「癒す」を引くと，「病気や傷をなおす．飢えや心の悩みなどを解消する．」とある．しかし，近年，巷間で繁用される「癒し」という言葉には，必ずしも広辞苑で定義されているような，ネガティブ状態から回復するというだけでなく，むしろ，定常的な状態からより良い状態になる，というニュアンスを多分に含んでいる．本研究所では，「癒し」はこの後者の立場で捉えている．

ここで，本研究所における「癒し」を定義すると，「森林あるいは森林由来のモノ（資源）と関わることで得られる身体（感覚）的・心理的満足」となる．すると，「癒しの森」とは，具体的には，散策や教育・体験活動が快適に行える森林空間であり，森林整備活動自体が楽しまれている空間であり，薪やベンチなど暮らしを彩るモノをもたらしてくれる空間である．別な言い方をすれば，森を創る，歩く，林産物を使う，など森林空間あるいは森林由来資源と人が関わるあらゆる場面での「癒し」が本研究所の扱う対象であり，このように「癒し」を通じて人びとがさまざまな関係を持っている森の総称が「癒しの森」であるということになる．

（4）「癒しの森プロジェクト」

本研究所が2011年に立てた10年計画の軸としているのが，地域において「癒し」を得ながら森林資源が収穫・利用され，そのことによって自律的に保健休養機能に優れた森林が創造・維持されることを目指す「癒しの森プロジェクト」である．このプロジェクトの概念を図化した図9-2をみていただきた

図9-2　「癒しの森プロジェクト」の概念図
(出所) 富士癒しの森研究所 [2013].

い．プロジェクトにおいて実現を目指す，研究所周辺地域の中での森林のあり方とは，現況のような放置された森林（左）が，高い保健休養機能を発揮する森林（右）になるまでに，人びとが「癒し」を得ながら資源利用・山林作業に関わる（中央），というものである．この社会的仕組みを想定し，また，積極的にかかわる中で諸事業（研究・教育・社会貢献）を展開することになる．実例はまさにいま計画を遂行する中で試行錯誤的に取り組んでいる段階であるが，以下に，計画時に想定したことを中心に，人びとが森に関わる場面を具体的に述べる．

（a）森林での作業

森林景観を整える作業は基本的に間伐，潅木類の刈払いであるが，こうした作業に従事すること自体が人びとにとって「癒し」となると期待される．たとえば，薪割りなど薪を調達するための作業が心理的に充実を得られるものであり，「薪割りクラブ」などのグループ活動がなりたち，この作業が森林の環境整備にもなることが指摘されている［深澤 2001；草苅 2004］．さらに，森林内での作業は，コミュニケーション能力の改善に大きく寄与することも報告されている［上原 2009］．森林での作業は，収穫の喜びを求めてやるものでも，純粋に森林整備作業の充実感を求めてやるものでもよい．さらに仲間を作って取り組むことに「癒し」をさらに充実させる可能性があり，森林所有者とのコミュニ

ケーションが生まれ，そのことによっても「癒し」がもたらされる可能性が指摘できる．森林整備の計画を立てる上で，森林の状態を調査することは重要であるが，これが楽しみの対象となることも，本研究所での試みの中からわかってきた．

（b）森林由来資源の利用

言うまでもなく，森林資源の最たるものは木材，それも，柱や板に使われる製材用材である．林業の低迷の最大の要因に木材価格の低下が挙げられるが，近年の原木丸太の市場価格はスギで1㎥あたり1万1000円程度，ヒノキで同1万7000円程度，研究所周辺に多いカラマツとなると10000円程度でしかない．これは市場に到達した段階での価格なので，森林所有者の手元に残るのは，伐採費用や運搬費用を差し引いたものになり，スギの場合は，1㎥あたり2600円ほどになるという［林野庁 2013］．さらに単価の低いカラマツは，1000円台であると推定され，加えて，富士山麓地域では中腐れが多いことから，それ以上に厳しい状況であると考えられる．

このように市場において高く評価されない木材であっても，見方によっては，価値ある資源となる．多くの別荘住民が所望している薪は，基本的には樹種や材質を問わずに，十分な満足を使用者に与えるものである．また，木材は簡単な加工をするだけで，東屋やベンチなどとして，癒しの森を演出することが期待できる．こうした精密な加工を必要としないものならば，薪と同様に，樹種や材質はあまり問題とならない．さらに，森林整備が進んだ場合，林床環境が変わり，山菜やキノコなどが増えることも想定されるが，そうした食材が森の癒しの要素として加わることもあるだろう．

このようにモノ（資源）として，実質的な恩恵を森林から得ることは，前述した森林作業に人びとが関わるうえでの重要な動機ともなるはずである．

（c）散策や観察

前述のように人びとが楽しみながら森林内で作業することは，資源採取行為であると同時に，森林環境を管理する行為にもなりうる．たとえば，薪を林内から採取する際，森林所有者と薪採取者の間で，景観上望ましくない木のみを薪として収穫するという了解がなされれば，薪の収穫すなわち森林の手入れということになる．前述のように，樹種・材質はあまり吟味する必要のない利用形態の場合，景観を優先した伐採木の選定であっても採取者の満足は得られるであろうから，森林所有者−薪採取者間の了解は成立しやすいものと考えられ

る.

　このんで森林作業（収穫）する人びとが受け入れられた森林は，結果的に，散策や自然観察が快適にできる森林空間となるであろう．散策や自然観察を楽しむためには，林内を通る道が大きな役割を果たす．北海道苫小牧の NPO 法人環境コモンズでは，薪ストーブユーザによる作業＝薪の収穫を，林内のフットパス整備として展開している（2012年10月聞き取り）．このように，散策や自然観察に好適な林内の道が，これまで述べてきた「癒し」の森林作業の一形態として実現しうる．

(5) 地域社会の中での大学の役割：研究の設計

　このプロジェクトで想定されている行動主体は，あくまでも地域社会で暮らす，あるいは何らかの関わりを持つ人びとである．もし，大学としての立ち位置，役割をわきまえずにプロジェクトが描く地域社会の実現にがむしゃらに取り組んでしまうのなら，単なる運動機関でしかないであろうし，仮に形の上で実現を果たしても自律的な社会の営みとは言えないものであろう．

　では，このプロジェクトを遂行するにあたって，森を持つ大学の一機関としての役割はなんであろうか．それはやはり，森林に関する専門的な情報と知識生産に関するスキルを，地域社会に適合する形で提供する，ということであろう．ただし，プロジェクトとして一定のゴール設定をして取り組む以上，主観からフリーな科学研究ではなく，ある一定の方向性・価値観を内在させた研究活動を志向することになる．癒しの森プロジェクトに即して考えた場合，研究所が遂行すべき研究は，① 機能，② 技術，③ 社会の側面についてものに整理される．

　(a) 機　　能

　森林の保健休養機能（癒し効果）について明らかにする研究である．特に，操作実験的に，手入れ方法の異なる林分（実証林）を用意し，そこにおける景観の変化と快適性の相違を明らかにする（図9-3）．実験林分を手入れする過程では，主に燃料とされることが想定される資源の生産量や，一連の作業に潜在する癒し効果についても明らかにする．こうした研究を，研究所のための研究所による研究とせず，たとえば，地域の人びとに積極的に実験に参加してもらう機会を設けるなど，可能な限り地域住民との研究活動の協働体制を追求していくことが，地域社会の自律性を促すうえで重要であると考えられる．ま

図9-3 実証林の計画案
(出所) 富士癒しの森研究所 [2013].

た，実験データだけでなく，この実証林を現物として展示，地域住民が森づくりに関わる上での有効な参照軸となることも期待できる．

(b) 技　　術

癒しの対象として森林作業が行われる場合に適合的な技術を探求する研究である．この場合，これまで育林事業で施行されてきた生産性の高さよりは，安全性や快適(楽)性が重要な視点となる．さまざまな森林技術および周辺の技術について広く情報収集を行い，実験を行いながら「癒しの森」づくりにおける適正技術について検討する．前記同様に，この研究過程にできる限り地域の人びとが関われる形を考えることが重要である．なお，この技術に関する論点は，後の考察でさらに詳細に触れたい．

(c) 社　　会

「癒しの森」づくりは，社会的仕組みづくりでもあるから，社会学的な分析も必要である．研究所が置かれた社会的環境に即して，森林所有者，別荘住民という異質な主体同士が，1つの共通益＝「癒しの森」の実現に向けていかに連携しえるか，という問題設定を立てている．

前述したように，実験や研究の過程に地域の人びとに関わってもらうこと，公開講座や体験イベント等において，研究で得た知見，体験の場・プログラムを提供することによって，地域内のさまざまな主体がある中で，①共通認識

の醸成→②協議・交流の場の創出→③協働関係の構築，というプロセスを後方支援的にサポートしていく．この過程の中で，人びとの意識，行動の変化を記録・分析し，プロジェクトの進め方にフィードバックしていく．

4 プロジェクトの特徴と課題

日本における森林と人間のかかわりの近現代史を見ると，日常的かつ多種多様な資源活用のあり方から，木材生産に特化した資源活用のあり方（育林経営）に代わってきた．いわばビジネスモデルとしての育林経営が日本中の森林の大部分を覆うようになった．そして，その後の木材価格の低迷等により，ビジネスモデルとして通用するには厳しい局面となっている．癒しの森プロジェクトは，こうしたビジネスモデルとは決定的に異なる森林と社会の関わり方を提案するものである．これまでのビジネスモデルと対比することで，癒しの森プロジェクトモデルの特徴を明らかにしてみたい．そして，この特徴として挙げられる点こそが，現状からの転換を図るうえでの課題にほかならない．

表9-1 従来型の林業（育林）・林産業と比較した「癒しの森」の特徴

	従来型林（産）業	癒しの森
森林活動の主体	森林所有者，林業労働者に限られる	森林と関わりたい人はだれでも関われる
森林から得るもの	経済的利益	感覚的，精神的な効用
用いられる技術	大規模・ハイテクを志向	安全かつ簡易な技術が適合的

（1）森林に関与する主体

育林においては，森林に入り作業をするのは，森林所有者あるいは林業労働者に限られる．これに対し，「癒しの森」では，森林と関わりたい人，具体的には薪を採集したいという人，あるいは作業自体を楽しみたいという人など，だれでも関わることができるというのが特徴的である．年齢，体力，好みに応じて各人が関わりたい場面に関わることが想定される．また，森林に魅力を感じる者同士が集うことによって，森林は人びとのコミュニケーションの場となることも期待される．そうなれば，森林はその所有者だけのものではなく，地域の人びとが豊かに暮らすためのかけがえのない基盤となる．言い換えれば，

地域にとって森林がより社会的な存在になる，ということでもある．
　その兆候として，近年では，森林ボランティアに見られるように，森林に関わりたい人が森林管理作業に従事する例が多くみられるようになってきた．このとき重要になってくるのが，森林所有者と作業（収穫）者の間でのコミュニケーションである．森林所有者ではない者による資源採取を伴うことが想定される癒しの森づくりの場合，特にこの点は注意する必要がある．宮城県の川崎―仙台薪ストーブの会の事例では，山村住民と都市住民によるコミュニティが形成されてきたことが報告されているが［新妻 2011］，一方では権利侵害あるいは搾取するような関係が生じる可能性も否定できない．こうした，資源利用が変わる際の自然をめぐる人びとの関係性の変化には十分な注意を払いたい［齋藤 2009］．

（2）森林に関わるインセンティブ

　世界を見渡せば，木材生産だけでなく環境保全のための植林など，育林にはいくつかの目的があるが，日本においては，おおむね木材生産を主眼に置いたものが支配的である．ここで人を森林に引き付けていたのは木材収益への期待であり，その期待がなくなった時，森林は放置されるようになった．すなわち，森林と人間を結びつける主要な紐帯は経済的インセンティブだった．
　いっぽう，「癒しの森」においては，森林と関わることで楽しみや喜びを得たいというような感覚的・心理的インセンティブが重視されることが想定される．ただし，これは必ずしも経済的取引活動が排除されるということを意味するのではない．薪などは楽しみとして自給的に生産する場合が多くなることも考えられるが，人によっては，買えればよいということもあるであろうし，森林所有者への対価の支払いということも十分に考えうる．重要なのは，森林由来のモノを使いたい，森林の中で活動したい，というような感覚的・心理的インセンティブを拠り所に，森林と人間のつながりの再構築が促される，ということである．ひるがえって，「癒しの森」づくりのためには，森林と森林由来のものを感覚的・心理的に評価する価値観が確かなものになり，その価値観が地域の人びととの間で共有されることが課題となってくる．
　さらに，こうしたインセンティブの転換は，森林における労働の質を変えるものであると言える．育林においては，ほぼ純粋な労働であったのに対し，「癒しの森」づくりにおいては，山菜採りやキノコ採りがそうであり続けた

[齋藤 2006] ように，余暇活動の面を多分に含んだ労働となるであろう．

（3）森林に関わる技術

　育林において近年とくに重視されているのは，労働生産性を上げて低コスト化を測ることである．林地を集約化して施業する対策や，高性能機械（写真9-2（a））を導入する対策が急がれているが，ここで施行される方向性は大規模化とハイテク化であると言える．木材を生産した後の林産分野でも，たとえば，住宅産業は，大手ハウスメーカーが住宅供給の主流を占めるようになり，工法としても，コンピュータ制御技術を駆使したプレカット工法が主流となっている（写真9-2（b））．

（a）伐倒，枝払い，玉切りを一台でこなす高性能林業機械（北海道富良野市にて，2009年8月19日，筆者撮影）

（b）精巧に継ぎ手が加工されるプレカット技術（埼玉県秩父市にて，2012年9月18日，筆者撮影）

（c）安全かつ容易に木材を搬出できるポータブルロープウインチ（当研究所公開講座にて，2010年9月12日，筆者撮影）

（d）加工度の低さにこだわって建てられた東屋（当研究所Ⅱ林班にて，富士癒しの森研究所［2013］）

写真9-2　森林と関わる技術

このような大規模化・ハイテク化の指向性とは対照的に,「癒しの森」においては,技術が簡易であることの意義が重視されることになると考えられる。ここで,これまで当研究所の試みとして行ってきた事例をもとに,この点について掘り下げて考えてみたい。

写真9-2 (c) は,安全・簡易で作業に親しみやすい技術としてロープを用いた牽引機械(ポータブルロープウインチ)を導入し,地域住民に体験をしてもらった時のものである。これは,ロープを伐採した木に巻きつけて小型ウインチで引く装置で,安全で簡易ではあるが,決して作業効率の高いものではない。写真9-2 (d) は東屋であるが,壁は,丸太を一定の長さに玉切りしたものを積んだだけの,木材の加工度をおさえた利用方法である。こうした簡易な技術を用いることは,一般の人びとが森林や森林資源に親しみやすくなるだけでなく,親しむ機会を増やすものであると言える。技術が簡易であるということは,人の手間がかかる(労働集約的),ということであるが,これは,人びとが森林や森林資源に触れる機会が多いということを意味する。すなわち,簡易な技術を通して森林と付き合うことは,森林で作業をする楽しみ,みんなで取り組む楽しみ,薪を作る楽しみ,火を燃やす楽しみなど,さまざまな楽しみの機会をもたらすものと考えられる。

ただし,これは単純に簡易さを突き詰めるのが良いというわけではない。たとえば,手ノコで木を伐採することは,大きな肉体的疲労を伴う。こうした作業に快感を得る人もいるが,肉体的苦痛を回避する手段があれば,より多くの人にとって森林は「癒し」を得やすい存在になりうる。したがって,第3節(5)で述べた技術追求のあり方としては,技術が簡易であることの「癒しの森」にとっての正の側面を評価しつつ,森林と関わる際の煩わしさを回避してくれる先進的技術のベストミックスを探る,ということになるであろう。

おわりに

以上みてきたように,森林と人の関わりが断絶した現況に対して,東京大学富士癒しの森研究所が取り組んでいる「癒しの森プロジェクト」は,「癒し」を軸に森林と人びとの暮らしをつなぎ直す,すなわち,森林への新たな「文化による価値づけ」を目指す実践的な試みである。

この試みは,東京大学富士癒しの森研究所周辺の個別的な地域事情を念頭に

置いた，きわめてローカルなものであり，木材市場というグローバルな競争を前提とする場を介さずに地域内で森林と社会をつなげるビジョンを示すものである．そこには，非商品化経済部門の経済［多辺田 1990］の復権も視野に入ってくる．森林を地域社会・経済の中に埋め戻すことで，かつて農山村にあったような自然と人間の関係性，自然を介した人間と人間の関係性に見られた豊かさを，現代に適応する形で追及する素材にもなりうるだろう．

　最後に，こうした実践的なプロジェクトに身を置く立場について確認しておきたい．専門的な知識を持つものとして，最適解とするものを地域社会に押し当てることの弊害［宮内 2013］，逆に単なる運動家として振る舞うことの不適切さもある．地域の人びととともに知識生産をし［菅 2013］，専門家としての立ち位置を自覚しながら「文化による価値づけ」のプロセスを共有することが重要であると考える．あくまでも「管理」ではなく，地域の一員として地域の人びととともに「利用」の道筋を作っていこうとする立場である．

注

1) カラマツは当初，坑木や足場丸太として利用されるものとして想定されていたようであるが，これらの需要は炭鉱の相次ぐ閉山，金属製の足場が普及にしたがって消滅していった．製材用材としては，ねじれやすい，ヤニが多いということで敬遠される傾向がある．さらに，富士北麓のカラマツは中腐れが多いことが問題となっている［Ohsawa, Kuroda and Katsuya 1994］．
2) 近年，薪ストーブやペレットストーブの普及が進んでいると言われ［森のエネルギー研究所 2012：1］，正確な統計は存在しないが，主に欧米から輸入される高級薪ストーブは年間1万台ほど輸入されていると推測されている［白鳥 2012：96］．研究所周辺10km圏内に3つの薪ストーブ業者があり，うち1つは2009年に新たに開業したものである．また，ペレットストーブ取り扱い業者も同時期に開業し，順調に売れ行きが伸びているという［私信］．
3) 一般的に薪として使われる木材は，ナラなどの堅い広葉樹が好まれるが，慣用表現として「薪にしかならない」というように，薪という木材の利用形態は，木材の樹種や質を選ばないという側面を持っている．一部で敬遠される傾向のあった針葉樹の薪も十分に有用であることが科学的に実証されてきている［木平 2012］．
4) アクションリサーチについて複数の定義を検討した矢守は，その大きな特徴の1つとして「価値観を懐胎した研究」を挙げており［矢守 2010］，本研究所における研究も同様の性格を有する．

参考文献

秋道智彌［1999］『なわばりの文化史——海・山・川の資源と民俗社会——』小学館.

―――［2007］「序――資源・生業複合・コモンズ」，秋道智彌編『資源とコモンズ』弘文堂．
上原巖［2009］『実践！上原巌が行く森林療法最前線』全国林業普及協会．
奥山洋一郎・秋林幸男・大橋邦夫［1998］「国立大学附属演習林の創設と展開：大学・学校設置と附属演習林の類型」『林業経済研究』44(2)．
Ohsawa, M., Y. Kuroda and K. Katsuya［1994］"Heart-Rot in Old-Aged Larch Forests (I) : State of Damage Caused by Butt-Rot and Stand Conditions of Japanese Larch Forests at the Foot of Mt. Fuji," *Journal of Forest Research*, 76(1)．
草苅健［2004］『林とこころ』北海道林業改良普及協会．
齋藤暖生［2006］『自給的およびレクリエーション的な山菜・きのこ採りに関する研究――採取資源の性格と生態的背景――』京都大学大学院農学研究科博士論文．
―――［2009］「資源転換期のコモンズ」『Local Commons』10．
下村彰男［1997］「レクリエーション空間」，堀繁・斎藤馨・下村彰男・香川隆英『フォレストスケープ――森林景観のデザインと演出――』全国林業改良普及協会．
白鳥政和［2012］「薪ストーブ」，熊崎実・沢辺功編著『木質資源とことん活用読本』農山漁村文化協会．
菅豊［2013］『「新しい野の学問」の時代へ――知識生産と社会実践をつなぐために――』岩波書店．
多辺田政弘［1990］『コモンズの経済学』学陽書房．
東京大学大学院農学生命科学研究科附属演習林富士癒しの森研究所［2012］「富士癒しの森研究所第4期教育研究計画」『演習林』51．
東京大学農学部附属演習林［1982］『富士演習林第1期試験研究計画』東京大学農学部附属演習林．
新妻弘明［2011］『地産地消のエネルギー』NTT出版．
深澤光［2001］『薪割り礼賛』創森社．
富士癒しの森研究所［2013］『富士癒しの森研究所（2013年パンフレット）』．
宮内泰介［2013］「なぜ環境保全はうまくいかないのか」，宮内泰介編『なぜ環境保全はうまくいかないのか――現場から考える「順応的ガバナンス」の可能性――』新泉社．
森のエネルギー研究所［2012］『地球温暖化対策と大気汚染防止に資するコベネフィット技術等の評価検討業務　報告書』．
山本清龍［2002］「山中湖にみる保養地及び観光地としての史的展開と空間構造について」『ランドスケープ研究』65(5)．
矢守克也［2010］『アクションリサーチ――実践する人間科学――』新曜社．
林野庁［2013］『平成24年度　森林・林業白書』．
〈ウェブサイト〉
全国大学演習林協議会（http://forest.fsc.hokudai.ac.jp/~zenen/，2013年12月15日閲覧）．

第Ⅳ部　コモンズ論と環境ガバナンス
―― 「公」・「共」・「私」の再検討 ――

(撮影：嶋田大作)

第10章

伝統的コモンズと法制度の構築
――裁判例にみる財産区制度の可能性と限界――

1 コモンズ論における財産区への関心

　泉留維らによる『コモンズと地方自治』[泉・齋藤・浅井ほか 2011] は二重の意味で興味深いものである．同書は文部科学省科学研究費補助金特定領域研究「グローバル時代のローカル・コモンズの管理」（研究代表者：室田武）の一部として行われたアンケート調査等の成果を基礎とするものであるが，法学者や行政関係者ではなく，社会学者や経済学者を中心とするコモンズ研究者が中心になってこのような調査を行い，その成果を発表したものである．このこと自体が，最近のコモンズ研究者のなかにおける財産区への関心を象徴しており，興味深い．[1]

　また，同書に掲載されたアンケートの結果も，想像との差異は大きくないものの，財産区をめぐる状況に変化がないということを示すものとして興味深いものである．全国の市町村および特別区の98.3％からの回収率によるこのアンケート調査によれば，回答のあった1795市町村（および特別区；以下同じ）のうち財産区を設置する自治体は442あり，財産区の数は3710にのぼるという[泉・齋藤・浅井ほか 2011：61]．財産区が所有する財産の種類などの細部にわたってのデータが提供されていることに加えて，行政の現場においては現在に至ってなおこれほど多くの財産区の存在を認定しているということがリアルに示されたことは，それが今日の財産区（とされているもの）が置かれているねじれた状況を示すもの，そのねじれを再確認させるものとして大変重要である．[2]

　後述するように，財産区財産も入会財産もその淵源は同じ部落有財産（ムラの財産）であり，明治以降の歴史の中であるものは財産区財産として扱われ，あるものは入会財産として扱われるようになった（そのほか国有地や公有地とされ

たり，個人有地とされたりしていったものなどもある）．また，法学分野の入会研究者の中では，戦後における研究の進展を経て（主たるものとして，川島・潮見・渡辺編［1968］と渡辺編［1974］），少なくとも第2次世界大戦後の市町村合併や平成の市町村合併に伴って成立する「新財産区」を除けば，明治以来のムラの後継たる部落等の集団が今日において財産を所有している場合については，財産区（旧財産区）ではなく入会とみるべきものがほとんどであると考えられている．加えていうなら，行政当局も部落有財産のすべてが財産区（旧財産区）であるとの硬直的な見解を若干緩和し，部落有財産が財産区であるか入会であるかについてはその実態に応じて判断すべきとの見解に移行したといわれている［渡辺編 1974］．そのようななかで，現場自治体の行政担当者によりこれほど多数の財産区の存在が認定されているということは，落胆すべき現実をまざまざと見せつけられたという思いを感じずにはいられない．

　同書のアンケートの結果によれば，財産区は大阪，兵庫を中心とする関西各府県，福岡など北西九州の各県，岡山，広島，鳥取という中国地方，青森県，そして山梨，長野，岐阜，静岡という中部・東海の各県に多く存在し，かつ相当の偏在ぶりを示しているが，大阪府を中心とする関西各府県や青森県，山梨県などにおいては，強硬な態度での旧財産区（後述）の認定が行われるとともに，認定された財産区に関する硬直的な指導が行われてきていることがこれまでも指摘されており（渡辺編［1974］所収の武井正臣「入会権と財産区に関する行政解釈」や，矢野［2005］で紹介されている大阪府の例などを参照されたい），アンケートの示す財産区の偏在は基本的には市町村の行政担当者の入会や財産区に関する認識やこれまでの行政的な扱いの積み重ねの違いによると考えるべきものであろう．

　また，同様の事情は，財産区の有する財産の種別として墓地や用水池・沼地が多くあがる地域が限定されていることにも反映されているということができよう．アンケート結果によれば，山林が第1位にあがるのは当然として，第2位に墓地，第3位に用水池・沼地があがっているが（それぞれ全国平均で財産区のうちの20％を超える財産区でそれらの財産を所有しているとの結果である），これも近畿と岡山を中心とした府県に偏っており，それらの府県における，部落共有墓地やため池を財産区として扱うという指導や認定方針が大きく影響しているものと考えざるを得ない．

　ちなみに，公刊された裁判例を見る限り，今日における財産区をめぐる訴訟

はいずれもそれらの府県，特に大阪府において多く発生しており，部落有財産に対して現実に行われている入会的管理・運営と行政の求める財産区としての管理・運営のズレがそれらの地方の「財産区」において紛争を誘発していることが見て取れる．

　すでに述べたように，泉・齋藤・浅井ほかの『コモンズと地方自治』は近年のコモンズ論の議論の中での財産区への関心の広がりを示すものであるが，これまで，コモンズ論の中では，財産区制度への法学的な議論を前提にしながらも，コモンズとしての財産区の意義や可能性について次元の異なる 2 つのことが語られてきた．

　まずは，日本の実在的なコモンズとして財産区が実態調査の対象とされ，その成果として，住民を主体とするコモンズ的な地域資源の管理システムとしての財産区の積極的な意義について語られてきた[3]．もっとも，そこで語られているのは財産区の形態をとる入会の可能性であり，「財産区」の実質をなしている入会的な管理のなかに地域住民の自律的な地域資源管理というコモンズとしての可能性を見る議論が行われているのである．そうすると，このような位相で財産区の可能性を語るためには，その前提として，そのような「入会と財産区」との関係をどう見るか，そしてその関係を今後どうすべきかが問題となる．

　もう 1 つの次元では，入会が地域住民の中でも閉じられた権利者だけのものとされるとともに，外部者の利用や関与に対してどちらかといえば消極的な態度を示しがちであるのに対して，財産区が一定地域の住民すべてを構成員とし，公共的な利用・管理という原理を有していることに着目し，そこに今日のコモンズとしての財産区の可能性を見る主張が行われている[4]．このような次元で財産区の可能性を問題にするに当たっても，まずは「入会と財産区」の問題にどのように対処するかが問題にされなければならない．そしてそのうえで，入会のもつ「閉鎖性」を財産区制度の「開かれた性格」により打破することの是非やその形が問われることになる．

　本章では，このような意味での財産区制度の可能性を探るための前提的な作業として，財産区制度の歴史について概観したうえで，近年の裁判例における財産区管理のあり方についての議論を検討する．その中で，財産区制度が置かれている今日の社会的な位置についても一定程度触れることにしたい．

2　財産区の歴史と理解

　本章は財産区財産（財産区とされている財産）の管理に関して近年の裁判においてどのようなことが問題とされ，裁判所がそれについてどのような判断をしているのかについて検討するものである．本節ではその前提として，財産区制度の歴史について簡単に見ておくことにする．財産区の歴史をどう見るかは財産区の本質をどのように理解するかに直接的に影響するし，財産区のあるべき管理のあり方をどう考えるかについても決定的な意味を持つからである．

　財産区に関する紛争は，ある部落有財産が財産区財産なのか，入会財産なのか，あるいは公有財産の上に存在する地域民共同の収益権が地方自治法上の旧慣使用権なのか，地役の性質を有する入会権なのか，といういわゆる公権論対私権論の対立に根ざす当該財産の本質的な性格決定の問題を常に前提的に含むものとして争われる．これは以下のような財産区制度の不幸な歴史に由来する．

　財産区財産か入会財産かが問題となる部落有財産は，多くが江戸時代から続く入会財産を淵源とするものである．江戸時代の早い時期には，各農家が，各自支配する農地において農耕を行い，山林や草地等の入会地において，村の規制の下に柴や下草，枯れ葉などの肥料や燃料，食糧などを採集し，それぞれの農地や生活のためにそれを利用するという農耕および生活の形ができあがっていたといわれている（［渡辺・五味編　2002：253-254（渡辺尚志執筆部分）；297-298（大塚英二執筆部分）］）．

　このような入会地は江戸時代においても時代が進行するとともに分解が進んでいくが，明治に至っても多くの入会地が残され，農民の農耕や生活の不可欠の基盤となっていた．明治以降，そのような入会地を国家的な，あるいは地方の財政強化のために「収奪」しようとする政策がさまざまな形で展開する．まず，日本における近代的所有権制度を確立させた明治維新後の地租改正の過程での土地の官民有区分において，入会地を民有と認めるための基準が厳しく設定されたために，そのかなりの部分が官有とされた．したがって，財産区か入会かが問題となる「部落有」の土地は，官有化を免れた村（生活共同体としてのムラ）の土地であることが明確なものであるといわれている（地券や土地台帳上の名義はさまざまであるが）．

財産区制度は1889年から施行された市制町村制により導入されたものである．明治になって後，地方行政制度の確立は明治政府の大きな課題であり，何度かの制度改正が行われているが，市制町村制は旧来の制度を実質的にも大きく変更する内容で，それにより旧来の村は行政的にはより大きな規模の市町村として併合され，官民有区分で民有とされ，村（生活共同体としてのムラ）の所有とされた入会地も，新たな行政団体としての市町村の財政を支えるべきものとして新市町村の公有財産にされようとした．これに対しては反発も大きかったため，町村合併を推進するために，旧来の村の財産について，旧来の村を単位とする所有を認める財産区や，市町村等の公有地とされてしまってもその土地上での実質的な入会慣行の継続を認める旧慣使用権などの制度が合併推進のための妥協策として導入されたのである．

　なお，1898年には民法が施行され，その263条においては共有の性質を有する入会権について，294条においては共有の性質を有しない入会権について規定された[5]．これにより，部落住民集団による部落有財産の所有や利用の権利は入会権という私法上の権利としてはっきり認められた．

　さらに，1910年からは，市町村財政の基盤を強化するため，無償あるいは有償で部落有財産を市町村に譲渡させようとする部落有林野統一事業が進められる．これも容易には進まなかったため，はじめは無条件統一を目指したものの，後には条件付きの統一も認められるようになる．これによって公有地になった土地が多くあり，当初はその土地においても地元民による慣行的な利用が認められていたが，その後そのような慣行的な利用が行政により否定される場合もあり，深刻な争いが生じた．

　財産区制度は第2次世界大戦後の地方自治法（1947年）にも引き継がれたが，さらなる市町村合併を政策的に促進するために，1953年の市町村合併法により市町村合併の際に旧市町村の財産であった山林等について財産区を設立することが認められることになり，これが一般化されて1954年の改正地方自治法に引き継がれた．この改正ではじめて財産区という言葉が法律上用いられるようになり，また財産区管理会を設置できることが規定された．

　講学上，戦後の地方自治法のもとで市町村合併の際に旧市町村を単位として設立される財産区を新財産区と呼ぶのに対して，明治の市制町村制の下で設立された財産区を旧財産区と呼ぶ．そしてこの市制町村制における財産区規定により設立された旧財産区がどのようなものであるのかについて，たとえばその

後の民法制定過程での入会権と財産区の関係に関する議論においても曖昧なままに残されるなど，その後長く争われてきているのである．

町村制の114条は，「町村内ノ区（第64条）又ハ町村ノ一部若クハ合併町村（第4条）ニシテ別ニ其区域ヲ存シテ一区ヲ為スモノ特別ニ財産ヲ所有シ若クハ営造物ヲ設ケ其一区限リ特ニ其費用（第99条）ヲ負担スルトキハ郡参事会ノ意見ヲ聞キ条例ヲ発行シ財産及営造物ニ関スル事務ノ為メ区会又ハ区総会ヲ設ケルコトヲ得」と定めている（市制のなかにも同様の規定がある）．では，これによって，部落有財産はどのように扱われることになったのであろうか．一方では，古い行政解釈のように，市制町村制の施行により新市町村の財産とならなかったすべての部落有財産は財産区になったとの理解がある（公権論）．他方で，少なくとも，町村制により明確に財産区有財産に転化せず，部落有林野統一事業においても統一されず現在に至っているものについては，それがその後，行政当局により一方的に条例が制定されるなどして財産区と扱われるようになったとしても，すべて入会財産とみるべきであるとの説（私権論）がある．さらに，公権論は近年では，部落有財産が財産区か否かは実態に基づき判断されるべきとの折衷説をとるに至っているといわれている．

市制町村制は入会財産についてはこれを公有化しようとの意図の下に導入されたものであるということはできようが，財産区規定は，そのような政策を貫徹することができないために，妥協策としてそれを修正すべく導入されたものである．また，帝国憲法下でも所有権の不可侵が保障されており，私有財産の公有財産への「収奪」が許されていたわけではないはずである．さらに，より本質的には，入会財産は人びとの生活や生産を支えるべくムラ（生活共同体としてのムラ）により共同体的な規制の下に利用されてきたものであり，そのなかでも官有化を免れた入会財産はそのような性格がはっきりとしていたものである．以上のようなことから，財産区規定の解釈は少なくともできるだけ制限的に，すなわち財産区の成立を極力限定する方向で行わなければならない．したがって，市制町村制のもとで条例により区会や総会を設けるなどして明確に財産区となったものを除き（これらについてもその実質が入会であることに応じた扱いをすべきことについては後述する），部落有財産は入会財産と解するべきである．[6]

以上のような私権論の立場によるなら，行政によって財産区といわれているもの（住民自身も財産区という言葉を用いている場合も多い）の中には以下のようなものが含まれることになる．

まず，いわゆる旧財産区といわれているもののなかには実質入会・形式財産区と純粋入会とが含まれる．前者は市制町村制の下で総会か議会を設けることにより明確に財産区の形式をとったものであり，後者はそのようなことをせず，かつ部落有林野統一事業の中でも統一を免れ（市町村財産への編入の意思決定をせず），今日に至るものである．前者の場合にも，多くの場合には入会財産を守るために総会等を設置して財産区という形式がとられたものの，それ以降も入会慣行が維持されており，財産区という形態をとっているが実質的には入会である．後者の場合には，その後今日に至る過程で，行政により財産区であるとされ，財産区としての管理の形式をとることが求められたり，場合によっては一方的に条例が制定されたり，財産区管理会が置かれたりしたとしても，入会という私有財産がこのような行政の一方的な行為によって財産区という公有財産に転化するということはあり得ないので，入会権者の全員一致での同意がない限り，管理会設置のようなことがあっても純粋入会であることに変わりはない．

次に，新財産区とされているものには実質入会・形式財産区と純粋財産区の2つのものが含まれる．条件付きの部落有林野統一により入会地の所有権は市町村に移ったものの入会慣行は存続しているという場合には，統一が名目的なものである場合には実質入会・形式市町村有財産と見るべきこととなり，統一が名目的なものでない場合には，市町村有地上に地役の性質を有する入会権が存続していると見るべきことになる．そしてその市町村が戦後の市町村合併をした際に旧市町村を範囲とする財産区が置かれれば，前者の場合には実質入会・形式財産区があるということになり，後者の場合には財産区有地上に地役の性質を有する入会権が存続しているということになる．それに対して，部落有林野統一により入会慣行の存続しない純粋の市町村有財産となり，戦後の市町村合併で旧市町村を範囲とする財産区が設立された場合には，それは純粋の財産区である．

純粋入会は当然のことながら法的には入会についての法理が適用され，また純粋財産区には地方自治法の財産区に関する規定が「純粋に」適用されることになる．それらの場合にも民法上の入会規定や地方自治法の財産区規定をどのように解釈すべきかという問題は残されるが，一層問題なのは実質入会・形式財産区を法律上どのように扱うべきかということである[7]．

渡辺洋三は，この点について以下のように述べている．「入会権利者住民に

とって，財産区制度は，部落の生活共同体的性格または入会集団としての性格を維持するための一つの形態であり，したがって，財産区も部落も入会集団も実質上は一つのものと考えられていたのである．だから，財産区形態をとることによって，入会権が守られると考えこそすれ，それが否認されるということは想像もできなかったのである」(傍点原文)〔渡辺編 1974 : 257〕．「このような農民の法意識と実態に即して考えるならば(そしてまた前述のごとく，公権力が一方的に私有財産を公有財産に編入することが憲法上許されないとするならば)，財産区を入会集団の対立物と考えるべきではなく，むしろ，入会集団の変化形態の一つと考えるべきであ」〔渡辺編 1974 : 257-258〕り，「この場合の所有は，一種の信託的所有であり，第三者との関係においては，複雑な問題を生ずるが，所有名義と入会集団との関係においては，入会集団が所有主体であることに変わりはないのである」〔渡辺編 1974 : 258〕．したがって，実質入会・形式財産区は，形式を整えるという意味で地方自治法の規制を受けるが，実質は入会として扱われるべきこととなり，「市町村が入会集団の信託の範囲をこえて何らの実質的判断を加えてはならないのはいうまでもない」〔渡辺編 1974 : 260〕ということになる．

3　財産区の管理・運営をめぐる近年の裁判例の検討

(1) 全体的傾向と分析の限定

　これまでの「財産区」をめぐる訴訟の典型が，広い意味での公権論対私権論の争いの一場面として，ある財産が財産区有財産なのか入会財産なのか，あるいは財産区財産上に地役の性質を有する入会権が存在しているのか旧慣使用権があるにすぎないのか等をめぐって市町村と地元民との間で争われるものだったとすると，近年における財産区をめぐる訴訟はかなり異なる様相を呈している．もちろん，「財産区」の所有権や利用権の所在や性格を直接的に争う訴訟が今日においても重要な訴訟であることについてはなんら変わりはない．しかし，今日においては自然環境保全や生活環境保護のための争いの一環として周辺住民により提起される訴訟や，市町村行政のチェックを目指す運動の中で財産管理の適正化を求めて提起される訴訟などが目につくようになってきている．また，本来そのような訴訟においても財産区財産として扱われているものが本当に財産区財産なのかそれとも実質は入会財産なのかという問題は重要な

前提的争点とされるべきものであるはずなのに，また判決文を見る限りは財産区財産であることには合理的な疑いがあるような場合においても，紛争の両当事者とも当該財産が財産区財産であることを自明視し，その前提のもとでその管理のあり方を問題にするというような訴訟も見られる．

　財産区管理に関する近年の訴訟においては，ほとんどの場合，前提として，財産区が所在する市町村のうち財産区外に居住する住民が当該財産区に関する住民訴訟についての原告適格を有するか等の住民訴訟における原告適格の問題についても争われる．その上で，多くの場合においては対象財産が本当に財産区財産なのかどうかが争われ（一部の訴訟では争われることなく），それが財産区財産とされたときに，財産区としての意思決定のあり方や財産の処分・管理のあり方が問われることになる．本章では紙幅の関係上，これらの争点のうち財産区の管理のあり方に関する争点だけを取り上げた分析に限定することにする．また，裁判例の紹介は財産区管理の問題点にかかわる点を中心とする概略的なものにとどめ，近年の訴訟ということで，対象も平成になってからの裁判例に限定する．以上のような限定的な分析ではあるが，判決での理由付けを丁寧にたどることにより，近年の裁判所が財産区の問題を扱う際の思考の枠組みのようなものを明らかにすべく努めたい．なお，この時期の財産区管理に関する公刊されている判決は高等裁判所までのもので最高裁判所のものはない．判例法理は，（判決の結論が確定していくものであるのに対して）一般的にいっても批判に開かれた可変的なものであるが，本章が取り扱う個々の判決で示されている法理は，そのような意味でより一層浮動的なものであるということに注意を要する．

（2）裁　判　例
（a）大阪地裁平成5年12月22日判決（①判決）
　この訴訟は，大阪府和泉市のA財産区が有するため池を財産区が随意契約により売り渡したことに対して，このため池の文化財的な価値（国文学の題材となった）や自然環境的価値を守ろうとする財産区内外の和泉市民が，本件売買契約は財産区住民の同意を得ていないこと，必要な大阪府知事の認可が無効であること，随意契約についての法令上の制限に違反していることなどの手続的な違法により無効であるし，実体的にも国民共有の財産たる文化財として土地を保存すべきであるのにこれを怠るなどの点で違法，無効なものであるとして，財産区管理者としての市長に対して売買に基づいてなされた所有権移転登

記の抹消や本件土地の占有を回復するための措置をとらないこと等の違法確認を求めるとともに，財産区に代位して土地取得者に対して移転登記の抹消や土地の引渡しを求めたものである．判決は，財産区の住民に限って財産区に関する住民訴訟の原告適格を認めたが，請求はすべて棄却した（文化財としての管理・保存手続きをとらないことの違法確認請求については住民訴訟の対象外として却下）．

　ここで興味深いのは，本件売買契約について財産区住民の同意が欠如していて売買契約は無効であるとの原告らの主張をめぐる議論である．このような原告の主張に対して，判決は「地方自治法上，財産区財産等の管理等の事務は，当該財産区がある市町村の議会及び長をそれぞれ議決機関及び執行機関として行うこととされていて（法294条1項），財産区財産の処分につき財産区住民の同意を得なければならない旨を定めた規定は存しない」とした上で，財産区制度がもうけられた「趣旨に鑑みて，地方自治法は，財産区に議会又は総会もしくは財産区管理会が設けられたときには，財産区財産の処分のうち一定の重要なものについてそれらの議決ないし同意を得なければならない旨規定している（法295条，296条の3第1項）．しかし，それらの議決ないし同意と財産区住民の同意とは実質的に同じものではなく，財産区に議会又は総会もしくは財産区管理会が設置されていない場合に財産区財産の処分につき財産区住民の同意を得なければならないこと等を定めた規定は一切存しないことに照らすと，財産区の議会又は総会もしくは財産区管理会の制度が定められていることを根拠として，それらが設置されていない場合に財産区財産の処分について財産区住民の同意を要すると解することはとうていできない」として，本件の売買契約について住民の同意は不要であるとしている．

　判決はまた，和泉市の要綱ではこのような財産処分の申請において財産区住民総会の議事録を添付することが求められており，これまで実際にそのような要綱に従った扱いがなされてきたとしても，これはあくまでも和泉市内部での取扱要領であり，それに反した処分が重大な違法を帯びて無効になるということはないとも述べている．

　和泉市の要綱では，財産区財産を処分しようとするものは，当該財産にかかる公用を廃止させるなどした上で，財産区代表者（町会長）の処分申請書，財産区関係者（町会役員）の同意書，実行組合長の同意書，財産区代表者（町会長）の確約書，水利権放棄書，財産区住民総会議事録書を添付して市長に申請することとされている．原告らは，本件売買においては実行組合長の同意書，水利

権放棄書，財産区役員の同意書，財産区住民総会議事録に瑕疵があり，大阪府知事の認可の前提となった認可申請においては和泉市長から大阪府知事に対してそれらの書類をも添付して認可申請が行われていることなどから，知事の認可には重大な瑕疵があり無効であるとの主張もしていた。これに対して判決は，たとえば財産区住民総会議事録の瑕疵について，「事前に本件土地の処分の可否を議題として町会総会を開催する旨の通知を町会の構成員に対してなした上での町会総会は開かれておらず，各町会で役員を含む一部の者らが集まってその会合を総会扱いとすることを承認した上で，そこにおいて本件土地の売却に同意するとの決議を行ったに過ぎ」ないことを認定するなど，それらの書類の瑕疵を一定程度認めながらも，府知事の認可は，「財産区住民の福祉の増進等の見地から合目的的に広範な一切の事情を考慮して知事の自由な裁量に基づいてなされるべき行為で」あり，前記書類の瑕疵は内部的な取扱要領への違反であるにすぎず，それも重大なものとはいい難いので，大阪府知事の認可を無効にするようなものではないと判示した[8]。

　この訴訟においては，売買契約が財産区民の同意を欠いているかどうか，また同意を欠いている場合には当該売買契約の効力はどうなるかという（当該市の取扱要綱違反，府知事への認可申請書類の瑕疵の問題も含め）問題につき争われた。そして判決は，当該財産区の歴史や性格に関する具体的な議論をほとんどせずに，財産区制度に関する一般的な理解に関する議論によりながら，このような処分については財産区民の同意は（財産区議会がある場合にそこでの議決が必要となること等は別として）必要ないとの判断を示した。加えて，要綱違反や府知事への申請の瑕疵はあっても，それに売買契約を無効とするほどの違法性はないとも判示している。

　なお，本訴訟の控訴審である大阪高裁平成8年6月26日判決（②判決）は，住民訴訟の原告適格については財産区外の市民についてもそれを認めるとして原審の判断を覆したが，売買契約の有効性に関する議論においては原審と同様の立場を示している。

　(b) **大阪地裁平成11年3月19日判決**（③判決）

　岸和田市B財産区は所有するため池を市に売却した代金の70％，二十一億数千万円を市の要綱等に従い地元の公共事業のためということで財産区協議会に交付し，財産区協議会は1000万円を自己に留保した上，地元4町会に対して計七億数千万円，25人の耕作者からなる耕作者組合（実行組合を母体として補償交渉

のため結成された）に十三億数千万円，水利組合に4000万円弱をそれぞれ分配した．耕作者組合はその交付金の中から実行組合（もともとの耕作者集団）の組合員26名に対して水利補償費として各1000万円，計2億6000万円を交付した．これに対して，財産区民である原告たちが，協議会の組織やそこでの地元交付金の分配の決議には問題があり，財産区管理者による協議会に対する地元交付金の交付は，地方自治法の定める補助金交付の要件を満たさず，裁量の範囲を著しく逸脱した違法かつ無効なものであるとして，財産区管理者である市長に対して，協議会から耕作者組合に交付した十三億数千万円と協議会に留保した1000万円の財産区への返還を求めないことが違法であることの確認を求めるとともに，B財産区に代位して，協議会に対して，交付された二十一億数千万円のうち耕作者組合に交付した十三億数千万円から各耕作者に配分された2億5000万円を控除した額と協議会に留保された1000万円の合計額11億2000万円弱をB財産区に支払うこと，および1000万円の交付を受けた各耕作者（およびその相続人）にその返還を求める住民訴訟を提起した．

　判決は，管理者の協議会に対する地元交付金の交付行為が違法，無効であり，全額が不当利得に当たるとしつつも，協議会は要綱等や管理者の指導に従って交付を受けたのであるから悪意の受益者には当たらないとし，協議会に留保されている1000万円分についてのみ，管理者が協議会に対して返還請求しないことが違法に財産の管理を怠る場合に当たると判決した．また，1000万円ずつの配分を受けた実行組合の組合員26名については，それぞれが配分を受けた1000万円は不当利得に当たるとして，その返還の請求を是認した．

　協議会への交付金の交付全体が違法，無効であるとしながら町会への交付分については触れないこのような結論になったのは，おそらく原告が元々交付金の交付自体を問題にするというよりは，それまでの慣行と比べても町会側への配分比率が少ない等，配分のあり方の方を問題にしており，町会への配分については返還を請求していないことによるのではないかと推測される（水利組合への交付分のうちの個別配分された分以外について請求をしなかったのはより技術的な問題であろうか）．

　判決はこのような判断をするに当たって，財産区から地元公共事業への支出について興味深い議論を展開している．まず，財産区から地元の公共事業へ支出すること自体の適法性について以下のように述べる．

「財産区の権能がその所有する財産又は公の施設の管理及び処分又は廃止に限定されていることとの関係で，当該財産区の地元における公共事業ではあっても，当該財産区に属する財産又は公の施設の管理等には含まれない事業のために，財産区管理者が右処分代金を支出すること自体の適法性がまず問題となるところ，財産区の制度が，市制町村制の施行に当たり，財産を有する村落共同体に市町村とは別個の法人格を与え，これによって当該財産区の住民が従前から右財産について有していた利益を確保できるようにすることを意図して設けられたものであり，当該財産区財産が元来その地域における基本財産であったという沿革に鑑みると，右財産の処分代金を前記のような公共事業のために支出すること自体は，地方自治法の禁止するところではないと解するのが相当である．そして，このことは，財産区管理者が地元における公共事業のために同法232条の2所定の補助金として右処分代金を支出する場合であっても同様であるというべきである」．

判決はこのように述べ，本件で財産区管理者が協議会に対して地方自治法232条の2所定の補助金として地元交付金を交付したこと自体が違法になるわけではないとした．しかし，本件における具体的な交付金の交付については，「公益上の必要性」という地方自治法232条の2の要件を満たしていないということについて以下のように述べる．

「被告管理者の被告協議会に対する地元交付金の交付は，形式的に地方自治法232条の2所定の「補助」という体裁が採られてはいるものの，その実質においては，取扱要綱等の規定及び岸和田市における従来からの運用を根拠とする既定の方針に沿って，金員の具体的な使途等は一切問うことなく，予め決められているとおりに本件土地の処分代金の70パーセント相当額を一括交付したにすぎないものというべきであり，現に被告管理者として同条所定の要件である公益上の必要性につき具体的に審査した事実も認められないのであるから，右交付は，同条所定の「補助」に名を借りた違法な公金の支出に当たるものといわざるを得ない……〈中略〉……．この点に関し，被告らは，財産区財産が当該地区の基本財産であることなどの理由から直ちに，その処分代金の地元への交付は公益上の必要性を有するというべきである旨主張するようであるけれども，財産区財産の処分代

金であるからといって補助金の交付に関する法律上の要件を緩やかに解してよいとする理由は見出せないのであって，被告らの右主張は採用することができない」．

　本判決は，財産区からの地域の公共事業等への支出については，財産区財産が地域の基本財産であったという沿革を考慮し，それ自体を違法とはしなかったが，そのような財産区からの支出であっても，それが有効となるためには，一般の地方自治体による「補助」と同様に「公益上の必要性」という要件が課せられるし，その場合の「公益上の必要性」については一般の地方自治体による「補助」と同様の基準により審査されるものとしたのである．

　本判決の，「当該財産区財産が元来その地域における基本財産であったという沿革に鑑みると，右財産の処分代金を前記のような公共事業のために支出すること自体は，地方自治法の禁止するところではない」との判示は注目すべきものである．ただし，その判示は財産区制度一般についての議論により導かれたものであり，当該財産区の具体的な歴史等についての議論は，わずかに当該市における取扱要綱やその近年の運用に関するものがあるにすぎない．

　本判決に対しては被告の1人が控訴し，大阪高裁の判決が出されているが（大阪高裁平成15年2月19日判決（④判決）），そこでは前記の議論も含め，この地裁の判断が基本的に踏襲され，控訴は棄却されている．

（c）福岡高裁平成15年10月27日判決（⑤判決）

　本判決については原審判決を入手できなかったため，訴訟内容については断片的な理解にとどまるが，大変興味深い事案であるため，紹介したい．本訴訟は久留米市が一般廃棄物処分場を建設するため市内C財産区から財産区有地を交換契約で取得したことについて，同交換契約が無効であるとして，久留米市に対して同土地の所有権移転登記の抹消および土地の財産区への明渡しを請求したものである．同財産区では所有財産の管理・処分に関する条例を定めており，そこでは財産を国や公共団体の公用または公共用に用いる必要がある場合には，価格差が高価な方の1/6以内であれば議会の議決なしに財産区管理者が交換契約を結ぶことができる旨定められている．本廃棄物処分場建設については地元での反対が強く，財産区議会の議決が必要な財産区有地の市への譲渡契約の締結は困難であると判断した市長は，この条例の規定に基づいて財産区管理者として交換契約を締結した．控訴人たちは，この交換契約が財産区の総意

に基づくことなく締結されたものであること，この条例が地方自治法295条や当財産区設置条例に抵触すること，たとえそうでないとしても，交換契約の内容は公共性を欠き，また価格差が1/6を超えるなど条例の定めに反すること，あるいは市長の行為が利益相反に当たることなどにより無効であるとして，前記のような請求をしたものであり，原審で請求が認められなかったため，控訴した[9]。

　判決では控訴が棄却された。控訴人は，本件交換契約は，本件処分場の設置反対の決議により示された財産区所有地等の譲渡等反対という財産区の総意に反してなされたもので，旧村が1951年に久留米市と合併する際に，財産区所有地等の管理・処分を財産区固有の意思決定機関により行うために財産区議会が設置されたという本件財産区設置の経過や本件土地の入会地としての歴史的経緯から本件財産区における総意が尊重されるべきであるのに，それを無視してなされたものであるから無効であるなどと主張した。それに対し，判決は，「本件財産区については，共同入会山としての歴史的な経緯が存したことが認められないわけではないが，久留米市との合併に当たって，本件財産区は，法の定める財産区として設置され，法の定めるところによって財産区議会が設置されたのであるから，本件財産区が保有する財産についても，法によって定められた条例等に従って管理及び処分が行われるというべきである」とし，また，設置後も本件財産区が財産区として管理され，逆に入会の実態は使用収益の点でも統制団体の存在という点でも本件財産区が設置された当時においてすでに衰退していたのであるから，「本件財産区が設置され，法に従って，その管理又は処分がされるに至った後においても，本件財産区が入会地としての歴史的経緯を有するとして，本件財産区区有財産の管理及び処分は本件財産区の総意によって決せられるべきであるとする控訴人らの主張は採用することができない」とした。

　また，財産区財産の管理・処分について定める本件（財産区財産管理）条例が地方自治法295条及び本件財産区設置条例に抵触するか否かという点について，判決は，本財産区議会の設置条例は正当な手続で久留米市の条例として制定されており，それにより，財産区が有する財産等については本件財産区議会が，久留米市議会が議決すべき事項について議決できることになる。そしてその財産区議会において，財産区所有地等の管理及び処分等については本件（財産区財産管理）条例によることが定められ，その内容も，財産区議会の設置等に

ついての福岡県知事の権限を逸脱するようなものではなく，地方自治法295条の趣旨を潜脱するものでもないとして，本件条例の効力は否定できないとしている．

まず，この訴訟が一般廃棄物処分場建設に対する，（どれぐらいの広がりをもったものかは判決からだけでは判断できないが）少なくとも周辺住民による反対運動の一環として提起されたものであることを確認しておきたい．

次に興味深いのは，問題となった財産区の歴史についての認定である．本判決においては，先の2判決とは違って具体的な検討が一応はされている．しかし，その議論は皮相なものである．特に気になるのは，入会山としての経緯を有する財産が，すでに入会慣行がなくなっていたとはいえ（この認定にも，団体直轄利用などの入会利用形態があることを十分考慮していないのではないかとの疑問が残る），戦後の市町村合併により財産区財産に転化したとの理解が何の躊躇もなく示されているということである．入会山として私権としての入会権が成立していた山が，市町村合併により財産区という公有財産に転化したとするためには，その間に（部落有林野統一事業などにより）戦後の合併以前の段階で無償・有償での村への提供があったというような事実が示されなければならないはずである．管理方法の変化で私有財産が公有財産にいとも簡単に転換してしまうというなら，大変問題のある認定がなされているということになる．

(d) 大阪地裁平成19年12月27日判決（⑥判決）

この訴訟は，羽曳野市の住民（E財産区内に住所を有するものはいない）が，羽曳野市E財産区管理者である羽曳野市長に対し，E財産区が行った土地の交換契約が無効である等として所有権移転登記の抹消登記請求や明渡請求をしないことが違法であることの確認，同財産区が締結している土地賃貸借契約が無効である等として土地の明渡請求を怠っていることの確認，元市長と当該土地等を占有する者に対する賃料相当額の損害賠償の請求等を求めるものである．

土地交換契約や賃貸借契約が違法なものかどうかをめぐっては，原告側がそれについて大阪府知事の認可がない点を問題にしたのに対し，被告の側が，財産区制度の沿革から，財産区の「管理者が市町村長になっても，各財産区の地区住民の意見を第一義的なものとするのが原則であり，地区住民からの要望に可能な限り沿うことが財産区制度運営の基本原則というべきであ」るから，「知事の認可の範囲は制限的に解すべきであり，本件交換契約は，財産区住民の総意に基づくものであることからすると，知事の認可がなくとも，本件交換

契約が直ちに無効となるものではない」との主張をするなど，興味深い議論が行われているが，これらの点についての請求は適法な監査請求を前置しない(監査請求が請求期間を超えた不適法なもの)不適法なものであるとして，内容に関する裁判所の判断がなされていない．

裁判所の判断が示された争点のうち本章の観点から興味深いのは，財産区により譲渡された土地と連続する財産区有の土地に対する違法な占有が放置されてきたことに関する財産区財産管理者としての市長の責任に関する議論である．判決は，当該「財産区は，財産区固有の機関がない以上，羽曳野市長は，財産区の運営の基本方針（その住民の福祉を増進するとともに，財産区のある市町村又は特別区の一体性をそこなわないように努めなければならない）に従って，財産区の財産を管理すべき義務を負う」との一般理論を述べた上で，具体的な土地（池）の管理について，それが財産区にとっての主要な財産であり，大きな変更をともなう工事が行われたのであるから，市長は，財産区財産管理者として，市の担当部署の職員や財産区の役員などを通じて，その後の工事の状況に注意を払うなどして，必要に応じた適切な処置を行う職務上の義務があったのにもかかわらず，それを果たさなかったと認められるから，過失があるとしている．

市長は対外的な関係を整えるための名目的な財産区管理者にとどまるべき者などでは全くなく，現実的な財産管理に対して具体的な責任を負うということであり，そのような責任が財産区外の市民からの住民訴訟により追及されていることを併せて考えると大変興味深い．

（e）神戸地裁平成20年11月25日判決（⑦判決）

本判決は紛争の対象となったのが温泉財産区であったこともあり，財産区の運営に関する問題が広範に取り上げられており，本章の観点からして大変興味深いものである．本件は，兵庫県F町の住民が，G財産区管理者としての町長に対し，（あ）財産区が固有の職員を採用して給与を支払ったことに対して怠る事実の確認，職の廃止，給与等の差止め，町長等への損害賠償請求の義務付け，（い）町長等に管理者報酬等を支給したことが違法だとして町長らに対する損害賠償請求の義務付け，（う）地元区等の団体に公金を支出したこと等が違法な支出で財産区に損害を与えたとして町長に対する損害賠償請求の義務付け，（え）温泉会館を地元区に使用させていることが違法だとして管理を怠ることの違法確認を求めたものである．

（あ）について，判決は，財産区管理者としての町長の「事務処理の補助も

当該市町村の職員が行い，原則として，財産区固有の職員を置くことはできない」としながらも，原告らが問題にしている（実質的にもっぱら財産区の職務に従事している）職員は財産区の職員ではなく，「財産区の職務に従事するＦ町の職員」であると認定した．また，その中で，財産区の会計書類にはそれら職員の給与を財産区から支出した旨の記載があることを認めつつも，「財産区の事務に従事させるために置かれた職員は，市町村等が財産区の事務を処理するために特に設置したと解されるから，同職員の給与等は『特に要する経費』（法294条2項）に当たると解するのが相当であり」，それら職員が町の職員であったとしても財産区が給与等を負担することは法的に説明可能であるから，上のような給与等の負担の事実はそれら職員が財産区の職員であることの証左とはいえないとしている．

　（い）については，財産区の管理等に要する費用は原則として市町村が負担し，「特別に要する経費」のみが財産区の負担となるところ，財産区においては市町村長が執行機関としての権能を行使し，その事務処理の補助も当該市町村等の職員が行うが，「これらは市町村等の長及び職員の本来の職務の執行であり，その給与（の一部）は，財産区が負担すべき「特に要する経費」に当たらないと解すべきである」として，市町村からの給与のほかに支払われた財産区の管理者報酬等は二重に給与を支給するものとして違法だと判示している．

　（う）については，財産区は平成18年度に地元区および「温泉奉賛会」に「操出金」としてそれぞれ195万円，140万円の対価性のない支出をしたが，「財産区が他の団体等に対して対価性のない金員支出をすることが当然に違法であるとはいえ」ず，原告らがいうように単に法律上の原因がないというだけでは財産区管理者たる町長の財産区に対する不法行為の主張としては不十分であり，また条例上の根拠がないというだけでは財産区による対価性のない金員の支出が違法になり，支出した管理者に不法行為が成立するものではないとしている．

　（え）については，財産区の所有する温泉会館は公の施設と評価でき，行政財産に該当するところ，行政財産については原則として私権の設定が禁止され，その用途又は目的を妨げない限度において使用の許可をすることができるとされている．したがって，地元区が目的外使用許可なく温泉会館を無償で使用するのは違法であるとして，財産区管理者について管理を違法に怠っていると判示した．

本訴訟の背景に何があるのかは分からないが，判決だけから判断すれば，財産区運営の適正化を求める訴訟ということになる．以下，気になる問題について若干のコメントを付する．

　まず，(あ)についてであるが，判決では財産区が直接に人を雇用できないとする理由が示されていない．判決は，財産区が直接に人を雇用できないものの，結果的には財産区の金で町職員として財産区の業務に専ら従事する職員を雇えるとしているが，そうだとすると，財産区としての直接的な雇用を認めないというのは，無駄な手続きを増やし，柔軟な扱いを困難にするだけではないだろうか．

　(う)について，③判決との異同が気になる．本判決は，地元の団体について対価性のない支払いをするのは当然に違法とはいえないと判示しており，この点は③判決が地元の公共事業のための地元団体への支出がそれ自体として違法ではないとしているのと共通する判断といえなくもない．しかし，③判決ではそのような支出については「公益上の必要性」という地方自治法232条の2の要件を満たすことが求められるとしているのに対して，本判決ではそのような議論が全くない．本判決では支払者の不法行為責任が成立するかどうかという③判決とは位相の異なる問題設定の下での議論であることがこのような違いをもたらしたのであろうか．

　(え)については，目的外使用の許可を得れば（与えれば）いいということであろうか．財産区の施設を地元区に無償で使用させることについてまで地方自治法の杓子定規な解釈を適用するというのはいかがなものであろうか．

(3) 検　　討

　以上において，平成以降の財産区管理が問題とされた重要な公刊裁判例を紹介した．公刊される裁判例は社会的な重要性ということをも考慮して選択されたものであろうから，公刊された裁判例の多寡から現実の裁判の傾向を語ることには限界がある．しかし，地域環境の保全や市町村行政の適正化を求める市民の活動の一環として財産区の管理について訴訟の提起が行われるということが少なくとも例外的な事態ではないということ，そしてそのような訴訟の提起が，財産区の性格が曖昧であり，かつ行政的には公権論に従った扱いがなされることが少なくないという問題に媒介されたとき，当事者の意図とは別に，財産区の自律的な運営を失わせかねない状況を作り出しているということを示す

ことはできたのではないだろうか.

　そのような訴訟において，現実に争われていた争点で特に興味深いのは，財産区財産の処分（交換を含む）における「財産区民の総意」の必要性という問題と，財産区から地元区等への支出の有効性という問題である．本章で検討した裁判例の中では①④⑥の裁判例が前者の問題を扱い，③⑥の裁判例が後者の問題を扱っている．ここではこれ以上それらについての法解釈学的な検討には立ち入らないが，第2節で紹介した私権論からする渡辺洋三らの議論との落差の大きさには改めて驚かされる．

　本章で取り上げた裁判例のいずれにおいても，財産区の歴史に関する検討は不十分である．それ自体問題ではあるが，そのような事実認定しかできず，市制町村制下での総会等の設置や部落有林野統一事業での統一の事実の認定がないのであれば，（なおかつ，多くの場合に，少なくとも過去における入会的な慣行の存在は確認できるであろうから）先の私権論的な立場からすれば，扱われている「財産区」は実質入会・形式財産区というよりは純粋入会とみるべきものということになろう．そしてそうだとすれば，少なくともそのような「財産区」の性格に十分配慮した判断がなされるべきところ，前節で検討した裁判例は，全体として地方自治法の極めて形式的な文言解釈に終始している感を否めない．

　もっとも，たとえば高砂市の「準財産区」は財産区ではないとする平成14年3月14日神戸地裁判決（判例地方自治241号64頁）や平成18年6月15日神戸地裁判決（判例地方自治294号70頁）のように，「財産区」の歴史やその性格についての認定について全く異なる姿勢をとる裁判例も別にある．本章は財産区の管理が実質的な争点となった裁判例のみを扱っている．それは「財産区」が財産区であるとの認定がなされた裁判例（あるいはそれが争われなかったもの）のみを扱っているということを意味するから，財産区の性格についての理解において一定のバイアスがかかった裁判例の選択になっている可能性が高いということには注意を要する．

4　財産区制度の可能性と限界

　財産区制度の今後の可能性を問題にする前に，まず，裁判例の検討から見える財産区制度の危うさの増大という問題について述べたい．

　「財産区」財産は，高度成長期以来，林業や農業の不振の中で経済的な価値

を大きく減じてきたところが多いが，一部地域では開発用地等として大きな交換価値をもつものとなっている．そして開発用地等として大きな価値を持つに至ったところは，往々にして自然環境や生活環境の保全にとっても重大な意味を持つところであり，そこを開発するような場合には，市民からの自然環境・生活環境保全のための訴訟の対象とされる可能性が高くなる．また，市町村行政に対する市民による監視を強める活動が普及してきており，「財産区」財産は公的財産としての形式と私的な財産としての実質の不整合が目につきやすいものであるし，「財産区」有地を開発のために売却するような場合には大きな金が動くことになるから，このような監視の目が「財産区」に向けられる可能性も高まっている．

　このような形での訴訟の可能性の高まりは，「財産区」の危うさの質を一段と高めるものである．すなわち，これまで多くの市町村では行政は「財産区」に対して公権論的財産区運営を押しつけることを避け，柔軟な運用を行うことにより，紛争を事前に抑制してきた．ところが今日，平成の大合併により市町村行政と「財産区」との距離が広がったために「財産区」と市町村行政との調整が難しくなったということに加え，これまでに考察したような形での市町村民からの「財産区」運営への異議申し立ての可能性が高まったため，単に市町村と「財産区」が良好な「財産区」運営の調整を行っているだけでは，住民訴訟という形で市町村民から訴訟を提起される危険を免れることはできない．

　さらに問題なのは，これが裁判になったときには公権論的な見地からの判決が下される可能性が低くはないということである．本章の検討では，裁判においていったん財産区と認定されると，純粋入会（あるいは実質入会・形式財産区）という本質に応じた，入会原理を取り入れた管理が認められることは難しく，地方自治法に形式的に従った管理が求められることになりがちであることが明らかになった．

　そうすると，裁判になったときに「入会」と認定されることが重要だが，そこでも問題が深刻化している．今日，特に一部都道府県においては「財産区」に対する行政の「公権論的」指導が「定着」してきているが，「財産区」の側がトラブルを避け，自らの権利を保全するために，行政の指導にあわせた管理を定着させればさせるほど，裁判で争ったときに入会とは認定されず，自らの権利を失うという危険が増すことになってしまっているのである．

　ここまでの叙述から明らかなように，筆者は財産区の可能性を語るに当たっ

ては，まずは財産区と入会とのねじれた関係の修復が不可欠であり，それは歴史的に正当に形成された入会権の存在を認めた形での修復しかあり得ないと考えている．存在する権利を確実なものとして保障するということは最低の前提であり，権利内容を上から変えることにより，実質的に権利を剥奪し，それにより課題に答えるというような方策はとるべきではない．われわれは白紙に絵を描くように制度設計をすることはできない．生活や生産を支えるべく生活共同体としてのムラによる規制の下に山野等を利用する権利，正当にも私的な性格を有するものと認められたこの権利は，私権としての入会権であり，消滅しない限りはそれを確実に保障することがこの問題を考えるうえでの出発点となる．

　その上で，入会権について，権利者や運営形態についての認証制度を設け，団体名での登記を可能にする仕組みを導入するのが望ましい．認可地縁団体と同様に，市町村からの干渉を排し，私的な団体としての性格を維持するが，権利関係を明確にするために，認証制度を設けるのである．もちろん，権利者を一定地域の住民全部にする必要はない．

　財産区については，それを完全に廃止するというのも選択肢の1つであるが，その制度を抜本的に変更した上で，存続させる方向で考えたい．今日の「財産区」の状況を考えると，そのような受け皿も必要だと考えるからである．そしてその場合，入会集団は，市町村合併時に限らず，入会権者の一致した意思と財産区が設置されることになる区域住民の同意により「財産区」たることを選択できるようにする．当然のことながら，完全に自由な意思形成の確保が前提条件である．

　もっとも，そこで選択の対象となる財産区は，地域資源の管理を担うコモンズ的なものでなければならない．そのためには，財産区制度をコンセプトも含めて大きく変更する必要がある．最も重要なのは，住民による財産区の自律的な管理（当然に財産区財産の管理を含む）が可能な制度にするということである．財産区住民の民主的な意思決定のもとに，地域が自らの責任で財産区を管理することになる．

　以上の構想において，財産区はともかく，入会は，公共性を担うオープンなコモンズの形成をめざす研究者らの期待には全く答えられないもののまま残るということになる．さらにいうなら，以上の構想は，まずは「財産区」を入会として徹底するということであるから，そのような期待には逆行することにな

る．しかし，少なくとも土地については，それが一般の私的な財産とされるときにも，そしてそれが地域の共有資源である入会であるような場合には一層，私的な財産ではありながらも地域的な公共性の制約を受けるべきものである［鈴木 2013］．私権としての入会権を基礎としながら，それを前提とした上での協治をさまざまな形で模索しつつ，そのある側面については市民的な合意を基礎とした私権への公共的な制約として法的な次元の規制等を形成していくというような，困難ではあるが着実な道を歩むしかないのではないだろうか．

注
1) より早い時期に同様の関心からコモンズ研究者により執筆された研究書として，室田・三俣［2004］がある．
2) 同書「解題」で北条浩は，「およそ入会と財産区を重ねて研究しようとする法律学者にとっては，この財産区の量的出現にはとまどいを感じずにはいられない．これほどまでに多くの量があったとは具体的に考えてもみなかったからである」［泉・齋藤・浅井ほか 2011：222］と述べている．
3) このような財産区研究の代表例はやはり室田・三俣［2004］であろう（財産区を扱うのはその一部であるが）．
4) たとえば，泉・齋藤・浅井ほか［2011：8］は以下のように述べる．「加えて，財産区財産が町有財産を経る中で付与された，あるいは制度そのものが持つ，公共性に着目する必要がある．財産区制度で目指されているのは，入会権者に限らず転入者をも含めた財産区住民全体の福祉の増進である．これは，未だに入会集団においてみられる，旧来からの住民のみが権利者であり転入者は権利を持っていないという現状とは対照的である．入会集団では権利者間での共益が追求されるとすると，財産区制度で追求される住民の福祉はそれより一段階「公」的なものであり，共益というより，むしろ公共性の概念により近づく．財産区制度において目指される高い公共性は，新住民の増加などにより，かつてに比べると成員の異質性が高まりつつある地域コミュニティには欠かせない重要な論点を提示しているといえるだろう」．
5) 共有の性質を有する入会権とは，入会集団が入会地の所有権をも有する場合であり，共有の性質を有しない入会権とは，入会集団とは別の所有者がいる土地についての利用権的な入会権のことであると理解されている．
6) 以上については，歴史だけでなく，このような主張も含め，基本的に渡辺編［1974］，矢野［2005］に依拠している．
7) 以上，財産区の分類については，渡辺編［1974：248-66（渡辺洋三執筆部分）］，武井［1992］，武井［1993］をもとにまとめたものである．
8) ちなみに，地方自治法296条の5第2項では「財産区は，財産又は公の施設の全部又は一部を財産区のある市町村又は特別区の財産又は公の施設とするために処分又は廃止する場合を除く外，その財産又は公の施設の全部又は一部の処分又は廃止であって，当

該財産区の設置の趣旨を逸脱するおそれのあるものとして政令で定める基準に反するものについては，予め都道府県知事の認可を受けなければこれをすることはできない」と規定されていたが，2000年施行のいわゆる地方分権一括法で「知事に協議し，同意を得なければならない」と改正され，さらに2011年施行の地方自治法改正では「地方分権改革推進計画に基づく義務付けの廃止」の一環としてこの規定（項）自体が削除された.

9）この処分場の建設に対しては周辺住民の人格権等に基づく差止請求の訴え（福岡高判平成15年10月27日判タ1168号215頁）や，無効な契約等への公金の支出が違法だとして返還を求める住民訴訟（福岡地判平成14年3月14日裁判所ウェブサイト）などが提起されており，本訴訟もそのような紛争の一環としてのものだと思われる.

参考文献

泉留維・齋藤暖生・浅井美香・山下詠子［2011］『コモンズと地方自治──財産区の過去・現在・未来──』日本林業調査会.

川島武宜・潮見俊隆・渡辺洋三編［1968］『入会権の解体Ⅲ』岩波書店.

鈴木龍也［2013］「里山をめぐる『公共性』の交錯──紛争がうつしだす地域社会と法の現在──」，間宮陽介・廣川祐司編『コモンズと公共空間』昭和堂.

武井正臣［1992］「財産区財産使用権の性質──入会権と自治法上の権利との交錯──」『名城法学』42（別冊）.

──［1993］「入会権と財産区──財産区管理会の設置は入会権の性質を変えたか──」，林良平・甲斐道太郎編集代表『谷口知平先生追悼論文集 第3巻 財産法，補遺』信山社出版.

室田武・三俣学［2004］『入会林野とコモンズ──持続可能な共有の森──』日本評論社.

矢野達雄［2005］「住民運動と公権論の交錯（1）──大阪府箕面市小野原地区の財産区訴訟を中心に──」『愛媛法学会雑誌』31(3=4).

渡辺尚志・五味文彦編［2002］『新体系日本史3 土地所有史』山川出版社.

渡辺洋三編［1974］『入会と財産区』勁草書房.

検討対象判決

① 大阪地裁平成5年12月22日判決（判例タイムズ853号160頁）
② 大阪高裁平成8年6月26日判決（行政事件裁判例集47巻6号485頁）
③ 大阪地裁平成11年3月19日判決（判例タイムズ1029号176頁）
④ 大阪高裁平成15年2月19日判決（裁判所ウェブサイト掲載のものを「D1-Law.com 第一法規法情報総合データベース」より取得）
⑤ 福岡高裁平成15年10月27日判決（裁判所ウェブサイト掲載のものを「D1-Law.com 第一法規法情報総合データベース」より取得）
⑥ 大阪地裁平成19年12月27日判決（判例タイムズ1270号293頁）
⑦ 神戸地裁平成20年11月25日判決（判例地方自治322号33頁）

第11章

ガバナンス時代のコモンズ論
――社会的弱者を包括する社会制度の構築――

はじめに
――ガバナンス時代のコモンズ――

　民主主義が熟成し，政治や社会におけるさまざまな実践への市民の参加が促されるなか，公共部門＝政府などが権能を保持し，主導する「ガバメント」型統治から，社会の一員，集団が主体的に協力しながら意思決定や合意形成に関与する「ガバナンス」型統治へと，統治のあり方が少しずつ移行しつつある．

　科学技術社会論者の平川秀幸は，「（ガバメントによる：筆者注）統治」と「ガバナンス」を分ける一番のポイントとして「誰が社会の舵を取るのか」という論点を提示している．従来の「統治」においては政府が舵取りの主体であり，社会の公共的問題を解決するための意思決定や利害調整を行うのは公共部門であり，その他のアクター（国民や，企業などの民間団体・組織）は，その公共部門が決めたことに従うことが求められていた．もちろん，選挙や陳情，ロビー活動などを通じて，間接的にその舵取りに関与することはできるが，しかしそこには「統治する者と統治される者」「お上と下々」という縦の関係がある．これと対照的な統治のあり方としてのガバナンスを，平川は次のようにわかりやすく解説している．

　「ガバナンスは，もっと『水平的』で『分散的』『協働的』な物事の決め方，社会の舵取りの仕方を表している．舵取りの担い手は，政府や地方自治体だけでなく，民間企業や，NGO（非政府組織）／NPO（非営利団体），ボランティアの個人やグループまで幅広い．これらのアクターが，対等な関係でつながり（＝ネットワーク化），ときに協働し（協治），ときに競い合いな

がら（競治），公共的な問題の解決に向けて意思決定や利害調整を行い，その結果を実行，管理していく姿．それを表すのが『ガバナンス』という言葉なのである」[平川 2010：46-47]．

ガバナンスとは一言でいえば，複雑で重層化した社会の諸問題を考えるにあたって，それに対応し社会を管理する主体の多様性，多元性を認め，その個々の能力や，それぞれの連携や協働を重視し，制度設計を行う統治のあり方を意味する．これまでのガバメント型統治は，行政機関などの権威的アクターがそれを担い，それが非常に多岐にわたる権能を独占し，遂行するシステムであった．実際に，そのような強大なアクターが主役を演じたために，地域で生きる人びとの生活を顧みない不適切な政策がなされたことも少なくないし，現状においてもそのような政策がなされることも少なくない．それを克服するあり方として，より「理想——必ずしも実際に実現されるわけではないという意味で——」的な統治であるガバナンスが注目され，すでに大きな潮流になりつつある．そしてその潮流は，環境をめぐる施策や運動のなかにも，「環境ガバナンス」というかたちで大きく流れ込みつつある．

環境ガバナンスもまた，従来の権威的アクターのみを統治の中心とアプリオリに設定するのではなく，それとともに「市民」やNPO，企業などの多様な組織や個人が，主体的，自立的にその統治に参画し，協働するプロセスを指し示している．たとえば環境政策学者の松下和夫は，環境ガバナンスを「上（政府）からの統治と下（市民社会）からの自治を統合し，持続可能な社会の構築に向け，関係する主体がその多様性と多元性を生かしながら積極的に関与し，問題解決を図るプロセス」[松下 2007：4]としてとらえているが，それは，従来の環境政策の立案，決定，実施に関わる主体を，根本から見直す試みなのである．このような環境ガバナンスのあり方は，政府などが実質的に大きな権能を独占し「上」の立場から統治するガバメントから，その権能を市民へと開放する試みである点で，現代市民社会における環境統治の「進歩」と見なすことができるであろう．

関係する主体が，その多様性と多元性を生かしながら積極的に関与する社会実践は，現在，前提的規範となっている——実現されているかどうかは別として——といっても過言ではない．そして，さらにこのような環境ガバナンス的な考え方は，現代的コモンズ論と密接に結びついている．

たとえば，日本のコモンズ論を牽引してきた森林政策学者の井上真は，コモンズの今日的思想を考究するなかでガバナンスをより精緻にとらえ，中央政府や地方自治体，住民，企業，NGO・NPO，地球市民などさまざまな主体（ステークホルダー）が協働する「協治」（collaborative governance）という枠組みを提唱している．それは地元住民だけではなく，多様なアクターの参画を促す「開かれた地域主義」と，実際の関与度に応じて発言権に濃淡をつける「かかわり主義」とを基盤として発展される［井上　2004：139-44］．閉じた地域社会を主たる分析対象としてきた従来のローカル・コモンズ論に，この協治という概念を導入することによって，コモンズの問題は，公共空間や公共圏論，あるいは市民社会を対象として展開されてきた公共性論，またかつてコモンズ論と並行して行われていた公共財論などと接合させることが可能となる．

　この考えに従うならば，現代的なコモンズのステークホルダーは広く開放されており，居住する場所や立場性は問われないはずである．そして，ある環境に何らかのかたちで関係する多様なアクターは皆，ステークホルダーとなる可能性を有しているはずである．しかし，環境ガバナンスを基盤とする現代的コモンズ論は，多様なアクターを水平的，分散的，協働的に巻き込む理想を掲げつつも，現実，その理想を完全には実現できてはいない．ともすると，逆に特定の人びとを見捨て，排除する社会システムを随伴してしまう危険性すらある．環境ガバナンスに基づく現代的コモンズの管理技法は，新しい社会システムとして大きな可能性が期待されるものの，その可能性の裏側にはいまだ多くの困難が伏在し，そしてそれはときに隠蔽されているのである．本章では，現代的コモンズとして浮かび上がる河川空間を題材に，そこで展開される環境ガバナンスに潜む困難な課題について考えてみたい．

1　コモンズ論の変容

（1）現代的コモンズ論における概念の拡大

　現代的コモンズ論では，コモンズという用語は「人間集団によって分かち合う資源」［Hess and Ostrom eds. 2007：4］という，至って一般的かつ抽象的，普遍的な意味で用いられている．それは「家族の冷蔵庫」といった極小の集団の資源利用から，「道や公園や図書館」というコミュニティレベルの資源利用，「深海資源，大気，インターネット，科学知識」といった国家間，地球レベル

の資源利用の問題にまでに拡大して使用される傾向にある［Hess and Ostrom eds. 2007：4］．そのような状況下，第1に，コモンズとしてとらえられる領域は拡大され，第2に，資源と見なす対象は自然資源から文化資源へと拡大され，第3に，コモンズの意味内容とその担い手である主体も拡大されてきた．第1と第2の問題に関しては，すでに菅［2010］で詳述しているのでここでは触れない．本章では第3の「コモンズの意味内容とその担い手である主体の拡大」の問題を中心に，現代の市民社会の状況と絡めて論じるものである．

　経済学ではこれまで，「排他性」（excludability）と「競合性」（rivalry）という2つの軸設定と，その有無による4つのマトリクスで「財貨」の議論がなされてきた．排他性とは，コモンズ論でいう「排除性」（excludability）と同義であり，フリーライダー的な他人の利用を排除する性質をいう．排除性は，メンバー（正統性をもつステークホルダー）外のアクターが対象物（資源）へアクセスすることを制限する能力で，コモンズを管理する社会システムの特徴とされてきた．排除性が高いと，対象物の管理能力を高めることができる．一方，それが低いと対象物へのアクセスの正統性を有しない者，また対象物の維持や管理に責任を負わない者，すなわちフリーライダーを排除できなくなり，対象物の持続的管理に支障をきたしやすいと考えられている．すなわちコモンズの管理を遂行するには，排除性が高いほど好都合である．しかしそれは逆にいえば，排除性が高ければ高いほど，それが管理する資源利用が制約的——不自由——になるのである．つまり，ある種の構成員の画定を前提とするコモンズ論では，その構成員に含まれないものは排除されるのである．

　次に，競合性とはコモンズ論でいう「控除性」（subtractability）と同義であり，利用が他者の利用を疎外する，あるいは低減させる性質をいう．競合性，控除性とは，ある者の資源の利用が，他者の持ち分を食いつぶすことが不可避な性質を意味する．たとえば共同で管理する水を誰かが利用すると，多かれ少なかれ常時，他の誰かが使用可能な合計から差し引かれる．したがってこのような性質をもつ資源の消費は，容易に競争的な過剰利用の問題に巻き込まれる．

　経済学的な議論では，排他性＋競合性の性質を有する財として「私有財」が，排他性＋非競合性の財として「クラブ財」が，そして非排他性＋競合性の財として「コモンズ」，非排他性＋非競合性の財として「純公共財」がモデル的に位置づけられてきた．このような分類におけるコモンズの位置づけは，ギャレット・ハーディンの「コモンズの悲劇」論に影響を受けたものであり，

非常に狭い規定のされ方をしている．多様な「共的プール資源」(common-pool resources) を取り扱ってきた従来の学際的コモンズ論では，非排他性＋競合性の財よりも，むしろ地域によって管理される排他性＋競合性の性質を有する財を中心に，実態に即して考究されてきた．しかし現在，環境ガバナンスが尊重されコモンズ論が活発化するなかで，コモンズを「人間集団によって分かち合う資源」と広くとらえるなか，この4つのマトリクスすべてが「コモンズ」として議論可能となってきている．これがコモンズの意味内容の拡大である．

このようなコモンズの意味内容の拡大は，環境ガバナンスの思潮とあいまって，現代的コモンズの担い手である主体をも拡大させている．過去のコモンズのとらえ方と比べて，現代的コモンズ論はそのステークホルダーである主体の拡大を生み出している．かつてのコモンズ論が主として論じてきた地域の資源は，地域の限定的で閉鎖的なステークホルダーが，その資源を管理し利用する正統性を有していた．しかし現代社会において，その限定性や閉鎖性は，環境ガバナンスという新しい価値の導入によって，開放へと転換されつつある．地域外の，あるいは地域内でも従来ステークホルダーとして認められていなかったような人びとにも，コモンズ的な資源利用や何らかのアクセスの権限——発言権なども含め——が認められるようになってきた．その点で，現代的コモンズ論は，その主体のとらえ方において複雑さの度合いを増しているといえる．

(2) コモンズの思想の現代的応用

在地の伝統社会を対象とすることが多かった，かつてのコモンズ論では資源保全，ならびに資源の公正な分配に寄与するコモンズの意義を比較的容易に見出すことができた．それは簡単にいうならば，資源利用の正統なるメンバーシップを画定し，強固な排除性で資源利用の正統性を有さない人びとや，資源管理に責任を負わないフリーライダーが資源へアクセスすることを排除し，そして控除的な資源を地域論理において公正に分配し，さらに利益の一部を地域コミュニティに還元する社会システムであった．

従来，実体的なフィールド研究に基づくコモンズ研究者たちは，①生活の安全保障，②資源へのアクセスの平等性と葛藤の解決，③生産の様式，④資源保全，⑤生態学的持続可能性など，地域社会におけるコモンズが，多面的に有効な機能を有することを指摘してきた [Berkes 1989：11-13]．またコモンズに，社会において政治的・経済的に不利な条件にあった人びとの生活の権利＝

「弱者生活権」を保全する機能なども見出してきた［鳥越 1997：10］。伝統的で「理想的」なコモンズには，資源保全などとともに，人びとの生活の安全保障に寄与する機能が存在していたのである。

ただしこのようなコモンズは，資源利用という問題以前に，そのコモンズが存在する社会のステークホルダーがもともと相対的に均質で，それをコントロールする共同体規制をステークホルダーたちが本来的に保持していたことが前提条件になっていた。つまり伝統的なコモンズに備えられた排除の論理は，地域において正当化，あるいは権利化され，当然のこととして容認されていたのである。その排除の論理は，ある程度の均質な社会——強固なコミュニティ結合——が構成されているがゆえに，実現されやすかったといえる。

このようなコモンズのあり方は，限定的な集団がステークホルダーとしての正統性を閉鎖的に保持できた，伝統的なコモンズの時代に顕著に見られる特徴である。そこではコモンズは，生活維持に必要な資源を地域の人びとにもたらすことで，人びとの生活に歴史的に密着していた。そして，利害関係にあるステークホルダーを特定することは，ある程度可能であった。かつてのコモンズ研究では，社会的紐帯がアプリオリに存在する在地社会で，うまく機能するコモンズが主として論じられてきたともいえる。コミュニティとして機能する社会は，強弱の差こそあれすでに最初から組織化がなされており，厳格な規則とまではいかなくとも規範といった価値が共有され，構成員相互間のコミュニケーションが自然になされている。そこには，円滑な協調行動を生み出し社会生活維持の効率を高める信頼やノルマ，ネットワークという社会関係資本（social capital）が，歴史的に所与のものとして蓄積されていたのである。そういう社会にあって，協調行動を前提とする伝統的コモンズが生成されてきた。

ところが現代社会は，このような伝統社会とは異なる困難さをもつ。とくに異質な人間が混じり合い，コミュニティ的な社会のつながりが希薄化した現代都市社会では，「理想的」なコモンズのあり方を見出すことは困難となる。そこでは多様なアクターが資源へのアクセス権を主張するものの，相互を規制する社会的な規範やシステムは存在しない場合が多い。また特定のアクターに特別な正統性や権利が付与されていないため，その資源を利用するメンバーシップを最初から画定することははなはだ困難なのである。

現代的コモンズ論では，人間関係の希薄化した都市社会においてコモンズを構築することにより，「健全——これを決めることはかなり困難であるが——」

なコミュニティを構築するという実践的課題を目指している．それは，血縁的つながりや古くからの地縁的つながり，あるいは感情的なつながりという従来の関係を共有しない人びとが集住する空間にコモンズ的世界を構築することで，集住する空間をコミュニティ化しようとする試みである．それは従来のコモンズ論に対して倒置的な考え方であるともいえる．

　従来のコモンズ論は，既存のコミュニティに歴史的に蓄積されてきたコモンズと社会関係資本を基盤として生成される協調行動を，「分析的」に検証してきた．それに対し現代的コモンズ論では，社会的紐帯がアプリオリに存在しない社会において，ある集住範囲でコモンズを生成させ，そこに協調行動を生み出し，それによって社会関係資本を醸成し，コミュニティの強化につなげるという「応用的」な環境ガバナンスの実践が模索されているのである．コモンズの生成と，それを維持するための協調行動の生成は論外容易ではないが，現代のコモンズ論の有益性は，そのような逆の道筋をプランすることによって高められている．そしてそのような試みは，現在，コモンズという言葉を直接使わずとも，都市部の各所で散見できるのである．

　たとえば現在，荒廃した河川の自然環境を再生する運動や，また人びとのつながりが希薄な都市部においてコミュニティを基盤とした人と河川との新しい関係構築を目指す試みが，全国各地で市民レベル，行政レベルを問わず始められている．そのようななか，再びコモンズ的な――伝統的コモンズとは異なる――あり方が注目され，環境ガバナンスが模索されているのである．

2　現代社会とコモンズ

(1) ある河川敷の不法占拠騒動

　2002（平成14）年5月30日，東京都江戸川区と葛飾区のあいだを流れる新中川で，ある騒動が起こった．新中川を管理する東京都建設局の第五建設事務所を中心とする約100名ほどの職員が，手に手にハンマーなどの器具をもって河川敷に集結し，河川敷を不法に占拠している小屋や物置を強制的に撤去したのである．この撤去はクレーン車なども動員されるほど大がかりなもので，その結果，運び出されたゴミは4トントラック三十数台分にものぼったという．少し離れたところには，不法占拠の当事者たちが不安そうな面もちで眺めていた．見物人や取材の報道陣も集まり，いつもは静かな河川敷が喧噪に包まれた

のである．

　この河川敷は，菜園として周辺住民に不法に占拠されていることで，もともと有名だった．数百人の不法耕作者が大小とりどりの菜園を無秩序に作り，トマトやキュウリ，ナスなど数十種類の野菜，果物作りを，勝手気ままに楽しんでいたのである．大きな畑は菜園を通りこして，それはもう農園といっても良いほどの大きさだった．トラクターなど大がかりな農機具を使う者もいた．また養鶏場もどきに，派手にニワトリを飼う者もいた．小屋を建てたり，水溜めのドラム缶を置いたり，その野放図さは地域でも問題となって，新聞やテレビなどでも大きく取り上げられた．

　不法占拠に関わらない地域住民からの苦情が，多く寄せられたのであろう．東京都の第五建設事務所では，何度も巡回しては注意をしていたが，いっこうに埒があかない．管理者としてさすがに見過ごすことができず，都の建設事務所は強制撤去という最後の手段に打って出た．5月中旬，強制撤去する旨の警告文を小屋などに貼り付け，30日からいよいよ強制撤去を始めたのである．

　不法耕作者の言い分は，「だれも使わない土地だから，別に問題はない」[『朝日新聞』2002年4月24日朝刊，東京川の手1]，「誰にも迷惑かけてない」[『朝日新聞』2002年5月17日朝刊，東京1]という至って自己中心的で身勝手なものであった．一方，反感をもつ周辺住民の意見は，「あれだけの土地を不法に占有すれば，泥棒のようなもの．不法耕作者は年配者で確信犯の人が多いのではないでしょうか．菜園を見るたび，エゴというのはすごいなと思う」[『朝日新聞』2002年5月29日朝刊，東京2]とかなり批判的である．

　撤去中には，次のような混乱もあったという．

　　新中川の中流域にあたる江戸川区松本地区．都による強制撤去が始まる少し前，近所の主婦二人が河川敷に降りてジャガイモの根っこを引き抜き，持ち去ろうとした．この菜園は別の人が耕してきた．橋の上から見ていた菜園の「所有者」は「おれの大切なジャガイモを勝手に盗むな．ドロボー」と怒鳴り声．主婦も負けてはいない．「あなたなんかにドロボー呼ばわりされる筋合いじゃない」と反論．小競り合いになりそうになった．二人は近所同士らしく，このやりとりを見ていた別の近所の人は「何でけんかするんだろう」[『朝日新聞』2002年5月31日朝刊，東京1]．

　不法占拠しているのに，堂々と「所有」を主張する不法耕作者．肩を落とす

不法耕作者を尻目に，ハイエナの如く他人が植えていたジャガイモに群がる主婦たち．結局，不法構築物は即時撤去，菜園に植えてある耕作物に関しては，収穫期の終わる7月上旬まで猶予期間が設けられ，その後撤去された．

　新中川の不法占拠は，このような河川敷だけにとどまらない．水面もプレジャーボートによって不法係留地として不法に利用されていた．第五建設事務所は，1年後の2003年5月28日，「東京都船舶の係留保管の適正化に関する条例」に基づき，新中川の不法係留船を強制撤去するとともに，簡易代執行等による不法係留杭，桟橋の撤去を行った．1989（平成元）年にはそこに350隻以上もの不法に係留する船があったという．東京都は暫定係留施設を整備し，そこへの移動を進めた結果，2003年には不法係留船は30隻程度までに減った[1]．

　川は流水のある低水敷のみならず，降水時などに冠水する高水敷を含めて公物である．それは国や地方公共団体などによって，直接に「公（おおやけ）」の目的のために供される有体物で，「河川法」のもとに使用が制限されている．新中川を菜園として占用し，またボート係留地として使用したい場合，国土交通省令で定めるところにより，河川管理者の許可を受けなければならない．一級河川の場合，河川管理者は国土交通大臣であるが，その権限に属する事務の一部は，政令で定めるところにより，当該一級河川の部分の存する都道府県を統轄する都道府県知事が行うことができる．新中川の場合は，東京都の管理区域にあるため，それを菜園として占用したい場合は，当然，河川法第24条に基づいて，都からその許可を受けなければならないのである．しかし個人の菜園や，プライベート・ハーバーとして使わせて欲しいと申請したところで，至って私的な畑作りや桟橋が許可されるはずもない．

（2）河川敷のコモンズ化とガバナンス

　かつての行政ならば，法律に基づくこの強制撤去と，河川敷からの人びとの排除で，その業務は終わっていたはずである．たとえば管理権能を強く保持することを当たり前としていた1990年代以前の行政であれば，新中川河川敷不法占拠問題は公物の私的独占を排除した時点で，幕が下ろされていたはずである．しかしこの騒動が起こる2000年代には，行政もその統治のあり方を大きく転換した．そのため，行政の業務は別なかたちで継続されることとなる．

　強制撤去の後，新中川ではかつての無秩序な河川敷利用を繰り返さないために，さまざまな施策が試みられた．それらは環境ガバナンスの視点に立てば，

まさにそのようなあり方を体現したものであるといえる．2002（平成14）年，不法占拠の撤去騒動の後，東京都は河川敷をクローバー畑として整備した．そこでは防災訓練なども行われ，河川敷は地域住民の新しい広場へと変身した．さらに東京都は江戸川区に対し，翌年1月16日付けで河川敷の有効活用を計るために，「包括占用許可制度」による2万m^2の河川敷占用許可を行った．

　包括占用許可制度とは，地方分権や河川敷の有効利用の観点から創設されたもので，市区の行政が都市計画等の基本方針に従い，占用地の具体的な利用計画を決定するものである．この制度を活用すると，占有許可を受けた後に，具体的な河川敷の利用方法を決めることができる．「包括占用許可制度」の最大のメリットは，市民の生活にとって身近な市区に河川敷利用の裁量権が移ったことによって市民の声が届きやすくなり，河川敷の利用方法にも市民の意見が反映されやすくなった点である．

　江戸川区は，新中川河川敷をとくに整備をせずに広場として利用，開放する方法を選択した．また東京都と江戸川区は，地元住民による河川敷の有効活用を検討する協議会を発足させるのに先立ち，さらに周辺住民が新中川の利用を考える契機となるように「新中川フェスタ」というイベントを2003年より開始している．地元小中学校や地域団体等3500人ほどの周辺住民が参加しカヌーやドラゴンボート，綱引き大会等，多様な催しが行われたという[2]．江戸川区立鹿骨小学校では，3，4年生の児童110人が花畑を作った．秋にはコスモスが咲き乱れ，通りかかる人びとの目を楽しませるものとなった．また同区立上一色小学校では，地域とともに作る上一色の環境作りとして新中川河川敷に「生活科・総合・理科学習園」を設置し，環境教育の場として利用した[3]．

　このような地域住民が川と積極的に関わろうという試みは，川をフェンスで取り囲み，立ち入りを禁止して保全する従来のやり方よりも有益である．その河川敷利用の動きは，新しい現代的コモンズの創成運動と見なすことができる．今後，このような活動が継続されるか否かは，地域住民の内発的動機に基づく参画にかかっている．それはこれまでの伝統的コモンズ論が明らかにしてきたコモンズ生成の道筋を見れば明らかである．地域住民が，自分たちのために，自分たちで考え，自分たちで管理する場所に川を変えることが真のコモンズの生成なのである．そして新中川が良好な現代的コモンズとして生成された場合，それは人間関係の希薄な都市社会に，新しい人と人とのつきあい，ネットワーク，ひいては信頼という社会関係資本を副産物として生み出すであろ

う．良好なコモンズをデザインすることは，新しいコミュニティをデザインすることにつながるのである．

　この新中川の現代的コモンズの創成運動は，行政など従来の権威的アクターが統治を独占するのではなく，それとともに市民などの多様な組織や個人に統治を分与し，協働した環境ガバナンスの「成功」例として，一般的には高く評価されるであろう．河川という公物を閉ざして管理するのではなく，市民に開いて管理するあり方によって，地域に望ましい状況をもたらすことが期待される．

（3）コモンズが排除する弱者

　しかし一方で，このような現代的コモンズと環境ガバナンスがもつ限界性──あるいは危険性──をも，私たちは認識しなければならない．それはコモンズがもつ排除性の問題，そして環境ガバナンスからこぼれ落ちる人びとの問題である．新中川は，その管理に寄与せず野放図に利用するフリーライダーによって占拠され，オープンアクセスの空間と化していた．東京都はそこからフリーライダーを排除し，江戸川区に占有許可を認めることにより，周辺住民を実質的な主体として組み込んで「適切」に利用するコモンズへと変貌させた．その主体は権利というかたちで厳格な画定はされていないため，周辺住民および江戸川区住民という程度のメンバーシップの緩やかさをもっている．このようなコモンズのメンバーシップの緩やかさは，通例，コモンズの維持管理において支障となる場合もあるが，この例では区という行政が管理主体になることによって適切な維持管理を継続できる仕組みになっている．このような公的権力の介在は，異質な人間が入り交じりコミュニティ的な社会結合の弱い都市部においては，致し方ない処方であるといえる．それによって，フリーライダーを排除する仕組みの実効性は高められるのである．

　ただここで一見「成功」したかのごとく見えるこの施策の背後に，大きな困難が生まれていたことを見落としてはならない．私たちは，野放図なフリーライダーとして排除された人びとのなかに，社会的弱者が含まれていたことに刮目しなければならない．次の記事は，現代的コモンズの排除性の矛先が，社会的弱者に向けられる問題点を見事に抉りとっている．

　　　職なくねぐらも失う　男性「虫けらと同じ」（勝手に河川敷）

強制撤去まであと11日．

今夜のおかずはハゼのテンプラ．明日は天然ウナギのかば焼きか――．新中川の水の上に建てられた小屋で暮らすホームレスの男性（55）は魚を釣って自炊の毎日だ．セイゴというスズキの一種も身を開いて天日干しすると立派な干物となる．「なかなかうまい」と評判が広まり，近所の人が河川敷の「家庭菜園」で育てている野菜と交換することもある．

「ここは食材の宝庫」と男性．小屋の前を流れる川の中には生け簀も作った．囲いの中で，エビがうようよ泳いでいた．

千葉県出身．中学卒業後，集団就職で上京し，葛飾の洋服店で住み込みで働く．仕立職人として独立し，新中川に近い江戸川区内で店を開いた．

親から言われた通り，「手に職さえ持っていれば食いっぱぐれない」はずだった．だが，大型店に客を奪われ，10年ほど前に倒産．妻も子どももいない．日雇い仕事で何とか食いつないできたが，不況のため仕事が次第に回ってこなくなった．

家賃を何カ月間も滞納し，アパートを追い出されたのは昨年秋だ．ねぐらを求めてたどり着いたのが，新中川の河川敷だった．小屋は船着き場の資材置き場だった．広さ六畳ほど．持ち主は亡くなり，無人状態だった．

ベッド，ストーブ，コンロ……．家財道具のほとんどは粗大ごみ置き場から拾ってきたり，近所の人が分けてくれたりしたものだ．「だれにも迷惑をかけていないからいいだろう」と思っていた．古新聞を回収して得た収入で暮らしていた時期もある．

ホームレスというだけで，地元の中学生や高校生から絡まれそうになることもある．天井が雨漏りし，床に水たまりができることもある．すきま風が吹き込み，寒くて眠れない夜もあった．

「この小屋は壊します」．16日，都と警察から立ち退きを命じられた．まったく予期せぬ事態だった．期限は29日．所持金は600円しかない．

「おれたちみたいな税金を払っていない者は虫けらと同じなんだろう．文句も言わずに出ていくよ」．たばこの煙をふーっと吐きながら言った．

新しいねぐらは公園か橋の下か．ホームレス同士の縄張りがあり，簡単には見つからないかも知れない．だが，この小屋に再び戻って住むことはもうできない．

雨が上がった18日，男性は小屋から出て，どこかへ向かった［『朝日新

聞』2002年5月19日朝刊，東京1］．

　そこには，行き場を失ったホームレスの男性の「家」があった．そして彼は魚捕りや古新聞回収で生計を立てていた．捕れた魚の干物と野菜との物々交換を通じて，僅かながらも地域の人びととの交流があった．そこはホームレスの彼にとって，まさしく生活の場であった．もちろん彼の居住する「家」は不法占拠されたものであり，また魚捕りも漁業権などという正統な権利をもつものではない．しかしそのような違法性を帯びる生活だとはいえ，社会から外れて当て所もなく暮らす彼が生きていける場所は，この河川敷しかなかったのである．またそこでの活動は，彼にとって自分自身で「稼ぎ」，ほんの微かではあるが交換というかたちで社会と小さな接点をもつことのできる活動であった．
　その違法性を糾弾することは容易い．そして彼に対し，そこを占拠する正統性を認めることは，一般的な感覚からいえばかなり困難である．むしろ一般的な感覚でいえば，行政がその存在を問題視し，そして地域住民が安全の面から不安視することが予想されるであろう．

3　現代的コモンズの排除機能

(1) 社会的バッファとしての河川敷

　この新中川の現代的コモンズの創成運動において，いままで主体として見なされなかった地域住民などの多様なアクターの参画が促され，環境ガバナンスが模索された．しかしそのアクターのなかに，ホームレスは含まれていなかった．彼らは社会の構成員，環境ガバナンスの担い手として，最初から排除されていたのである．そこでは，先に紹介したような，コモンズの「弱者生活権」の保全という機能は作動しないのである．
　いかにも性善であるような環境ガバナンスという思潮に基づく現代的コモンズは，そのような弱者を主体に含めておらず，その生活権に配慮を怠っていることに思いを馳せる必要があろう．現代社会において，ホームレスのような存在は，無料・低額宿泊所や自立支援施設で一時保護し，その後生活保護などの受給を促して自立させる行政サービスに委ねられていると考えられる．しかしホームレスのなかには，現代的な社会保障制度が創り出す入所施設などにそもそも馴染めない人びともおり，また短期では自立できない人びとも数多く存在

する．そのような人びとが彷徨い歩いた末にたどり着くのが，このような都市部の河川敷なのである．

　歴史的に見て，日本の河川とその周辺空間が，そのような社会的弱者が集まりやすい場であったことを，これまで歴史学や民俗学は明らかにしている．たとえば中世史家の網野善彦は「河原」が「無縁」の地であり，そこは社会において差別される周縁的な「無縁」の人びとが活動する舞台となっていたと指摘する［網野 1978：155］．確かに河川を中心として構成される空間は，一般人の日常的な生活空間の周辺部にある隙間であり，ときに統治権力がおよばないアジールとして機能してきた．そのようなかつてのアジール性が，現代の川にも連続して存在するなどという考えは飛躍に過ぎるが，人口が稠密で可用空間が少ない都市部において，河川を中心とする空間の社会における隙間的意味はいまだ払拭されていないと考えた方が良い．それゆえ社会の周縁に位置づけられ，マジョリティの社会に入れない弱者たちが，いまでもそこに集まるのである．そのような河川空間の社会におけるバッファ的性格が，新中川の現代的コモンズからは剥奪されている．そのような空間は，現代的コモンズ論で再度検討すべき機能と価値を，本来もっているのである．それは現代的コモンズ論において，「弱者を主体の一員として排除することなく包み込む」という方向性を指し示している．

　もちろん筆者は，「河川空間を弱者救済のコモンズ空間として公的に位置づけよ」と，主張するつもりはない．また「河川敷をホームレスのための空間とせよ」と，短絡的に主張するつもりも毛頭ない．そのような位置づけと固定化は，新たなるセグリゲーション（空間隔離による差別）を構成するのであり，弱者の根本的救済になりえないことは明らかである．またアジール的空間をあえて選んで入ってきた人びとは，制度化された段階で，その空間を選択した動機を失ってしまう可能性もある．行政による社会福祉による救済が，まずはなされるべきであることは当然であろう．しかしそのような社会福祉すら掬い上げられないような人びとが社会に存在すること，そしてそのような人びとにとって存在を許される——黙認される——社会的な隙間が必要とされている事実を，環境ガバナンス・現代的コモンズの議論は含み置かねばならない．

　そのような人びとが最後にたどり着く場所の存否の是非という問題は，当然，容易に解決できるものではない．しかし現代都市社会において，もしコモンズの可能性を探るのであれば，そのような問題から目を背けることはできな

いはずである．少なくともコモンズ的あり方が，企図せずとも周縁的弱者の排除に加担する可能性があることくらいには自覚的になる必要がある．この問題は，まだ環境ガバナンスと現代的コモンズをめぐる議論のなかで，十分に顕在化してない重要な論点である．

新中川の事例は，いわゆるフリーライダー化した市民の行為を排除し，適切な利用を模索するなかで，弱者が「巻き添え」になって排除されたと，とりあえず考えておこう．そこに排除する側の差別的な企図は明確には窺えない．次に紹介する河川施策の事例も，直接に弱者排除を目論んだものではない．しかしその施策の背後には，市民たちから弱者に向けられる排除の「まなざし」が漂っている．

（2）排除論理を隠蔽する環境ガバナンスの危険性

2010（平成22）年夏，川崎市高津区瀬田地内の多摩川河川敷の利用をめぐって議論が巻き起こった．多摩川に多くの人びとがバーベキューを楽しむために来入していた．それらの外部者は，多摩川河川敷を野放図に使い，ごみと騒音をまき散らかすという問題を引き起こした．そのため地域住民は川崎市へ苦情を申し立て，市は対応を検討した．その結果，市は地域住民に迷惑をかける状況を改善するために，河川敷を柵で囲み整備して有料化する「社会実験」を行った．フリーライダーとして河川敷を利用し，地域に苦痛を与える外部者としてのバーベキュー愛好者たちに，受益者というかたちで負担してもらう．ここで川崎市は，先に紹介した新中川河川敷不法占拠問題で行政が用いた「包括占用許可制度」を，やはり同じように活用している．

この社会実験は，おおむね「成功」したようである．その後，川崎市が実施した近隣住民へのアンケートによると，社会実験によってごみ投棄や騒音などの迷惑行為が「大幅に改善された」という回答は28％で，「やや改善した」を加えると全体の75％を占め，「悪化した」という回答はなく，河川敷のバーベキュー利用を「今後も認めてもよい」という回答が66％にのぼったという［『朝日新聞』2010年10月22日朝刊，横浜1地方］．この社会実験の後，この多摩川の領域は「多摩川緑地バーベキュー広場」という管理運営形態で公的に引き継がれている．

この川崎市がとった施策は，管理が行き届かないオープンアクセス空間（資源）を，多様な人間が利用し適正な管理下に置いてコモンズ化する試みであ

る．騒音やごみ問題で困っている地域住民が，ステークホルダーとして管理の厳正化を行政に要求し，行政は「制度」を用いて外部者も含めて利用できる仕組みを考え出した．アンケートを見る限り，その実験によってこの問題は「改善」されたといえよう．しかし，この問題の背後にバーベキュー問題とは異質な問題が横たわっていたことは，あまり知られていない．

　この2010年以降の施策以前から，川崎市は多摩川の環境保全に関して種々の計画を練っていた．川崎市の文書によると，2005年に川崎市新総合計画「川崎再生フロンティアプラン」を策定し，そこで多摩川を「市民共有の財産」――すなわち市民のコモンズ――と位置づけ，市民が憩える環境作りを目指した．さらにこのプランの策定にあたり「市民・企業・行政が協働して取り組む」というガバナンス的統治を目指して，同年に市民意識実態調査や利用者アンケート，多摩川サロン等により市民たちの意識が把握された．また2006年には，利用団体や地域代表，公募市民からなる「川崎市多摩川プラン策定市民会議」を結成し，有識者も含めた「川崎市多摩川プラン策定委員会」を立ち上げて，2007年に市民の意見を聴取する「パブリックコメント」を実施したのである．そのパブリックコメントには，市民から107件もの意見が寄せられた[4]．これをもとに川崎市は「川崎市多摩川プラン」を策定している．この一連の政策立案は，市民協働を基本理念に掲げ，市民や企業，学校，行政がそれぞれの役割と責任を果たしながら協働して取り組む，「先進的」「理想的」な環境ガバナンスの試みといえよう．

　このプラン策定の際に寄せられたパブリックコメントでは，一般的な景観保全や再生，施設の充実といった意見とともに，前記のバーベキュー問題に関する4件の意見も述べられている．それには「バーベキューを禁止すべき」という強硬な意見もあるが，おおむね有料化による受益者負担と，適正利用による環境改善が訴えられており，川崎市の施策はそのような穏当な意見を反映させたものと見て差し支えなかろう．

　実はこのパブリックコメントには，さらにバーベキューを楽しむ外部者とは別の「外部者」に対する意見が数多く寄せられていた．それは，ホームレスの人びとである．そのパブリックコメントにはホームレス問題が，バーベキュー問題より多い13件も訴えられている．その一部を見ると「公共の場を不法占拠しているホームレスの問題を解決して欲しい」「河川敷は，市民の税金で整備・管理されているので，市はホームレスの不法占拠を認めてはならない」と

いう一般的な意見から,「青少年の健全な育成のためにも,ホームレスの不法占拠を黙認しないで欲しい」「東急東横線橋脚付近の緑地公園に住むホームレスとテント小屋を撤去して,子どもたちを安心して遊ばせたい」という,「不健全」「危険」といったホームレスに対する偏見に基づく意見も見られる.さらに「基本目標別施策の方向性『ホームレス問題への対応』について,不法占拠者の自立支援よりも,地域住民の住環境改善を優先してほしい」という我田引水の意見もあった.

そして次のような意見を,私たちは直視しなければならない.

> 「『ホームレスになることを余儀なくされた者もおり』という表現は偏っている.『公共の場を不法占拠しているホームレスがおり』と文言を訂正すべき」
>
> 「捨て犬・捨て猫にホームレスが餌をやり,生態系に悪影響を与えているとあるが,市民が捨てた犬猫もいるが,市民の責任だと断じ責任を自覚すべきという表現は訂正して欲しい.ホームレスの不法占拠を解決すれば起こらない問題では?」
>
> 「『ホームレスとなることを余儀なくされた者』という表現を,『国民の税金で整備された公共の土地を不法に占拠している法令違反者であるホームレス』に変更して欲しい」(以上,パブリックコメントの要旨より)[5]

このような批判感情が沸き起こることは,一般的な感覚として理解できる.ただしそうだとしても,それをパブリックコメントとして公の場で表明する市民の不寛容な姿勢には驚かされる他はない.市民のホームレスに対する無理解と,偏見に基づいた強烈な攻撃性がそこに看取されるのである.このようなざらついた言葉を,いとも簡単に平気で,当然のことのように声高に述べ立てることのできる市民の意識,あるいは公共意識を私たちはやはり疑ってかかるべきであろう.そこに人間の排除を簡単に主張できる「未熟な市民意識」「未熟な公共意識」を見出してしまうのは筆者だけであろうか.

このような「市民」は,川崎市民であるというだけで,多摩川という現代的コモンズを利用したり管理したりする正統性や権限を有することができると誤って理解しているようである.そのような正統性や優位性は,「市民」という属性だけで得られるものではない.しかしこのような市民が,現代的コモンズのステークホルダーとして参画し,力を行使するというのが,ガバナンス時

代の趨勢である．そして行政はそのような市民の声をも包含しながら，施策を打ち立てていかなければならない．一方，パブリックコメントといういかにも民主的な意見集約手段からは，最初の時点からホームレスなどの社会的弱者は排除されている．つまり施策には，そのような人びとの声は届かないようになっているのである．

　環境ガバナンスの仕組みが，実はその背後においてその仕組みにアクセスできない人びとを見捨てたままにしているという社会制度の構造的瑕疵について，私たちは強く認識しておくべきであろう．民主的手続きを重んじるような現在の環境ガバナンスの仕組みは，実はまだ不完全なのである．現状，ホームレスの人びとは，現代的コモンズの担い手，環境ガバナンスの参加者として認められていない．それを忘れてはならない．

お わ り に
―――環境ガバナンスと現代的コモンズの限界性―――

　最後にここで，先に紹介したバーベキュー問題とそれに対する施策が，このホームレスの問題の「解決」に利用される危険性があることを指摘しておきたい．両者の問題は一見異なる問題のように受け止められるかもしれないが，実は密接に関係している．もちろんバーベキュー問題とホームレス問題の改善を求める市民は同一とは限らないであろうし，また川崎「市民」も多様でさまざまな意見があることは当然である．そして今回の川崎市の施策は，あくまでバーベキュー問題に対応する施策として展開されたようである．

　しかしこの施策の手法は一歩間違えると，このような社会的弱者に向けられてしまうのである．ホームレス排除という目的を隠蔽し，他の目的にその目的を潜ませることにより，実質的に隠蔽された目的は達成される．バーベキュー問題の排除のやり方，そしてそこで編み出されたその解決法は，表立たないやり方で間接的にホームレスに向けられる可能性があるのだ．つまり包括占用許可制度という現代的コモンズを生み出す有効な方法は，一方で公物としての川を囲い込み，間接的にホームレスを囲いの外へと追い出す危険性をもっているのである．その点からいって，現代的コモンズをアプリオリに褒めそやすことはできないのであり，多様な視角，多様な立場からの細部にわたる検証が望まれる．

多摩川で採用された手法は，ジェントリフィケーション（gentrification）の一種として見なすことも可能であろう．ジェントリフィケーションとは狭義には，都市部において荒廃し疲弊した低所得者層などが居住するエリア（インナーシティ）で，新しい価値を生み出す文化活動や再開発を行い，イメージを改善したり活性化したりすることによって，中・高所得者層のその地域への移住が自然と促進される状況や，さらにそれを促す運動や政策である．それは現在では，町イメージの転換のための戦略的手法として，明確な目的をもって展開される場合が多い．都市再生の手段として一見有効なこのジェントリフィケーションは，実は一方で家賃高騰などの現象を引き起こし，先住する低所得者や弱者を圧迫する．そして直接，間接にそれらを玉突きのように追い出していくという弊害を生み出している．社会学者の田中研之輔は，ジェントリフィケーションに肯定的な側面を認めつつも，その華やかさの裏側で，強制的に退去させられた人びとの存在が見えなくなるという社会的正義の問題を指摘しているが［田中 2012：79］，そのような作用が，多摩川をめぐる現代的コモンズにも看取できるのである．

　河川の包括占用許可制度は，地域の要望を汲み取り，河川をコモンズ化しガバナンス的に管理する有効な手段である．しかし人権や社会的正義などを含み込む真の公共性の論理に無理解なまま，地域のみの論理だけでその制度が使用されると，それは新たな問題を引き起こす原因となるであろう．現在，コモンズの排除機能は容易に手段化され，目的化され，応用される危険性をもっている．現代社会において新しくコモンズを創造し，環境ガバナンスを標榜する意欲的な試みが，社会的弱者を暗黙裏に排除するための，ごまかしの方便として利用されないことを祈るばかりである．

付　記

　本章は，菅豊［2013］「現代的コモンズに内在する排除性の問題」（『大原社会問題研究所雑誌』655，法政大学大原社会問題研究所，pp.19-32）を改稿したものである．

注

1) 東京都第五事務所ホームページ（http://www.kensetsu.metro.tokyo.jp/goken/topics/fuhokeiryu/fuho-keiryu.html，2012年12月15日閲覧）．
2) 東京都第五事務所ホームページ（http://www.kensetsu.metro.tokyo.jp/goken/topics/sinnaka-festa/sinnaka-festa.html, 2012年12月15日閲覧）．

3）江戸川区立上一色小学校ホームページ（http://academic2.plala.or.jp/edo67s/tokusyoku/, 2005年3月5日閲覧）.
4）川崎市役所ホームページ「川崎市多摩川プランのパブリックコメントの結果について」(http://www.city.kawasaki.jp/530/cmsfiles/contents/0000020/20806/pubcomme_kekka_gaiyou.pdf, 2012年12月15日閲覧).
5）川崎市役所ホームページ：「市民意見の内容と意見に対する回答（要旨）」（http://www.city.kawasaki.jp/530/cmsfiles/contents/0000020/20806/pubcomme_youshi.pdf, 2012年12月15日閲覧).

参考文献

網野善彦［1978］『無縁・公界・楽——日本中世の自由と平和——』平凡社.
井上真［2004］『コモンズの思想を求めて』岩波書店.
菅豊［2010］「ローカル・コモンズという原点回帰——『地域文化コモンズ論』へ向けて——」, 山田奨治編『コモンズと文化——文化は誰のものか——』東京堂出版.
田中研之輔［2012］「ジェントリフィケーションに関する認識論的枠組み：序説」『地域イノベーション』4.
鳥越皓之［1997］「コモンズの利用権を享受する者」『環境社会学研究』3.
平川秀幸［2010］『科学は誰のものか——社会の側から問い直す——』日本放送出版協会.
Berkes, F. ed. [1989] *Common Property Resources: Ecology and Community-Based Sustainable Development*. London: Belhaven Press.
Hess, C. and E. Ostrom eds. [2007] *Understanding Knowledge as Commons: From Theory to Practice*. Cambridge, Mass: MIT Press.
松下和夫編［2007］『環境ガバナンス論』京都大学学術出版会.

第12章

自然公物のガバナンスの再検討
―― 河川管理を対象として ――

はじめに

　10年ほど前，私は農業用水の調査のために滋賀県湖東地方を流れる小河川沿いを歩いていた．水田と水田の間を流れ，助走を付けて飛べば向こう岸へ渡ることが出来るのではないかと思うほどの小さな川だった．歩いていると，コンクリートで固められた護岸が大きく崩落している箇所を見つけた．護岸の崩落は調査の主たる関心事ではなかったが，なんとなく気になり写真を撮り，地図に場所を記入していると，向こうから地元の方と思われる年配の男性が歩いて来た．それとなく，崩落した箇所のことを尋ねてみると彼は「これは一級河川やから，私らではなんもできん．国に直してもらわなあかんな」と答えた．確かに，その川は小さいけれども一級河川に指定されている．しかし，国による河川管理の気配など全く感じさせない，地域に溶け込んでいるかに見えるのどかな小河川と水田の中で，地元に暮らす人から「川は国が管理するもので自分たちには何もできない」との答えが返って来たことが強く印象に残っている．

　川や水が物理的，心理的に地域から遠ざかってきた過程や要因は，さまざまな論者によってこれまで指摘されてきた．たとえば森滝[2003]は，水資源開発の進展によって遠方のダムや堰などの水源から，時に流域を超えてもたらされる「遠い水」への依存が高まる過程を批判的に論じている．嘉田[2000]は，生活の中での水とのかかわりの変遷に着目し，人びとにとって「近い水」が「遠い水」となり，水に対する意識が変わってきた過程を明らかにしている[1]．

　こうしたさまざまな社会・経済的要因に加えて，ここで注目したいのは行政法における公物という考え方である．公物とは「国，地方公共団体その他これ

に準ずる行政主体（公共企業体，公社，公団など）によって，直接に公の目的のために供用される個々の有体物」[田村 1984] と一般的には定義されている。[2] これは実定法上に規定のある概念ではなく，行政法学の中で議論されてきた学問上の概念である．しかし，河川法は公物管理法の代表例とされており，河川管理における行政主体の関与のあり方，すなわちガバナンスのあり方に大きな影響[3]を与えてきたと思われる．

この公物概念，特に公物の管理主体としての「公」の意味するところについて，室田 [1979] は標準的な経済学が「公」「私」二元論で構成されていることを批判し，「共」的領域の重要性を指摘する文脈において以下のように述べている．

> 「海岸だとか，湖や川については，それらを自然公物と規定するのが，従来の法体系における考え方のように見受けられるが，そのような自然環境の持つ経済的，生態的意義を考える時，それらを「公物」と扱って国家管理の対象とすることが適切かどうかは，おおいに疑問がある」[室田 1979：192]．

> 「自然環境を「公物」と規定して，全面的な国家管理ないし広域地方行政の管理にまかせきってしまうことは，端的にいってきわめて危険である」[室田 1979：193]．

行政主体のみによる公物管理のあり方に警鐘を鳴らす室田のこの指摘は，近年の環境ガバナンス論の文脈に沿っていえば，公物のガバナンスにおける行政主体のあり方を再検討する必要があるということになる．[4] そこで本章では，まず公物管理者のあり方についてこれまでの行政法学における議論を振り返る．さらに，河川管理において国が一級河川の管理者とされた1964年新河川法の成立過程における論争を振り返る．これら２つの観点からの検討を通じて，自然公物のガバナンスのあり方について検討を行う．

1　自然公物概念の批判的検討

（1）自然公物の定義と管理[5]

公物とは先に紹介した定義のとおり，かなり幅広い対象を指す概念である．したがって，最初に田村 [1984] や宇賀 [2010] などを参考に，４つの代表的な

公物の類型化の基準を紹介しておきたい[6]．1つめの類型化の基準は，直接に一般公共の用に供されるか否かである．道路や河川のようにそれ自体が直接的に一般公共の用に供されるものは公共用物と呼ばれ，官公署の建物など主として行政主体の用に供されるものは公用物と呼ばれている．2つめの類型化の基準は，公物の成立過程に関するものである．河川や海浜など自然の状態のままで公共の用に供されるものは自然公物と呼ばれ，道路や公園など加工を加えて公の目的に供用する意思によりはじめて公物となるものは人工公物と呼ばれている．3つめの類型化の基準は，所有権の帰属主体によるものである．公物とは「公の目的に供される」という目的による概念であり，私有物であっても公物となり得る．したがって，国有公物，公有公物，私有公物の類型が想定できる．4つめの基準は，その公物の管理主体が同時に所有権を有しているか否かによるものである．前者の場合は自有公物と呼ばれ，後者の場合は他有公物と呼ばれている．

その権原については論争がある[7]が，公物概念においてはそもそもの定義からして行政主体がその管理主体として想定されている．そして公物管理権とは，「公共用物を，その本来の目的にしたがい，公共の用に供すべく認められた包括的な権能」［松島 1984：298；田中 1989：314］と考えられている[8]．三好［2007：151］は，こうした公物管理権が「管理主体たる行政庁の自由裁量に属するものとされ，実務上の運用もそのように行われてきた」ために日本の公物管理法全般において住民意見の反映に不備があると指摘している．

その一方で，公物利用者の位置づけは極めて低いものにとどまっている．特に公共用物については「本来公共利用を増進するところにその第一の狙いがあるはず」にもかかわらず，「もっとも肝心な公衆の公物利用についてその権利性が完全に否定されてきた」との指摘［原田 1974：552］がある．

伝統的な公物法理論においては公物の使用形態は①自由使用，②許可使用，③特許使用の3つに類型化されている．自由使用とは，公物の基本的な使用形態であり「道路を通行したり，河川敷を散策したり，海岸で潮干狩りをしたりというように，許可を要せずに公衆が公物の本来の目的に従って，他人の共同使用を妨げない限度において自由に使用することを認められている場合」［宇賀 2010：464］を指す．許可使用とは，「公物管理または公物警察の観点から一定のものについて禁止し，申請に基づき禁止を解除する使用形態」［宇賀 2010：467］を指す．特許使用とは，「一般には認められない公物（通常はその

一部）の排他的使用を特定のものに認めるもの」[宇賀 2010：467] であり，河川の場合は流水の占用などがこれに該当する.

「公の目的のために供用される」という「目的」に着目した概念規定から考えると，自然公物が公物たる意義は，この3つの使用形態のうち特に自由使用を担保することにあると思われる．過剰利用にならない範囲で，そして地域で慣習的に形成されてきた利用ルールに反しない範囲で河川の散策を楽しんだり，釣りを楽しんだりするといった利用は自由使用に該当し，それを確かな形で継承していくことは社会の持続可能性を担保する上で大きな意義があるだろう．ところが，伝統的公物論では自由使用について権利性が認められていない．自由使用はあくまで，「行政主体がそれを公物として公の目的に供用してくれることの結果，その反射としてこれを利用できるにとどまる」[原田 1974：552] ものであるという，いわゆる反射的利益として理解することが通例となっている.

（2）公物管理と環境管理

伝統的な公物法理論に対しては，行政法学者の間でも環境管理の視点がきわめて希薄である [宇賀 2010：420] との指摘がある．たとえば塩野 [1979：320] は，自然公物の管理の課題を「われわれに残された資源をいかに合理的に（単に，今日の必要だけではなく，将来の国土のあり方をも考慮にいれた意味での）活用するか」にあるとした上で，伝統的公物概念では自然公物の資源としての特性を十分考慮してこなかった点を批判的に検討する．自然公物の管理は地域の生活や行政全体と密接な関連があるため，「すべて現在の公物管理者の権限の範囲とすべきことにはならない」とし，「総合的な行政の一環としての公物管理者の権限の範囲のあり方という観点から対処していくのが合理的」と公物管理者の位置付けを相対化せざるを得ないことを指摘している．土居 [1990] も，塩野の見解を踏襲し自然公物の資源としての特性を考慮に入れた法体系を構築することを主張している．

さらに磯部 [1993] は，公物管理の原則を活かした形で地方自治体を管理主体とする「環境公物」の管理のあり方を構想している．環境問題に対処する上で「環境利用の原則自由を前提にしたままでその限度を画していくという従来型の法システム」が問題を抱えていることを指摘し，「環境容量の絶対的限界を前提に包括的な環境利用秩序を構築し，人間活動と自然環境資源との平衡を

制御していく新たな法システム」を志向する．そして，公物管理権限の原理的根拠を「公物が有する本来的公共性」に求め，公物管理権の「存在する法的な次元が，所有権をはじめとする私法的権限の次元とは明確に区別されていること」を重要視する[12]．そしてこの点こそが，「私権の保障と公物の公共性の確保という相矛盾する規範的要請を合理的に調整する法メカニズム」として公物管理を環境管理に拡張する際に重要になるという[13]．これに対して塩野［2012］は公物管理の対象を環境全般にまで広げることは法概念として拡張のしすぎでその意義が薄れる[14]としつつも，公物と環境との関連を考える上では法政策的観点も含めたより広い枠組みが求められると指摘している．

このように，行政法学者の中でも伝統的公物概念は現代の自然公物管理を考える上で課題を抱えているという認識が共有されている．論者によって力点の置き方に違いがあるものの，特に① 行政機関を中心とした管理者のあり方の見直し，② 自然公物が持つ資源としての特性を考慮した管理への転換，③ 自然公物と地域社会，その他の行政との調整といった課題が指摘されている．こうした指摘は，河川行政において公共性が行政機関によって「独占」されてきたとする多くの批判とも符合するところがある[15]．

2　新河川法成立時における河川管理主体をめぐる論争

次に，実際の公物管理法における管理主体は，どのような政策過程を経て規定されていったのか，河川法における河川管理者をめぐる論争をたどっていく．ここで注目するのは，1964年の河川法改正に至るまでの，河川管理の主体を新たな法律の中でどう規定するのかについての論争である．

1964年の改正は，1896年に河川法が制定されて以来の抜本的な改正であった．現行の河川法はその後1997年の大幅な改正を経たものであるが，河川を一級，二級と指定し，それぞれ国土交通大臣，都道府県知事を管理者とする河川管理の大きな枠組みは1964年改正時のものを引き継いでいる．そして，1964年改正時にはそれまで都道府県が有していた河川管理権を国に引き上げることをめぐって，都道府県と政府の間で激しい論争が繰り広げられた．

なお，以下では通例にしたがって1896年に制定された河川法を旧河川法，1964年に改正された河川法を新河川法，1997年に改正された河川法を改正河川法と呼ぶこととする．

（1）建設省から見た改正の必要性[16]

1964年改正の背景として，建設官僚として河川法改正にあたった山本［1993］は次の3点を指摘している．1つは「河川管理者の明確化」，2つめは「水系一貫の治水計画の必要性」，3つめは「新規利水需要への対応」である[17]．順を追って，その内容を説明しておきたい．

まずは，河川管理者の明確化である．この点は，国の機関としての地方行政が新憲法下では知事の公選化によってその性質を大きく変えたことに起因する．もともと旧河川法では河川の特定の区間のみに河川法が適用される区間主義を取っていたのだが，1947年の新憲法によって地方行政が国の機関でなくなり，水系で一貫した管理を行うことがますます難しくなっていった．新河川法では，水系を単位として国や都道府県知事を河川管理者とすることで，水系内で管理者が異なるという矛盾を解決しようとした．

次に，水系一貫の治水計画の必要性である．旧河川法における河川政策は，前述のとおり河川法の適用区間とそうでない区間が分かれている区間主義を採用していた．もちろん，水系として矛盾しないための計画の概略はそれぞれの時代に内務省（あるいは建設省）の指導の下に作られていた．しかし実際の工事となると，各管理者の財政事情などに制約されるので区間によって整備状況にアンバランスが生じるおそれがあった［山本 1993：330］．この第2点目は，水系内での河川整備状況の不均等を是正しようとするものである．

最後に，新規利水需要への対応である．新規利水とは，具体的には水力発電用の用水，工業用水，水道用水といったものである．これらの各種新規用水の扱いは，逓信省，農林省，内務省との間でその主導権争いが繰り広げられたが，結局は建設省による一元的管理というかたちで解決が図られたのである［田中 2001：121］．旧河川法の時代には利水需要といっても農業水利が主で，ほとんどの農業水利は慣行的利用がそのまま引き継がれていた．しかし，戦後の高度成長期に差しかかるにあたって，水道用水や工業用水などの都市用水といわれる新規利水需要が発生してきた．しかし旧河川法では利水に関する規定が未整備であり，増大する水需要に対応した法改正が必要であった．

（2）河川法改正に向けた動き

旧河川法の抜本的な改正は建設省にとって長年の懸案であったが，法案の内容は農林，通産，厚生の各省の利害に深くかかわるものであり，省庁間の調整

が困難であることから長らく実現しなかった．しかし，自民党の有力議員であった河野一郎が1962年7月に建設大臣に就任したことを契機として，河川法の大幅改正に向けた動きが本格化する．

　河野は建設相就任後早々に，「河川の管理については知事の権限が強すぎるので，建設大臣の権限をもっと強化するため，河川法の抜本改正を検討したい[18]」と改正に向けて強い意欲を示す．翌1963年3月には，建設省による新河川法案がまとめられる．これは，河川を一級，二級にわけて一級河川は建設大臣が，二級河川は都道府県知事が管理するという最終的に採択された法案と極めて近い形のものであった．

　しかし，この案に対して全国知事会が早急に反対を表明する．旧河川法においては都道府県知事が管理権（6条），利水許可権（18条）を有していたが，建設省案では一級河川に指定された場合は建設大臣の管理下に置かれてしまうことになる．これに対して知事会は，「地方自治の精神に逆行するものだ」「河川管理が分断され，総合水利行政が行き詰まる[19]」として絶対反対の態度を表明する[20]．

　知事会の強い反対を受け，省庁間の調整においても自治省と建設省の交渉が最も難航する．しかし，その調整は単に管理権の所在が国にあるべきか地方にあるべきかの論争ではなく，そこに費用負担問題を組み合わせる形で議論が進展していく．すなわち，篠田自治相は建設省案では2／3が国負担で残りの1／3が地元負担とされていた一級河川の管理費用について，「一級河川に指定して河川の管理権を知事から取り上げるからには当然，その管理費は全額国で持つのが筋だろう[21]」との主張を展開する．そしてこの省庁間の調整は，一級河川の「国家管理」を再確認しつつ，「原則として費用の1／3は地元負担とするが，治水計画の残存期間の六年間は1／4まで軽減する」との池田首相の裁断によって決着をみる[22]．

（3）国への管理権引き上げをめぐる論争と法案修正

　ところがこの首相裁断に対しても知事会は「行政の民主化に逆行するもの」として激しく反発し，以下の7項目の要望事項を政府，自民党に陳情する[23]．

1. 都道府県の区域内の河川は知事が管理することにする．ただし，特定多目的ダムその他建設大臣が直轄工事をおこなった重要施設などはあ

らかじめ知事と協議の上，建設大臣が直轄管理できるものとする．
2．水利の許可は建設大臣直轄のダム以外は知事が建設大臣の認可を得ておこなうこととする．
3．二府県以上にまたがる河川についての利水，治水の基本計画を審議するために関係知事，関係行政機関の長などからなる水政審議会を法律で定め，河川ごとに設置する．
4．基本計画等で協議がまとまらぬ場合は，主務大臣が関係大臣と協議して裁定することができるようにする．
5．建設大臣が河川工事をおこなう場合，地域行政に重大な影響をおよぼす地方については知事とあらかじめ協議を必要とすることとする．
6．河川収入は現行通りとする．
7．河川の国庫負担率は全面的にあらため，道路以上に引き上げる．

　知事会はさらに，同法案の国会提出を直前に控えた5月に政府の河川法改正案は「必要以上に中央の権限を拡大強化しようとするのに急で，地方自治に対する配慮を欠いており，都道府県側に十分な検討をさせないで性急に国会提案を強行しようとするのは納得できない」との反対決議を行う[24]．また，これと前後して地方制度調査会も「新河川法案のような地方の行政事務に関係の深い事項を，地方制度調査会と関係なく国会提出することは遺憾である」との態度を決議し，同法案の今国会提出に反対する構えを示す[25]．
　また，行政法学者の田中二郎も河川法改正の必要性は認めるものの，都道府県知事の河川管理権の建設大臣への吸収引上げを問題視する[26]．その上で，「河川の管理は，元来，森林・砂防・水防・各種産業・住民生活等の広範な行政分野と密接な関連をもった総合行政の一環として行われるべきものであって，これらの地域行政について総合的な責任を有する都道府県知事をはじめ，地元の積極的な協力を得ることなくしては，キメの細かい行き届いた管理を行うことは困難である」として，「河川管理権を建設大臣に引きあげさえすれば，適切な管理が行われるものと即断するのは大きな間違いである」と指摘する．そして，建設大臣が総合的な計画にもとづいて管理する河川は公共の利害に特に重大な関係を持つ6，7河川ほどが妥当であるという．国が直接管理するのは原則としてその幹川に限り，支派川の管理は都道府県知事に委ね，「直接管理する場合にも，その管理について，地元の意向を十分に反映しうるような体制を

ととのえるべき」と述べている．

　行政学者の佐藤竺も，河川管理権の国への引き上げに疑問を呈している［佐藤 1963］．その論拠を要約すると，次の3点である．第1に，公選知事による都道府県間調整が求められるのはせいぜい数河川で，調整にあたって障害となるのは府県間というよりも中央省庁間の権限争いである．利害対立が発生しているのはむしろ府県内であり，その調整には公選知事があたるべきである．第2に，複数府県にまたがる水系で水源県が自県に有利な利水計画を立てたとしても，それは当該県の長年にわたる治水対策の負担にもとづいた既得権であり，水系全体での調整において障害と捉えるのではなく，尊重すべきものである．第3に，表面上は府県間の利害対立によって河川管理に支障をきたしているようにみえても，それは根本にある中央各省庁の利害対立を反映したものにすぎず，中央省庁のセクショナリズムの問題の方を注視すべきである．佐藤は新河川法案にこのような疑問を呈し，河川管理権を知事に残したまま「必要があれば，府県間の自主的な調整機構を水系ごと，広域ごとに設ければ十分」であり，「その際国は国庫負担増などを理由に権力的介入をすることなく，その円滑な運営の補助をするにとどまるべき」と府県間の自主的調整を期待し，国の関与に釘を差している．

　こうした知事会を中心とした激しい反対にもかかわらず，新河川法案は国会に提出され審議が行われる．しかし，衆議院建設委員会での審議において社会党が提案した修正案のうち，いくつかの点を原案に盛り込むことを自民党が了承する．[27] 盛り込まれた項目のうち特に知事会の主張との関連において重要なのは，「河川工事基本計画は河川審議会の意見を聞いて，総合開発計画，水資源利用計画との調整をはかって決めることとする」点と，「河川審議会の構成員に都道府県議会の代表者を加えることとする」点である．そして，衆議院建設委員会では1963年6月26日に自民党修正案が可決された．前述の2つの修正点は，以下の通り具体化された．

・第16条の「工事実施基本事項」を「工事実施基本計画」に改め，「工事実施基本事項は政令で定める準則に従い」とあるのを「工事実施基本計画は，水害発生の状況ならびに水資源の利用の現状および開発を考慮し，かつ国土総合開発計画との調整をはかって政令で定める準則に従い」と改めるほか，同条に「建設大臣は工事実施基本計画を定めようと

するときは、あらかじめ河川審議会の意見を聞かなければならない」との一項を加える[28].
・第83条第2項の中で「当該河川に関係のある地方公共団体の長」とあるのを「当該河川に関係のある地方公共団体の長及び議会の議員」と改め、河川審議会に都道府県議会の代表者も加えるようにする[29].

結局その後、会期切れや池田首相が衆議院を解散したことなどにより河川法案は2度にわたって審議未了となってしまうが、1964年6月に若干の修正を経て可決、成立している.

(4) 改正過程から見えてきたもの

新河川法において水系単位で河川管理者が統一され、一級河川については各都道府県知事が管理するのではなく、国が統合的管理を行うようになったことについて、区間主義から水系主義への変化として評価する議論[30]もある。しかし、新河川法の改正過程を振り返ってみると、知事会を中心として地方自治の観点から一級河川の管理を国が行うことに対して激しい批判が存在していたことが明らかとなった。これらの批判を受けて、費用負担の面で地方に配慮することや、計画過程での地方議会の関与が盛り込まれた.

工事実施基本計画を中心とした新河川法における河川計画制度は、その策定において河川審議会を除けば地域が関与する手続が設けられていないことが度々批判されていた[31]. しかし、新河川法の改正過程を振り返ってみると当初の建設省原案ではそうした計画制度すら設けられておらず、知事会を中心とした河川の自治を担保しようとする必死のロビーイングによってなんとか盛り込まれた計画制度だったことがわかる[32].

3 環境ガバナンスにおける「自治」

学問上の公物概念をめぐる論争においても、現実の河川管理者をめぐる論争においても、地域に根差した河川の管理にいかに国の行政機関が関与すべきなのか、その強すぎる関与が引き起こす問題に警鐘を鳴らす議論が重ねられてきた.

そして、この点はダム建設などをめぐる現在の流域ガバナンスにおいても焦

眉の課題となっている[33]．代表的なものが，滋賀，京都，大阪，奈良，三重，兵庫の6府県にまたがる淀川水系をめぐるガバナンスの経験である．

1997年の河川法改正で河川整備計画の策定過程における関係住民意見の反映手続きが盛り込まれたことによって，各河川で学識経験者や地域住民からなる流域委員会が設置され，河川整備計画の案について議論が重ねられてきた．徹底した情報公開，公募による流域住民の参加，流域住民と学識経験者から構成される委員主体の運営など，淀川水系流域委員会は全国的な注目を集めた．

ところが，流域内で建設が予定されていたダムをめぐる合意形成は混迷を深めることになる．流域委員会が大戸川ダム建設を河川整備計画に含めるべきではないとの意見を出したにもかかわらず，流域委員会の設置者である近畿地方整備局は建設を推進しようとする．京都，大阪，滋賀の3府県知事は大戸川ダムを河川整備計画に位置付けるべきではないとするが，過去に苦渋の選択を迫られてすでにダム建設を受け入れた水没予定地の人びとは建設推進を強く訴え，その水没予定地を抱える大津市も建設推進を唱える．流域全体から府県，市町村，ある1つの集落に至る各層で，複雑な対立が生じてしまった．

ある研究会で，その複雑な対立の最中にある大津市職員の方の苦悩をお聞きする機会があった[34]．すなわち，水没のための移転を迫られる人びとと，浸水被害を受ける人びとのもっとも近くにいながら，国や県という遠くでの意思決定に翻弄される苦悩である．

「特にこれ（大戸川ダム）は淀川水系のダム群の1つとして決められたものですので，国が決めたんです．うちのほうからの請願のダムではないので，この辺ちょっと矛盾だらけなんです．何で私らが要望に行く必要があるのか．むしろ，国のほうからやらせてくださいと言ってほしいなという思いが多分にあります」．

「先ほどちょっとしゃべりました地元の人の想い，そこに立って行政が運営していくことが必要で，それに基づいて行政間同士が協力をし合っていくという形が原則で，そのために信頼関係をつくっていく必要があるのかなとは思っております．だから，変な意味での，信頼関係のないような，いろんなお互いの利益ばかりしゃべるようなことではなくて，ほんとうにその地域の住民の立場に立って，お互い本音でしゃべることが必要と思います」．

大津市職員の方々のこれらの発言は特に印象的で,これまでの淀川水系のガバナンスにいかに自治の要素が欠けているのかということを強く感じさせる[35]. これまで確認してきたとおり河川のガバナンスは,複数の都道府県にまたがるような川は自治体間で利害の対立が生じるので国が「調整」して管理するといった具合に,上からの「統治」の思想が色濃い. しかし,新河川法制定時の論争においても指摘されていたとおり,その調整は本当に中央集権的な体制によってしかなしえないのか,事例に即して実証的に検討する必要がある.「自治」なきガバナンスが招くものは何か,淀川水系の経験から多くを学ばねばならない.

河川の管理においては,地域内での利害調整のみならず,地域間やより上位の行政機関との広域での調整が課題となることが多い. 小さな地域社会の持続可能性を担保しつつ,流域全体も持続可能な形で管理していくのかという点は,近年のコモンズ論やガバナンス論において共有されつつある研究課題であるし[36],公物理論を資源論や環境管理の観点から発展させ,自然公物のガバナンスを再検討する上でも重要な論点である[37].

たとえば,原田[1974:580]は前述のように伝統的公物概念において利用者の位置が低くとどまっているとの問題意識から,米国における公共信託論にも言及しつつ,公物の自由使用について,代替案の検討や住民参加などの適正な行政過程によって保護される手続的性質の強い権利として位置づけるべきだと指摘している. しかし,淀川水系での経験が示唆しているように,一般的で抽象性の高い「住民参加」の手続を設けただけでは,それは上手く機能しないだろう[38]. コモンズ論において指摘されているように,そもそも誰が参加すべきなのか,問題状況の根底にあるレジティマシー[39]をめぐる争いにも目を向ける必要がある.

また,公物概念をめぐる行政法学の議論では,近代社会において自然公物をめぐって「共同体的慣習法の拘束の下に成立していた環境利用秩序をほぼ徹底的に破壊することに成功した」[磯部 1993:29]との指摘がある. しかし,この点はコモンズ論によって現代でも慣習的管理が脈々と受け継がれていたり,現代的な変容を遂げながら継承されたりしていることが指摘されている[40].

現行の行政機関を中心とした自然公物のガバナンスに対して,理論,実際の双方から疑問が呈されていることは本章の検討からも再確認できる. 本章の冒頭において紹介した室田の公物管理のあり方に対する警鐘は,彼の著書『エネ

ルギーとエントロピーの経済学』の一節である．同書において室田は，豊かな物質循環を維持する観点から小さな地域社会の自治の意義を説いている．小さな地域社会の自治を基盤とした，大きな流域のガバナンスはいかにあるべきか．コモンズ論，ガバナンス論，公物理論ともに現時点でこれらの諸課題に明確な回答を出しているわけではないが，少なくとも接点を持ちつつ議論を進めていくことが必要ではないだろうか．

謝　辞

　本研究の一部は，阪南大学産業経済研究所助成研究（C）より支援を受けた成果である．

注

1) このほかにも，宮内［2001］は「自分たちのものだという感覚が薄れ」，「実際のかかわりも薄くなった」時点で「コモンズとしての川は崩壊した」と指摘する．そして，その原因として① 周辺の自然環境がみずからの生業・生活と直接関係なくなる，② 所有－管理主体の変化，③ 地域社会としてのまとまりの崩壊の3つを挙げている．
2) 多くの行政法の教科書（たとえば，宇賀［2010］）や辞典［松本 2013］においても，同様の定義がなされている．
3) ガバナンスに関する概念整理は多くの論者によって行われているが，環境・資源管理に関連したものとして三俣・嶋田・大野［2006］がある．また，環境ガバナンスについては「上（政府）からの統治と下（市民社会）からの自治を統合し，持続可能な社会の構築に向け，関係する主体がその多様性と多元性を生かしながら積極的に関与し，問題解決を図るプロセス」［松下・大野 2007：4］との定義がある．
4) 公物の管理については，室田の指摘とは異なる観点から問題が生じることもありうる．すなわち，菅［2006：5］が指摘するように「『公』のもつ『みんな』というイメージは，『公物』という資源を『みんなの物』，そして『誰が使ってもよいもの』と読み替える回路を生み出す．（中略）そして，このような『公』観は，『公物』という資源を簡単に荒廃させてしまうのである」．まさに，Hardin［1968］のいう「コモンズの悲劇」が公物について生じる可能性である．
5) 自然公物概念と河川管理の関係を考える上では，水害訴訟など国家賠償請求における管理者責任論が重要なテーマとして存在し，これまで数多く議論がなされて来た．しかし，この点について議論を深めることは紙幅の都合から困難であり，本章では割愛する．
6) ただし，こうした類型の中にはその妥当性の再検討が迫られているものも少なくない［田村1984］．
7) 公物管理をめぐって，「物の管理者の意思の絶対的排他性は，公権力の行使として生

じるのか，物に対する支配権から生じるのかという問題に，これまで直面してきた」［磯村 2003：58］．
8) ただし，塩野［1979］はこうした包括的管理権能説に疑問を呈している．
9) 原［1974：281］は行政行為としての特許によらず，慣習法上の権利として特許使用が成立する場合もあるとしている．熊本［2010］はこうした原の議論に依拠しつつ，「慣習上の漁業権」について議論を展開している．
10) 河川法令研究会［2007：73］では，水泳，洗濯，釣りなどの行為が河川における自由使用の例として挙げられている．
11) 原田［1974：552］はさらに，公物の公衆利用の便宜を最大限発揮するよう管理することは，行政主体にとって法的義務ではなく道義的責務にとどまり，公物管理に関する具体的判断も行政庁の便宜裁量に属するものであるとし，反射的利益論は「公物行政における公物利用者の地位を法的に無力化するとともに，その反面において，公物管理に関する行政主体の自由性を支える理論的な根拠となった」と述べている．
12) 公物の類型化において，国有公物，公有公物，私有公物が存在することを紹介したように，私有物であっても公物となりうると理解されている．
13) 磯部［1993］は例として都市空間全体を環境公物として捉え，開発や建築行為に対しては公物管理の観点から制限され管理されざるを得ないとしているが，その具体的な利害調整メカニズムについては十分言及されていない．
14) 櫻井［2001］も同様の見解をとっている．ただし，磯部は「法概念というものは抽象度が高いほど優れているとも一概には言えないはずであって，現実に存在する行政活動や個人の活動の個性と抽象的法概念がもたらす形式化の間には，適度なバランス関係が存在することこそが理想的」［磯部 1993：51］として，現在の公物概念の抽象度の高さを問題視している．
15) たとえば，田中［2001；2012］．琵琶湖・淀川水系を中心に水政策における「公共性」の変遷を追った論考として，嘉田［2003；2005］など．
16) 本項は，大野［2008］の一部を加筆修正したものである．
17) 山本［1993］では，前記の3つに対応するような形で，当時の河野一郎建設大臣の国会審議における趣旨説明を引用している．
18) 『朝日新聞』1962年9月4日．
19) 『朝日新聞』1963年3月12日．
20) 『朝日新聞』1963年3月13日．
21) 『朝日新聞』1963年4月12日．
22) 『朝日新聞』1963年4月23日．なお，引用文中の治水計画とは1960年に閣議決定された治水事業10カ年計画のことを指す．
23) 『朝日新聞』1963年4月25日．
24) 『朝日新聞』1963年5月17日．
25) 『朝日新聞』1963年5月10日．
26) 『読売新聞』1963年3月30日．なお，田中の新河川法案に対する考えは田中・金沢・雄川［1963］の座談会での発言に詳しい．

27)『朝日新聞』1963年6月26日.
28)『朝日新聞』1963年6月27日.
29)『朝日新聞』1963年6月27日.
30) たとえば，櫻井 [2001].
31) たとえば，畠山 [2008：131] など.
32) なお，近年の地方分権改革において都道府県への河川管理の権限移譲をめぐってどのような議論がなされてきたのかについては，神野 [2010] を参照.
33) 以下の記述の一部は，大野 [2010] を加筆修正したものである.
34) 研究会の記録は，大野・佐野 [2010] として報告書にまとめられている.
35) この点は，宮本博司（元淀川水系流域委員会委員長）も「今の流域委員会でやってきた議論を，もっと地に足をつけて（注：地域へ）広がらせていくという，そういうまさに次の段階での運動というか，活動というのができなかったというのが非常に残念」[宮本 2010] と述べている.
36) たとえば，クロススケール・リンケージに関する研究 [Berkes 2002] など.
37) 公物概念について批判的に言及しつつ，コモンズとしての管理のあり方を構想しようとした論考として吉田 [2005] がある.
38) 合意形成における手続議主義の意義と限界については，土屋 [2008] を参照．もちろん限界はあるとはいえ，透明性，公開性を担保し徹底した議論を積み重ねてきた淀川水系流域委員会の取組の意義は非常に大きい.
39) たとえば，宮内 [2006] を参照.
40) たとえば，室田・三俣 [2004], Murota and Takeshita [2013] など.

参考文献

〈邦文献〉

磯部力 [1993]「公物管理から環境管理へ——現代行政法における『管理』の概念をめぐる一考察——」，松田保彦・久留島隆・山田卓生・碓井光明編『国際化時代の行政と法 成田頼明先生横浜国立大学退官記念』成文堂.

磯村篤範 [2003]「公物管理権の物権法的な構成——社会的有用物の「物に対する支配権」の検討——」『公民論集』12.

宇賀克也 [2010]『行政法概説Ⅲ 行政組織法／公務員法／公物法 第2版』有斐閣.

大野智彦 [2008]「日本の河川政策における市民参加と社会関係資本」京都大学大学院地球環境学舎博士論文.

——— [2010]「「自治」なきガバナンスが招くもの」『Local Commons』13.

大野智彦・佐野亘編『淀川水系から考える重層的環境ガバナンス』文部科学省科学研究費補助金特定領域研究「持続可能な発展の重層的環境ガバナンス」.

嘉田由紀子 [2000]「遠い水，近い水——現代社会における環境の自分化——」，嘉田由紀子・山田國廣・槌田劭編『共感する環境学——地域の人びとに学ぶ——』ミネルヴァ書房.

——— [2003]「琵琶湖・淀川水系の水政策の100年と21世紀の課題」，嘉田由紀子編『水を

めぐる人と自然』有斐閣.
────［2005］「『水の公共性』をめぐる政策と知のあり方──『制御する知』と『共感を育む知』──」『都市問題』96(6).
河川法令研究会［2007］『よくわかる河川法　改訂版』ぎょうせい.
熊本一規［2010］『海はだれのものか──埋立・ダム・原発と漁業権──』日本評論社.
櫻井敬子［2001］「水法の現代的課題──環境, 流域, 水循環──」, 小早川光郎・宇賀克也編『行政法の発展と変革　下巻』有斐閣.
佐藤竺［1963］「新河川法制定をめぐって」『法律時報』35(5).
塩野宏［1979］「自然公物の管理の課題と方向」, 建設省編『国土建設の将来展望』ぎょうせい.
────［2012］『行政法Ⅲ第4版　行政組織法』有斐閣.
神野直彦［2010］「地方分権　川を住民が取り戻す時代」, 宇沢弘文・大熊孝編『社会的共通資本としての川』東京大学出版会.
菅豊［2006］『川は誰のものか　人と環境の民俗学』吉川弘文館.
田中滋［2001］「河川行政と環境問題」, 舩橋晴俊編『講座環境社会学第二巻　加害・被害と解決過程』有斐閣.
────［2012］「近代日本の河川行政史──ナショナリゼーション・近代化から環境の事業化へ──」, 牛尾洋也・鈴木龍也編『里山のガバナンス──里山学のひらく地平──』晃洋書房.
田中二郎［1989］『新版行政法中巻　全訂2版』弘文堂.
田中二郎・金沢良雄・雄川一郎［1963］「河川法の改正をめぐって」『ジュリスト』275.
田村悦一［1984］「公物法総説」, 雄川一郎・塩野宏・園部逸夫編『現代行政法体系第9巻』有斐閣.
土屋雄一郎［2008］『環境紛争と合意の社会学　NIMBYが問いかけるもの』世界思想社.
土居正典［1990］「公物管理と公物利用の諸問題の検討──公物法の再構成（公共資源管理法の構成）をめざして──」, 成田頼明・園部逸夫・金子宏・塩野宏・小早川光郎編『行政法の諸問題　雄川一郎先生献呈論集　上』有斐閣.
畠山武道［2008］『自然保護法講義　第2版』北海道大学出版会.
原龍之助［1974］『新版　公物営造物法』有斐閣.
原田尚彦［1974］「公物管理行為と司法審査──自然公物の利用権と環境権に関連して──」, 田中二郎編『杉村章三郎先生古稀記念　公法学研究　下』有斐閣.
松下和夫・大野智彦［2007］「環境ガバナンス論の新展開」, 松下和夫編『環境ガバナンス論』京都大学学術出版会.
松島諄吉［1984］「公物管理権」, 雄川一郎・塩野宏・園部逸夫編『現代行政法体系第9巻』有斐閣.
松本充郎［2013］「公物」, 北村喜宣・渡井理佳子・川崎政司編『行政法辞典』法学書院.
三俣学・嶋田大作・大野智彦［2006］「資源管理問題へのコモンズ論・ガバナンス論・社会関係資本論からの接近」『商大論集』57(3).
宮内泰介［2001］「コモンズの社会学──自然環境の所有・利用・管理をめぐって──」,

鳥越皓之編『講座　環境社会学第3巻　自然環境と環境文化』有斐閣.
――― [2006]『コモンズをささえるしくみ―――レジティマシーの環境社会学―――』新曜社.
宮本博司 [2010]「淀川水系のガバナンス」, 大野智彦・佐藤亘編『淀川水系から考える重層的環境ガバナンス』(文部科学省科学研究費補助金特定領域研究「持続可能な発展の重層的環境ガバナンス」).
三好規正 [2007]『流域管理の法政策　健全な水循環と統合的流域管理の実現に向けて』慈学社出版.
室田武 [1979]『エネルギーとエントロピーの経済学―――石油文明からの飛躍―――』東洋経済新報社.
室田武・三俣学 [2004]『入会林野とコモンズ―――持続可能な共有の森―――』日本評論社.
森滝健一郎 [2003]『河川水利秩序と水資源開発―――「近い水」対「遠い水」―――』大明堂.
山本三郎 [1993]『河川法全面改正に至る近代河川事業に関する歴史的研究』日本河川協会.
吉田竜司 [2005]「「公物」からコモンズへ―――河川行政における流域主義の展開過程とその可能性―――」『龍谷大学国際社会文化研究所紀要』7.

〈欧文献〉
Berkes, F. [2002] "Cross-Scale Institutional Linkages: Perspectives from the Bottom Up," in National Research Council (U.S.). ed., *The Drama of The Commons*, Washington, D.C.: National Academy Press（大野智彦訳「クロス・スケールな制度的リンケージ―――ボトムアップからの展望―――」, 茂木愛一郎・三俣学・泉留維監訳『コモンズのドラマ―――持続可能な資源管理論の15年―――』知泉書館, 2012年).
Hardin, G. [1968] "The Tragedy of The Commons," *Science*, 162 (3859)（桜井徹訳「共有地の悲劇」, シュレーダー＝フレチェット編（京都生命倫理研究会訳）『環境の倫理　下』晃洋書房, 1993年).
Murota, T. and K. Takeshita eds. [2013] *Local Commons and Democratic Environmental Governance*, Tokyo: United Nations University Press.

索　引

〈アルファベット〉

Governing the Commons　52
IAD（Institutional Analysis and Development）　53-56, 59
IASC →国際コモンズ学会　ⅰ
SES（Social Ecological System）　55, 56
TPP　13
Walkers are Welcome（WaW）network　149

〈ア　行〉

アクションリサーチ　15, 192, 205
アクセス権　147, 148, 173, 183, 185
アジール性　246
新しい現代的総有　15
新しい知の体系　77
アチソン，J.（Acheson, J.）　51
圧殺された「共」の世界　33
アナポリス（会議）　49, 51
アメリカ的製造方式　74
歩く権利　183, 184
　──法（Right of Way Act）　147
アンチ・コモンズの悲劇　59
育林　193, 194, 201-203
異質性・不均一性　56
石干見　120
一般囲込み法（the General Inclosure Act）　148
糸満漁民　114, 115
井上真　60, 61
癒し　196-200, 204
癒しの森　ⅲ
　──プロジェクト　196, 204
伊良部島　119
入会　ⅰ, 47, 48, 51, 60, 62
　──地　212
　──の排除性　16
　純粋──　215
入会権　112, 213, 230
　──の環境保全的機能　14
　共有の性質を有しない──　213
　共有の性質を有する──　213
入浜権　169
　──運動　33
イングランド　173, 179
インセンティブ　202
宇井純　41, 109
Win-Winの関係　195, 205
ウェーバー，M.（Weber, M.）　40, 95
魚垣　120
宇沢弘文　60
宇宙船地球号　5
海垣　118, 119
海方切　110, 112, 113
エコツーリズム　145, 146
エコロジー　71, 85
　──経済学　165
　──とコモンズ　ⅲ
縁側カフェ　152, 153, 157
エントロピー学派　3, 60, 109, 129, 130
エントロピー学会　1, 36, 95
エントロピー経済学　92, 93, 95
エントロピー増大の法則（エントロピー法則）　4, 93, 97, 99, 102, 105
援農（縁農）　29
応関原則　14
オーカソン，R.（Oakerson, R.）　51
大崎正治　33
オープンアクセス　49, 58, 243
オストロム，E.（Ostrom, E.）　47-58, 62, 87

おもてなし　152, 163
オルソン，M.（Olson, M.）　50
恩賜林組合　48

〈カ　行〉

カーソン，R.（Carson, R.）　28
外部貨幣　95
開放定常系　4
　　――理論　93
科学的管理（テイラー）　74
かかわり主義　61, 131
学際（的）　48, 49, 56, 57
囲い込み　81, 85, 87
過少利用（問題）　59, 191, 192
過剰利用（問題）　53, 59, 191
家政学（ホーム・エコノミクス）（スワロー）　71, 78, 79, 85
河川管理者　258
河川整備計画　263
河川法　257
課題先進国　iii
カツ　120
ガバナンス　233, 234, 254, 262, 264
　環境――　17, 234, 250
　順応的――　192
ガバメント　233
貨幣　91, 103
環境公物　256
環境調和的文化　86
観光　149
監査請求　225
慣習的管理　264
カントリーサイド・歩く権利法2000　148, 180, 183
官民有区分　212
管理等に要する費用（財産区）　226
議決機関（財産区）　218
技術　200, 203, 204
旧慣使用権　213

共（＝コモンズ）　9, 139
共益還元則　12
漁業権　138
競合性　236
協治　60, 61, 235
　　――と抵抗の補完戦略　14
共的世界　iii
共的領域　254
共同体　138, 139
共有　i, 9
　　――可能な知の領域　17
共用　i, 9
許可使用　255
漁業権行使規則改正　15
漁場処分意見　112
清成忠男　94
漁民の森運動　ii, 15, 130-132, 138
近代科学技術　35
熊沢蕃山　109
グリーン商品　140
グリーンツーリズム　146
グローバル化　129, 130
グローバル時代　12
　　――のコモンズ管理　iii
経済成長　43
経済を埋め込んだ社会　35
ゲーム論　50, 54, 56
ゲゼル，S.（Gesell, S.）　107
原告適格　217-219
健全なエコロジーが支える経済　7
現代的総有　59
原発　39
権利能力なき社団　13
乾隆検地　110
公益上の必要性　221, 222
交換契約（財産区）　222
公共　9
　　――私論　16
　　――信託論　264

索　引　　273

――哲学　16
公共性　13, 257
　「――」という行政用語　34
公権論　212, 214
工事実施基本計画　261
公序　16
控除性　236
河野一郎　259
公物　253
　――管理権　255
国際コモンズ学会（IASC）　i, 47, 48, 55, 58, 60, 61
　第14回（世界）大会　i, 47, 58
互酬　96, 97
　――性の作用　56
コミュニティ　53
コモン　80-82
　――・プール資源　51-53, 237
コモンズ　11, 80, 81, 235, 236
　「――としての海」　41
　――の経済学　6
　――の悲劇　48, 51, 56-58, 62, 236
　――保全協会　181
　――を再考する研究　11
　――を創造する研究　11
　開放型――　170
　逆――　58
　　グローバル――　48
　　都市の――　48
　2006年――法　183
　閉鎖型――　170
　コモンランド　15

〈サ　行〉

蔡温　ii, 109, 124
財産区　213
　――財産の処分　218, 228
　――制度　iii, 13
　旧――　213, 215

　純粋――　215
　新――　213, 215
佐藤竺　261
サブシステンス　158
　マイナー・――　156, 157
サプライチェーン　129, 130
産業革命　72
産直　136
山野海川　i
ジェントリフィケーション　251
資源化　144, 145
資源管理　191, 192
資源システム（resource system）　52, 53, 56
資源の循環過程　144
資源の地域的制約　35
私権論　212, 214
自己組織化　58
市制町村制　213
自然アクセス（制度）　168, 179, 180, 184
自然公物　255
自然体験　167
持続可能な発展の重層的環境ガバナンス　iii
持続性　9
　――の決定要因　17
時代の課題　2, 10
自治　264, 265
実験　50, 54, 56
執行機関（財産区）　218
実質入会・形式財産区　215, 216
実践　192, 193
司法判断　14
地元区等への支出（財産区）　228
地元交付金の交付（財産区）　220, 221
社会学　16
社会関係資本（social capital）　47, 238
社会的共通資本　60
　――論　2
社会的協同対抗経済　43
社会的仕組み　197, 200

社会的ジレンマ（論）　49, 50, 59, 60, 62
社会（的）選択理論　50
社会実験　247
弱者生活権　238, 245
弱者排除　iii
集合行為（論）　50, 51, 56, 57
自由使用　255
住民参加　264
住民訴訟　217-220
受益圏　131
循環の経済学　4
状況（コンテクスト）　57
消費者と有機農業生産者との提携運動　28
消費者文化　75
ジョージェスク＝レーゲン, N.（Georgescu-Roegen, N.）　93
職員（財産区）　226
女性参政権　78
新石垣空港建設計画反対運動　41
人口減少　59
親切な許可　174, 181, 183-185
真の富　102, 103
信用　96
信頼の形成　56
森林所有者　195, 197, 198, 200-202
森林ボランティア　14, 202
水車むら会議　30
水土思想　109
水土の経済学　4
水土論　33
3 R　74
3 A　75
スワロー, E.（Swallow, E.）　ii, 71
生活世界の論理　16
制限付き株式会社　13
生産森林組合　13
生命系の経済学　4, 93
世界のアメリカ化（アメリカナイゼーション）　84

石貨　92
設計原理　52, 53, 58
「1970年代」という時代　27
全国知事会　259
総有　13
ソディ, F.（Soddy, F.）　97, 99
杣山　111
　——分割　111
　——法式帳　116
存在感喪失の精神病　75, 85

〈タ　行〉

対応　12
大学演習林　193
対価性のない金員支出（財産区）　226
大衆消費社会　75
対称性（Symmetry）　80, 82
大戸川ダム　263
田中正造　72
田中二郎　260
多辺田政弘　60, 96
玉野井芳郎　36, 94, 95
単位資源（resource unit）　52, 53, 56
断崖保全基金　176
地域共同の力　14
地域自給に関する研究　31
地域自給の経済学的根拠　42
地域社会の中に埋め込まれた経済　44
地域主義　94
　——研究集談会　94
地域自立の経済学　4
地域性　143
地域通貨　ii　29, 91, 107
地先　112
知事の認可（財産区）　219, 224
地方自治法　213
地方制度調査会　260
地面格護　118
通行権　174

索　引　　*275*

槌田敦　　36, 37, 93
抵抗するコモンズの正当性　　14
帝国主義　　73
デジタル資源　　48, 57, 58
テイラーイズム　　84
テイラー，F.（Taylor, F.）　　74
デイリー，H.（Daly, H.）　　105
デューイ，M.（Dewey, M.）　　78
天道研究会　　36
同志社大学　　iv
等身大の社会的共通資本　　12
特別に要する経費（財産区）　　226
特許使用　　255
鳥越皓之　　10, 60

〈ナ　行〉

ナイアガラ断崖　　171
内部貨幣　　95
内部の制度設計　　11
内法　　113, 114
中沢新一　　80
中村尚司　　36, 94, 96
仲吉朝助　　112, 115
南北戦争　　72
日常生活の科学　　71, 77, 86
日本有機農業研究会　　28
認可地縁団体　　13
認証制度　　230
ネッティング，R.（Netting, R.）　　51
熱物理学の第二法則　　4
農的な営み（生業）　　156
農の営み　　6
農務帳　　118
ノルウェー　　173, 179

〈ハ　行〉

ハーディン，G.（Hardin, G.）　　48, 58, 62, 236
排除性　　236
排他性　　236

パブリックコメント　　248
反原発　　37, 38
　　――運動　　30
反公害・反開発運動　　34
反射的利益　　256
万人権　　15, 168, 173, 180, 183
非商品化経済部門　　7, 10, 42, 205
非商品的生産部門　　43
人と自然の関係　　165
開かれたコモンズ　　31
開かれた地元主義　　61
フィールド　　50, 56, 57, 62
フォーディズム　　84
フォード，H.（Ford, H.）　　74
複雑性（複雑系）　　48, 56, 57
「不経済の外部化」の禁止則　　39
富士吉田市外二ヶ村恩賜県有財産保護組合　　i
物質循環　　93, 94
　　――の江戸モデル　　38
　　――モデル　　122
フットパス（パブリック・フットパス）　　ii,
　　15, 147, 150, 158, 161, 162, 169, 171-173,
　　181, 183, 199
　　――ネットワーク九州（FNQ）　　156
　　美里式――　　153
部落有財産　　209, 212
部落有林野統一事業　　213
フリーライダー　　236, 237, 243
フリーライド（ただ乗り）　　48, 53
ブルース・トレイル　　15, 171
　　――協会　　173, 178
　　――保全協会　　172, 178
文化による価値づけ　　192, 193, 204, 205
ヘッケル，E.（Häckel, E.）　　71, 78
別荘住民　　195, 198, 200
ペナイン自然歩道　　173
ヘラー，M.（Heller, M.）　　59
ヘンダーソン，H.（Henderson, H.）　　42

変容　12
包括占用許可制度　242, 247
抱護　116, 117
方法論的個人主義　50
ホームレス　244, 245, 248
保健休養機能　194-197, 199
ポスト草創期のコモンズ研究　11
ポランニー，K. (Polanyi, K.)　93, 96, 97

〈マ　行〉

マーケティング　74, 75
薪　195, 197-199, 201, 202, 205
——ストーブ　195, 199, 205
マッキーン，M. (McKean, M.)　51, 60
マッケイ，B. (McCay, B.)　51, 57
丸山真人　96, 97
美里町　151
見せかけの富　101-104
無縁　246
室田武　iii, 36, 60, 72, 97, 98, 109
メタアナリシス　51, 56

模合山　111
もう一つの戦後　32
守田志郎　33

〈ヤ　行〉

野外生活法　183
山方切　110, 111
有機農業運動　27
優生学　86
優境学　86
ユネスコ生物圏保全地域　171
与世山親方宮古島規模帳　119, 120
淀川水系　263
——流域委員会　263
寄物　115, 116

〈ラ　行〉

旅館業法　146
レジティマシー　16, 264
労働　202, 203
ローカル・ルール　13

《執筆者紹介》（執筆順．＊は編著者）

＊三俣　学　　　奥付参照．[はじめに，序章]

多辺田 政弘　　1946年生まれ．東京大学教育系大学院修士課程修了．前専修大学経済学部教授．『日本の有機農業運動』（共著，日本経済評論社，1981年），『地域自給と農の論理——生存のための社会経済学——』（共著，学陽書房，1986年），『コモンズの経済学』（学陽書房，1990年）．[第1章]

茂木 愛一郎　　1949年生まれ．慶應義塾大学経済学部卒業．現在，学習院大学非常勤講師．『社会的共通資本——コモンズと都市——』（共編著，東京大学出版会，1994年），「水利文明伝播のドラマ——スリランカから日本へ——」（宇沢弘文・大熊孝編『社会的共通資本としての川』東京大学出版会，2010年），『コモンズのドラマ——持続可能な資源管理論の15年——』（共監訳，知泉書館，2012年）．[第2章]

工藤 秀明　　1948年生まれ．名古屋大学大学院経済学研究科博士課程単位取得満期退学，京都大学博士（経済学）．前千葉大学法経学部教授．『原・経済学批判と自然主義』（千葉大学経済研究叢書1，1997年），『環境経済・政策学講座1　環境の経済理論』（共著，岩波書店，2002年），『「環境と福祉」の統合——持続可能な福祉社会の実現に向けて——』（共著，有斐閣，2008年）．[第3章]

泉　留維　　1974年生まれ．東京大学大学院総合文化研究科博士課程単位取得退学．現在，専修大学経済学部教授．『テキストブック　環境と公害——経済至上主義から命を育む経済へ——』（共著，日本評論社，2007年），『コモンズと地方自治——財産区の過去・現在・未来——』（共著，日本林業調査会，2011年），「地域通貨は地域社会にどのような繋がりをもたらすのか——地域通貨ピーナッツの事例をもとに——」（共著）（『専修経済学論集』47(3)，2013年）．[第4章]

三輪 大介　　1970年生まれ．兵庫県立大学大学院経済学研究科博士後期課程修了，博士（経済学）．沖縄大学地域研究所特別研究員．「入会制度における環境保全機能の実証的研究——沖縄県国頭村及び鹿児島県瀬戸内町における入会係争を事例として——」（『環境経済・政策研究』2(2)，2009年），「入会林野における利用形態の変容と環境保全——入会地の"保存型"利用に関する考察——」（『環境社会学研究』16，2010年），「近世琉球王国の環境劣化と社会的対応——蔡温の資源管理政策——」（安渓遊地・当山昌直編『奄美沖縄環境史資料集成』南方新社，2011年）．[第5章]

田村 典江　　1975年生まれ．京都大学大学院農学研究科博士後期課程修了，京都大学博士（農学）．現在，株式会社自然産業研究所上級研究員．『コモンズ研究のフロンティア——山野海川の共的世界——』（共著，東京大学出版会，2008年），「水産エコラベル——その役割と影響——」（共著）（田中克・川合真一郎・谷口順彦ほか編『水産の21世紀　海から拓く食糧自給』京都大学学術出版会，2010年）．[第6章]

廣川祐司（ひろかわゆうじ）
1984年生まれ．京都大学大学院人間・環境学研究科博士後期課程修了，京都大学博士（人間・環境学）．現在，北九州市立大学地域創生学群講師．「『法』を『学習』する地域住民によるコモンズの制度設計」（『法社会学』75，2011年）（『法社会学』誌にて最優秀論文章受章），「環境保全の観点から見た総有的所有観の現代的意義」（京都大学大学院人間・環境学研究科提出博士論文，2012年），『コモンズと公共空間』（共編著，昭和堂，2013年）．［第7章］

嶋田大作（しまだだいさく）
1978年生まれ．京都大学大学院経済学研究科博士後期課程修了，京都大学博士（経済学）．現在，福岡女子大学国際文理学部講師．「伝統的森林コモンズの現代的変容——京都市右京区山国地区塔の共有林管理を事例に——」（『林業経済』61(5)，2008年），「万人権による自然資源利用」（共著）（三俣学・菅豊・井上真編『ローカルコモンズの可能性——自治と環境の新たな関係——』ミネルヴァ書房，2010年），"Multilayered Natural Resource Management in Open and Closed Commons: A Case Study on the Right of Access and the State, Community and Farm Commons in Norway,"（共著）(in T. Murota and K. Takeshita eds., *Local Commons and Democratic Environmental Governance*, United Nations University Press, 2013).［第8章］

齋藤暖生（さいとうはるお）
1978年生まれ．京都大学大学院農学研究科博士後期課程修了．現在，東京大学大学院農学生命科学研究科附属演習林助教．「森林資源の持続的利用と管理制度に関する一考察——長野県上田市別所温泉財産区の事例に基づいて——」（共著）（『温泉地域研究』16，2011年），『コモンズと地方自治——財産区の過去・現在・未来——』（共著，日本林業調査会，2011年），「東北日本におけるキノコ採りの論理とその展開——山里の生業から都市住民のレクリエーションまで——」（池谷和信編『生き物文化の地理学』朝倉書店，2013年）．［第9章］

鈴木龍也（すずきたつや）
1956年生まれ．大阪市立大学大学院法学研究科後期博士課程単位取得退学．現在，龍谷大学法学部教授．『コモンズ論再考』（共編著，晃洋書房，2006年），「日本の入会権の構造」（室田武編『グローバル時代のローカル・コモンズ』ミネルヴァ書房，2009年），『里山のガバナンス』（共編著，晃洋書房，2012年）．［第10章］

菅豊（すがゆたか）
1963年生まれ．筑波大学大学院歴史・人類学研究科博士課程中退，博士（文学）．現在，東京大学東洋文化研究所教授．『川は誰のものか——人と環境の民俗学——』（吉川弘文館，2006年），『ローカル・コモンズの可能性——自治と環境の新たな関係——』（共編著，ミネルヴァ書房，2010年），『「新しい野の学問」の時代へ——知識生産と社会実践をつなぐために——』（岩波書店，2013年）．［第11章］

大野智彦（おおのともひこ）
1980年生まれ．京都大学大学院地球環境学舎博士課程修了，京都大学博士（地球環境学）．現在，金沢大学人間社会研究域法学系准教授．「河川管理における市民参加の理念と実際——河川整備計画の策定手続きを対象として——」（室田武編『グローバル時代のローカル・コモンズ』ミネルヴァ書房，2009年），"Does social capital encourage participatory watershed management?: An analysis using survey data from the Yodo River watershed,"（共著）(*Society & Natural Resources*, 23(4), 2010)，「流域委員会の制度的特徴——クラスター分析による類型化——」（『水利科学』56(5)，2012年）．［第12章］

《編著者紹介》

三俣　学（みつまた　がく）

1971年　愛知県生まれ．
2004年　京都大学大学院農学研究科博士課程単位取得退学．
現在，兵庫県立大学経済学部准教授．
その間，リヴァプール大学マンクス研究所客員研究員（英国），エヴァーグリーン州立大学（米国）交換教員派遣（2011年度）を歴任．

主要業績

『入会林野とコモンズ──持続可能な共有の森──』（共著，日本評論社，2004年），『コモンズ研究のフロンティア──山野海川の共的世界──』（共編，東京大学出版会，2008年），『コモンズ論の可能性──自治と環境の新たな関係──』（共編，ミネルヴァ書房，2010年），"Complementary Environmental Resource Policies in the Public, Commons and Private spheres: An analysis of external impacts on the commons," (in T. Murota and K. Takeshita eds., *Local Commons and Democratic Environmental Governance*, United Nation University Press, 2013).

エコロジーとコモンズ
──環境ガバナンスと地域自立の思想──

2014年5月20日　初版第1刷発行　　＊定価はカバーに表示してあります

編著者の了解により検印省略

編著者　三　俣　　　学Ⓒ
発行者　川　東　義　武
印刷者　藤　森　英　夫

発行所　株式会社　晃　洋　書　房

〒615-0026　京都市右京区西院北矢掛町7番地
電話　075（312）0788番㈹
振替口座　01040-6-32280

ISBN978-4-7710-2545-5　　印刷・製本　亜細亜印刷㈱

JCOPY　〈(社)出版者著作権管理機構　委託出版物〉
本書の無断複写は著作権法上での例外を除き禁じられています．
複写される場合は，そのつど事前に，（社）出版者著作権管理機構
（電話03-3513-6969, FAX 03-3513-6979, e-mail:info@jcopy.or.jp）
の許諾を得てください．

室田 武 著
エネルギー経済とエコロジー
Ａ５判　310頁
本体3500円（税別）

室田 武 著
物質循環のエコロジー
四六判　248頁
本体2600円（税別）

鈴木龍也・富野暉一郎 編著
コモンズ論再考
Ａ５判　280頁
本体2900円（税別）

牛尾洋也・鈴木龍也 編著
里山のガバナンス
――里山学のひらく地平――
Ａ５判　336頁
本体3000円（税別）

北原 淳 著
タイ近代土地・森林政策史研究
Ａ５判　544頁
本体8000円（税別）

ダグラス・C.ノース 著
竹下 公視 訳
制度・制度変化・経済成果
Ａ５判　224頁
本体2500円（税別）

松島 泰勝 編著
民際学の展開
――方法論，人権，地域，環境からの視座――
Ａ５判　290頁
本体2800円（税別）

三沢 謙一 編著
共生型まちづくりの構想と現実
――関西学研都市の研究――
Ａ５判　570頁
本体9048円（税別）

広原 盛明 著
日本型コミュニティ政策
Ａ５判　518頁
本体4800円（税別）

晃　洋　書　房